教育投入 与 学生成绩

我国基础教育生产效率实证研究

Educational Input
and
Student Achievement

薛海平 / 著

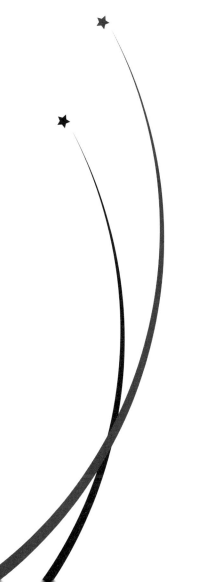

教育科学出版社
·北京·

教育部哲学社会科学研究后期资助一般项目"我国基础教育生产效率研究"（项目批准号：14JHQ015）研究成果

序 言

20世纪60年代以来，随着人力资本理论的兴起，在全球范围内，国家和个人对于教育的需求日益增加，各级各类教育的规模均在快速扩张。教育部门需要从国家、地区和地方那里获得大量资源，学校需要大量的设施以及众多的高素质教职员以及可资利用的学生时间，教育还必须同其他的需求如医疗、交通、国防、环境等去竞争资源。教育资源的稀缺和教育投入的不足使得教育的供需矛盾日益加剧，因此，各国政府和公众也日益关注教育生产效率问题。投入教育活动中的资源都被充分利用了吗？人们可否提高现有教育资源的生产效率从而在有限资源的约束下取得更多更大的成果？要回答上述问题，人们首先必须了解现行教育系统运行的生产效率信息，从中寻找提高教育生产效率的方法。

当美国社会学家科尔曼在其研究中试图对20世纪60年代中期学生在校学习成绩方面存在的差异进行解释时，经济学家们便赶时髦地运用新古典经济学的厂商理论来扩展和改进"科尔曼报告"所做出的研究成果，从而掀起了一股长达几十年的教育生产效率研究热潮，其研究成果拓展了早期教育经济学的研究范围，为我们理解教育过程提供了新的视角和方法。"科尔曼报告"和多数后续的研究采用的基本模型是简单的，它假定教育过程的产出，即每个学生的学业成绩与一系列教育投入直接相关。政策制定者控制着其中一些投入，如学校、教师和班级，其他投入包括家庭、同伴和学生的学习能力，这些一般不受公共政策影响。虽然成绩通常是在离散的时点测量的，但教育过程是累积的，过去的投入影响当前的成绩。在此模型的基础上，统计回归分析被用于确定成绩的影响因素，并由此得到了各种投入的重要程度。

我国作为最大的发展中国家，有着世界上最大的基础教育人口规模，因此教育资源紧缺的问题相对于其他国家更加突出。近年来我国加大了对基础教育经费的财政保障力度，基础教育经费投入增加明显，但随着当前我国经济增长速度的放缓，教育经费增长速度也会受到一定影响。相对经费需求而言，基础教育经费投入不足问题将长期存在。根据世界银行近30年的研究，我国一方面存在着教育投入不足的问题，另一方面又同时存在着教育经费使用效率不高的问题。经济"新常态"下要使我国基础教育走出资源短缺的困境，更好地满足人们对优质、公平的教育的需求，在增加教育投入的同时，也应注重提高教育资源使用效率。研究基础教育生产效率问题，提高有限的教育资源利用效率，不仅能有效缓解我国基础教育投入不足问题，也有助于促进我国基础教育由外延式发展转向内涵式发展，提高我国基础教育的质量和效益，促进教育公平。

薛海平教授利用我国基础教育多项可靠的基线调查数据，采用计量经济学模型，多视角、多层次、多方法、深入系统地研究了我国基础教育生产效率问题，这在已有研究中尚不多见，具有鲜明的研究特色。本书从基础教育一般性投入与学生成绩的关系、教育管理制度与学生成绩的关系、学校生产中规模经济规律、学校生产中范围经济规律等多个视角研究我国基础教育生产效率问题。本书不仅从宏观区域层次研究基础教育生产效率问题，也从微观学校层次研究基础教育生产效率问题。

本书在以下几个方面有所创新。第一，已有学校范围经济研究都集中在高等教育领域，本书将学校范围经济研究从高等教育延伸到基础教育，在国内率先尝试对基础教育阶段学校内部小学生和中学生联合培养过程中范围经济问题进行实证研究。第二，已有基础教育生产效率研究主要分析一般性教育投入与教育产出关系，较少分析教育制度对教育产出的影响，本书探讨了教育选择制度、教育分权制度、教育问责制度、教师绩效工资制度等教育管理制度对基础教育产出的影响，弥补了已有教育生产效率研究中制度作用分析的不足。第三，已有基础教育生产效率研究主要采用一般线性回归方法，容易面临内生性问题进而影响估计结果的精确性，本书采用多层次分析方法、数据包络分析方法、结构方程模型等多种高级统计方法进行教育生产效率分析，这在教育生产效率研究方法上有一定的突破。

教育生产效率问题是教育经济学研究的重要领域，但我国基础教育生产效率研究还很薄弱，薛海平教授长期以来一直致力于基础教育生产效率问题研究，取得了丰硕的研究成果。本书集中呈现了薛海平教授和项目组成员近十年来对我国基础教育生产效率问题研究的代表性成果，也在一定程度上反映了我国基础教育生产效率研究的最新进展。本书研究成果不仅对教育经济研究人员具有重要的学习和参考价值，同时也能为教育行政管理部门和中小学校长提高教育资源利用效率提供重要参考依据。当然，本书还存在一些有待改进之处，例如全书的逻辑结构还可以更加严谨，对各章内容从总体上加以综合从而做到互相呼应还显得不够等。教育生产效率问题是需要随着教育发展来不断研究的一个课题，我希望并相信薛海平教授会百尺竿头更进一步，将此项研究继续深入进行下去，做出更大的成绩来。

闵维方

2020 年 7 月 26 日

前 言

在很多国家，教育是其重要的公共支出领域。发达国家通常将占国内生产总值5%—6%的公共资金投入教育，而这还不包括学生及其家庭为教育的花费和为此放弃的收入。与此同时，学校作为非营利性组织，缺乏产权和利润驱动，资源配置决策客观上有成本最大化的倾向，这往往导致有限的资源生产效率低效问题。近年来，在全球范围内，人们对于教育的需求日益增加，教育资源的稀缺和教育投入的不足使得教育的供需矛盾加剧。因此，各国政府和公众日益关注教育资源的生产效率问题：这些来之不易的基础教育资源都有效地用于教育活动了吗？人们能不能采取更加有效的方法使得同样多的资源可以取得更多更好的教育成果呢？为了回答这些问题，人们必须了解教育过程当中的投入与产出（即生产效率）的规律性信息。

基于我国教育的基本国情，教育供给与教育需求的矛盾相对于其他国家更加突出，教育投入不足的问题长期制约着我国基础教育事业的发展。与此同时，我国基础教育资源利用低效甚至浪费问题大量存在。要使我国基础教育走出资源短缺的困境，不能光靠增加投入，更应注重提高资源生产效率，使基础教育的资源利用从粗放型转向集约化。研究基础教育生产效率问题，努力探求基础教育生产过程中的规律性信息，是本书研究的根本目的。希望本书的研究成果有助于我国政府和基础教育阶段学校改善教育资源分配机制以降低教育成本，提高有限的教育资源利用效率，缓解教育投入长期不足问题，推动我国基础教育事业由外延式发展转向内涵式发展，走一条科学发展之路。

本书利用我国基础教育多项基线调查数据，采用计量经济学模型，深入系统研究了我国基础教育生产效率问题。具体来说，本书内容结构分上、中、下三篇。上篇是基础教育生产效率理论研究，包括第一章绪论、第二章国外基础教育生产效率研究、第三章我国基础教育生产效率研究。中篇是基础教育区域生产效率研究，包括第四章中东部义务教育投入与学生成绩关系分析、第五章西部义务教育投入与学生成绩关系分析、第六章西部高中教育投入与学生成绩关系分析、第七章中东部义务教育教师绩效奖金对学生成绩影响研究、第八章西部农村初中教师素质对学生成绩影响研究、第九章高中教育投入对学生科学素质影响研究。下篇是基础教育学校生产效率研究，包括第十章义务教育学校和家庭联合生产机制实证研究、第十一章我国义务教育学校规模经济研究、第十二章我国义务教育学校范围经济研究。上篇对基础教育生产效率的理论研究将为中篇和下篇对基础教育生产效率的实证研究奠定基础，中篇和下篇分别从宏观和微观层面探讨区域和学校教育生产过程规律。本书上、中、下三篇各章研究将力图全景揭示我国基础教育生产过程规律，全面展示国内外基础教育生产效率研究领域的前沿成果。

本书多视角、多层次、多方法、深入系统地研究了我国基础教育生产效率问题。具体来说，多视角体现在既关注基础教育一般性投入与学生成绩的关系，也关注绩效工资分配制度、教育分权制度、教育问责制度等教育管理制度对学生成绩的影响；既研究学校生产中规模经济问题，也分析学校生产中范围经济问题。多层次体现在既研究基础教育区域层次生产效率问题，也研究基础教育学校层次生产效率问题。多方法体现在本书采用多种高级统计分析方法来研究基础教育生产效率问题，如采用多层次分析方法研究区域基础教育一般性投入与学生成绩关系，采用结构方程模型探讨学校和家庭的教育联合生产机制问题，采用数据包络分析方法研究学校生产中规模经济问题，采用二次成本函数方法研究学校生产中范围经济问题。

教育生产效率问题是教育经济学的重要研究领域，本书对我国基础教育生产效率问题进行了深入系统的理论与实证研究，对高等院校教育学、经济学类专业本科生、研究生，广大教育战线的工作者，以及教育学、经济学研究人员具有一定的参考价值。教育生产效率问题是当前我国教育管理部门以及中小学在制定基础教育资源分配政策和推进学校管理制度改革过程中所面临的重大问题，而国内针对该问题的实证研究不多。尽管本书中部分研究采用的数据并非最新，但研究所揭示的教育一般规律仍可以为教育管理部门和中小学管理者改善教育资源分配策略以提高教育资源利用效率提供有价值的参考依据。

目 录

上 篇 **基础教育生产效率理论研究**

第一章 绪论   2

第一节 基础教育生产效率研究背景和意义   2

第二节 教育生产效率研究重要概念界定   7

第三节 教育生产效率研究理论基础   11

第四节 教育生产效率评价指标   14

第五节 教育生产效率研究方法   17

第二章 国外基础教育生产效率研究：回顾与展望   30

第一节 学校投入对学生成绩影响研究回顾   31

第二节 家庭对学生成绩影响研究回顾   55

第三节 同伴对学生成绩影响研究回顾   63

第四节 学生自身特征对成绩影响研究回顾   70

第三章 我国基础教育生产效率研究：回顾与展望   75

第一节 我国基础教育生产效率研究发展阶段   75

第二节 我国基础教育生产效率研究主题   82

第三节 我国基础教育生产效率研究方法   88

第四节 我国基础教育生产效率研究不足   90

第五节　我国未来基础教育生产效率研究展望　　　　　　　　　　93

中　篇　基础教育区域生产效率研究

第四章　中东部义务教育投入与学生成绩关系分析　　100

第一节　问题的提出　　100

第二节　相关实证研究回顾　　101

第三节　理论模型与研究设计　　106

第四节　中小学数学教育质量差异分析　　110

第五节　中小学教育资源配置非均衡分析　　114

第六节　义务教育投入与教育质量关系多层线性模型分析　　118

第七节　研究结论与政策建议　　131

第五章　西部义务教育投入与学生成绩关系分析　　140

第一节　问题的提出　　140

第二节　学生成绩方差分析模型研究　　141

第三节　学生数学成绩随机截距模型分析结果　　144

第四节　研究结论与政策建议　　147

第六章　西部高中教育投入与学生成绩关系分析　　152

第一节　问题的提出　　152

第二节　相关实证研究回顾　　154

第三节　教育投入与学生成绩关系多层线性模型分析结果　　156

第四节　主要结论与讨论　　160

第五节　研究的不足与展望　　163

第七章　中东部义务教育教师绩效奖金对学生成绩影响研究　　166

第一节　问题提出与相关实证研究回顾　　166

第二节　教师绩效奖金对学生成绩影响分析　　170

第三节　教师获得绩效奖金影响因素分析　　　　　　176

第四节　研究结论与政策建议　　　　　　180

第八章　西部农村初中教师素质对学生成绩影响研究　　　　184

第一节　问题提出与相关实证研究回顾　　　　　　184

第二节　研究数据与理论模型　　　　　　186

第三节　教育质量影响因素分析　　　　　　188

第四节　研究结论与政策建议　　　　　　192

第九章　高中教育投入对学生科学素质影响研究　　　　195

第一节　问题提出与相关实证研究回顾　　　　　　195

第二节　我国高中生科学素质测量　　　　　　197

第三节　我国高中生科学素质影响因素分析　　　　　　200

第四节　研究结论与政策建议　　　　　　211

下　篇　　**基础教育学校生产效率研究**

第十章　义务教育学校和家庭联合生产机制实证研究　　　　216

第一节　问题提出与相关实证研究回顾　　　　　　216

第二节　数据来源与变量选择　　　　　　219

第三节　学校和家庭联合生产实证分析结果　　　　　　222

第四节　研究结论与政策建议　　　　　　231

第十一章　我国义务教育学校规模经济研究　　　　234

第一节　问题提出与相关实证研究回顾　　　　　　234

第二节　教育生产效率评估的 DEA 模型构建　　　　　　236

第三节　DEA 模型评估指标体系的确定　　　　　　244

第四节　数据来源与处理　　　　　　250

第五节　学校教育生产效率计算结果分析　　　　　　252

第六节　义务教育阶段学校教育生产效率的影响因素分析　　　265

第七节　研究结论与政策建议　　　268

第十二章　我国义务教育学校范围经济研究　　　273

第一节　问题提出与相关实证研究回顾　　　273

第二节　义务教育学校范围经济理论研究　　　274

第三节　义务教育阶段学校范围经济实证研究　　　277

第四节　研究结论与政策建议　　　285

参考文献　　　289

后　　记　　　323

图 目 录

图 1-1　随机边界模型 DEA 技术与回归分析模型的区别　25

图 10-1　不考虑教育制度时学校和家庭联合生产模型 1　222

图 10-2　模型 1 标准化回归路径系数　225

图 10-3　考虑教育制度时学校和家庭联合生产模型 2　226

图 10-4　模型 2 标准化回归路径系数　230

图 11-1　DEA 方法的应用步骤　237

图 11-2　Malmquist 生产率指数及其分解变化趋势图（2005—2007 年）　259

图 11-3　2005—2006 年 Malmquist 生产率指数（TFP）及其分解值折线　260

图 11-4　2006—2007 年 Malmquist 生产率指数（TFP）及其分解值折线　261

图 11-5　义务教育阶段不同类型学校 Malmquist 生产率指数及其分解图　265

表 目 录

表 2-1   187 项教育生产函数研究中所估计的投入参数系数：美国   51

表 2-2   96 项教育生产函数研究中所估计的投入参数系数：发展中国家   51

表 2-3   教育生产函数研究中所估计的投入参数系数：拉美国家   52

表 2-4   投票计数分析：汉纳谢克 1986 年和 1997 年与杜威等 2000 年
         研究的比较   53

表 2-5   同伴效应的可能模型   69

表 4-1   学校样本分布   109

表 4-2   农村学校学生样本分布   110

表 4-3   城乡间数学教育质量差异   110

表 4-4   地区间数学教育质量差异   111

表 4-5   学校间数学教育质量差异   111

表 4-6   班级间数学教育质量差异   112

表 4-7   家庭间数学教育质量差异   113

表 4-8   城乡小学教育经费投入差异   114

表 4-9   城乡初中教育经费投入差异   115

表 4-10 地区间教育经费投入差异   115

表 4-11 校际义务教育投入和支出基尼系数   116

表 4-12 城乡间教师质量差异   117

表 4-13 地区间教师质量差异   117

表 4-14 校际教师质量差异   118

表 4-15 小学数学方差分析模型层际方差成分表   119

表 4-16 初中数学方差分析模型层际方差成分表   119

表 4-17　层 2 潜在变量的探索分析结果　121

表 4-18　小学数学随机截距模型固定效应结果　125

表 4-19　小学数学成绩模型 1 的拟合优度统计结果　125

表 4-20　小学数学成绩模型 2 的拟合优度统计结果　126

表 4-21　初中数学随机截距模型固定效应结果　128

表 4-22　初中数学成绩模型 1 的拟合优度统计结果　128

表 4-23　初中数学成绩模型 2 的拟合优度统计结果　129

表 4-24　小学数学成绩 OLS 回归结果　129

表 4-25　初中数学成绩 OLS 回归结果　130

表 4-26　2006 年生均公用经费支出（元）与教师奖金、津贴、福利（含保险）和学校债务偿还　135

表 5-1　云南省农村小学学生数学成绩方差分析模型层际方差成分表　141

表 5-2　云南省农村初中学生数学成绩方差分析模型层际方差成分表　142

表 5-3　层 2 潜在变量的探索分析结果　143

表 5-4　小学数学成绩随机截距模型固定效应结果　145

表 5-5　小学数学成绩随机截距模型的拟合优度统计结果　145

表 5-6　初中数学成绩随机截距模型固定效应结果　146

表 5-7　初中数学成绩随机截距模型的拟合优度统计结果　147

表 6-1　学生高考成绩方差分析模型层际方差成分表　157

表 6-2　高考成绩的完全模型主要统计结果　158

表 6-3　主要变量的描述性统计　162

表 6-4　HLM 和 OLS 简单多元回归分析结果的比较　165

表 7-1　学校样本分布　170

表 7-2　模型中的变量定义　171

表 7-3　各类绩效奖金对学生成绩影响回归分析　172

表 7-4　绩效奖金因素对学生成绩影响回归分析　173

表 7-5　绩效奖金分配权对学生成绩影响回归分析　175

表 7-6　工作业绩、个人资历与教师绩效奖金统计描述　177

表 7-7　个人资历和工作业绩因素对教师绩效奖金影响分析　178

表 7-8　2006 年教师总绩效奖金影响因素分析　179

表 8-1　教师现在与初任职时最高学历分布　188

表 8-2　教师参加教育项目专家培训频率　188

表 8-3　甘肃农村初中教育质量的影响因素分析　190

表 9-1　接受调查的高中生样本分布　198

表 9-2　我国高中生科学素质及能力现状　200

表 9-3　模型中的变量定义　201

表 9-4　竞赛、个人和家庭因素对我国高中生科学素质影响的普通线
性模型回归分析　204

表 9-5　学校、班级同伴因素对我国高中生科学素质影响的普通线性
模型回归分析　205

表 9-6　我国高中生科学素质影响因素普通线性模型回归分析　207

表 9-7　我国高中生科学素质方差分析模型结果　209

表 9-8　我国高中生科学素质影响因素随机截距模型固定效应结果　210

表 9-9　我国高中生科学素质影响因素随机截距模型随机效应结果　211

表 10-1　学校样本分布　219

表 10-2　模型中的变量定义　220

表 10-3　模型 1 回归系数统计结果　223

表 10-4　模型 1 拟合结果　224

表 10-5　模型 2 回归系数统计结果　227

表 10-6　模型 2 拟合结果　229

表 11-1　已有研究的投入产出指标体系　245

表 11-2　初步构建的 DEA 静态效率指标体系　247

表 11-3　利用帕斯特方法筛选指标的过程与结果　248

表 11-4　初步构建的 DEA 动态效率指标体系　250

表 11-5　学校样本分布　251

表 11-6　教育生产效率的评价统计　253

表 11-7　义务教育阶段不同区域学校的教育生产效率差异比较　254

表 11-8　义务教育阶段城乡学校的教育生产效率差异比较　255

表 11-9　义务教育不同阶段学校的教育生产效率差异比较　　255

表 11-10　义务教育阶段不同类型学校的教育生产效率差异比较　　256

表 11-11　Malmquist 生产率指数及其分解（2005—2007 年）　　258

表 11-12　义务教育阶段不同区域学校的教育生产效率动态变化差异比较　262

表 11-13　义务教育阶段城乡学校的教育生产效率动态变化差异比较　　263

表 11-14　义务教育不同阶段学校的教育生产效率动态变化差异比较　　263

表 11-15　义务教育阶段不同类型学校的教育生产效率动态变化差异比较　264

表 11-16　教育生产效率影响因素分析变量　　267

表 11-17　教育生产效率影响因素的 Tobit 回归结果　　268

表 12-1　变量统计描述　　279

表 12-2　二次成本函数模型回归结果　　279

表 12-3　范围经济的估计值　　281

表 12-4　产出质量变量统计描述　　282

表 12-5　考虑产出质量后的二次成本函数模型回归结果　　283

表 12-6　考虑产出质量后范围经济估计值　　284

表 12-7　加入质量因素前后范围经济估计值比较　　286

基础教育生产效率理论研究

　　上篇为基础教育生产效率理论研究，主要对基础教育生产效率研究中的重要概念、理论基础和研究文献进行了整理分析，包括第一章绪论、第二章国外基础教育生产效率研究、第三章我国基础教育生产效率研究。上篇三章是本书研究的基础，为中篇基础教育区域生产效率研究和下篇基础教育学校生产效率研究的顺利开展奠定理论、文献和方法基础，也指明了未来我国基础教育生产效率研究的方向。

绪　　论

20 世纪 60 年代以来，在全球范围内，人们对于教育的需求日益增加，教育资源的稀缺和教育投入的不足使得教育的供需矛盾加剧，因此，各国政府和公众开始关注学校教育资源的生产效率问题。西方发达国家在 20 世纪 80 年代由于面临"公共效率危机"从而掀起了长达几十年的基础教育生产效率实证研究热潮，相关研究成果为政府制定相关政策提供了重要依据。我国基础教育阶段学生规模庞大，基础教育供给与需求的矛盾相对于其他国家更加突出，因此研究我国基础教育生产效率问题，努力探求中小学生产过程中的规律性信息，具有重要的社会实践意义。本章介绍了我国基础教育生产效率研究背景和意义，对本书中涉及的一些重要概念进行了界定，阐述了基础教育生产效率研究的理论基础，梳理了基础教育生产效率评价指标，分析了国内外教育生产效率研究的主要方法。

第一节　基础教育生产效率研究背景和意义

一、基础教育生产效率研究背景

在很多国家，教育是其重要的公共支出领域。发达国家通常将占国内生产总值 5%—6% 的公共资金投入教育，而这还不包括学生及其家庭为教育的花费和为此放弃的收入。我国这些年来为解决教育尤其是义务教育投入的充足性问题做出了巨大的努力。教育部、国家统计局、财政部发布的 2015 年全国教育经费执行情况统计公告显示，2015 年我国财政性教育经费为 29221.45 亿元，占国内生产总值比例为 4.26%，其中财政性基础教育经费占国内生产总值比例为 2.01%。在这些努力中有一个核心的问题，就是基础教育的生产效率问题。这些来之不易的基础教育资源都有效地用于教育活动了吗？人们能不能采取更加有效的方法使得同样多的资源可以取得更多更好的教育成果呢？为了回答这些问题，人们必须了解教育过程当中的产出与投入（即生产效率）的规律性信息，这就是本书研究的根本目的。

教育生产效率是教育经济学的一个重要概念，指的是教育资源消耗与教育直接产出成果的比较，简言之，为教育投入与直接产出之比。（王善迈，1996）我们通常所说的教育效率也主要是指教育的生产效率，它包括技术效率和配置效率。技术效率是指既定产出下的各种投入的最佳比例关系，用来衡量投入教育生产过程中的资源能否得到充分有效利用；配置效率是指在既定产出下要选择投入成本最小的配置比例，涉及各种教育资源如何替代配置才符合经济原则。（杜育红，2004）长期以来，教育部门的生产效率一直不为人们重视。学校作为一个非营利性组织，缺乏产权和利润驱动，其本身没有成本核算与追求成本最小化的动力，而且学校在进行资源配置决策时，考虑教育的外部效应往往以效益最大化为决策原则，客观上有成本最大化的倾向。在教育资源有限的情况下，学校的这种决策原则会造成教育资源利用效率的损失。近年来，在全球范围内，人们对于教育的需求日益增加，教育资源的稀缺和教育投入的不足使得教育的供需矛盾加剧，因此，各国政府和公众开始关注学校教育资源的生产效率问题。

我国教育的基本国情决定了基础教育投入不足的问题将长期存在。尽管近年来我国政府加大了对基础教育的投入力度，随着教育成本的增加以及教育质量的提升，我国基础教育投入不足的问题还会长期存在。我国基础教育投入不足问题的解决，一方面依赖于政府对基础教育投入持续增加，另一方面也依赖于提高现有的基础教育资源利用效率。研究我国基础教育生产效率问题，探求提高基础教育资源利用效率的有效策略，将有助于促进我国基础教育资源利用方式从粗放型转向集约型，推动我国基础教育事业由外延式发展转向内涵式发展，走一条科学发展之路。

二、基础教育生产效率研究意义

（一）理论意义

本研究具有重要的理论意义，主要体现在以下方面。

首先，本研究在多方面丰富和完善了现有的基础教育生产效率研究。文献研究表明，现有的教育生产效率研究基本来自美国和欧洲等发达地区，来自发展中国家的教育生产效率研究极度缺乏。由于发达国家和发展中国家经济发展水平和教育发展水平有很大差距，教育生产过程也有很大不同，这可能导致教育投入与学生成绩的关系很不一样，实证研究的结论也可能完全不同。我国是一个发展中的大国，且有着独特而又庞大的教育体系，但迄今为止，我国的基础教育生产效率研究比较少见。开展我国的基础教育生产效率研究无疑从研究样本的角度丰富了现有的教育生产效率研究，其研究结论也有助于更加全面地解释教育的生产过程。早期的教育生产效率研究一直忽视教育制度的影响，直到近年来才有少数国外学者在教育生产效率分析中引入了问责制度、分权制度、竞争制度等学校管理制度，研究结论大都显示学校管理制度对教育质量有重要的影响。本研究是国内到目前为止为数不多的分析教育管理制度对教育质量影响的实证研究，这在一定程度上也扩展了教育生产效率研究中的制度分析范围。迄今为止，大多数已有的教育生产效率研究只关注"显性"的教师投入的影响，很少有研究去关注"隐性"的教师投入究竟对学生成绩产生了何种影响。本研究分析了教师工作努力程度对学生成绩的影响，这在一定程度上发展了已有的教育生产效率研究。

其次，本研究采用多层次数据分析方法、数据包络分析方法、结构方程模型等多种高级统计方法进行教育生产效率分析，这在教育生产效率研究方法上有一定的突破。具体内容如下。①教育生产效率研究中面对的数据通常表现为嵌套关系的多层次数据结构，常规的普通最小二乘法回归只能对涉及某一层数据的问题进行分析，而不能对多层数据结构问题进行综合分析。近年来发展起来的多层次数据分析方法将能有效地解决多层数据结构问题，但它对数据的质量和研究人员的方法论素质要求比较高。文献研究表明，迄今为止采用多层次数据分析方法的教育生产效率研究非常少。本书采用多层次数据分析中的分层线性模型来进行教育生产效率分析，这使得本研究的结论更加精确。②国内外教育领域有关数据包络分析方法的运用主要集中在高等教育阶段，国外有一些学者运用数据包络分析方法分析了基础教育阶段学校的生产效率，然而我国学者采用数据包络分析方法研究基础教育阶段学校的生产效率的文献很少。本书采用数据包络分析方法研究我国基础教育阶段学校的生产效率问题，在一定程度上丰富了基础教育生产效率研究方法。③学生的成绩受学校、教师、家庭、同伴、学生自身、制度等多方面因素的影响。这些因素的影响有些是直接的，如家庭、社会、经济背景可能对学生的成绩产生直接影响；有些是间接的，如家庭、社会、经济背景可能通过选择更好的学校和教师从而对学生成绩产生间接影响，教育制度可能通过影响学校和教师的行为进而对学生成绩产生影响。由于这种间接影响会导致在估计学校和教师的作用时出现偏差，因此已有的大多数研究都把这种间接影响作为一种内生性问题来处理，采用了各种复杂的计量方法力图控制这种间接影响，而很少有研究去分析这种间接影响。这样处理的后果是我们无法真正全面理解复杂的教育生产内部过程，也不能分析家庭和学校之间联合生产的机制。为了尽可能真实地反映教育的生产过程，我们需要估计学校、教师、家庭、同伴、学生自身、制度等因素对学生成绩的各种直接影响和间接影响。此外，教育制度对学生成绩也会产生影响，然而教育制度难以准确和直接测量。对此，传统的计量方法已经无能为力，而结构方程模型正好可以解决这个难题。文献研究发现，到目前为止，由于结构方程模型比较复杂，且对数据质量要求较高，只有少数学者采用结构方程模型探讨家庭、社会、经济背景以及学校组织文化、班级环境、教师和同伴对学生成绩的影响，多数研究结论显示这些因素会对学生成绩产生各种直接影响和间接影响。遗憾的是，鲜有学者采用结构方程模型探讨学校和家庭联合生产机制问题，至于采用结构方程模型综合分析教育制度、学校、家庭对学生成绩影响的研究更是少见。本书基于大规模义务教育学校基线调查数据，依据教育生产函数理论，采用结构方程模型探讨了学校、家庭、教育制度与学生成绩的关系。

再次，与大多数教育生产函数研究相比，本研究采用了更加饱和的计量模型，这使得教育生产效率研究的估计结果更加精确。由于教育生产过程非常复杂，需要控制的因素很多，因此教育生产函数研究对数据要求比较高。文献分析表明，已有的大多数教育生产函数研究所采用的数据质量都不高，经常缺少某些重要的投入变量，结果是这些研究都不可避免地在不同程度上遇到了内生性和遗漏变量问题，这也是许多教育生产函数研究遭受批评指责的重要原因。本研究所采用的数据不仅包含学校、教师、家庭三个方面比较丰富且互相匹配的投入变量，而且还含有相互匹配的学生个体特征变量、班级特征变量和学校管理制度特征变量。与大多数已有的教育生产函数研究相比，本研究采用更加饱和的计量模型可以尽可能控制住教育生产过程中涉及的各种重要投入变量，最大限度地减少内生性和遗漏变量问题的干扰，大大提高估计结果的精确性。

最后，本书对我国基础教育阶段学校范围经济规律进行了探讨，拓展了基础教育生产效率研究范围，将学校范围经济研究从高校延伸到中小学。学校规模经济和学校范围经济分析是探讨教育资源生产效率的两种重要视角和方法。近些年来，我国学者针对基础教育阶段学校规模经济问题开展了许多研究，研究也取得了较丰富的成果，但对基础教育阶段学校范围经济研究基本没有，已有学校范围经济研究主要集中于高等教育阶段。国外许多学者对高等教育阶段学校范围经济规律进行了研究，但只有极少数学者研究了基础教育阶段学校范围经济规律，并在学校组织方式、学校规模、学科发展等方面提出了相应的政策建议。本书采用成本函数方法对我国基础教育阶段学校范围经济规律进行了探讨，拓展了基础教育生产效率研究范围，将学校范围经济研究从高校延伸到中小学。

（二）实践意义

本研究具有重要的社会实践意义，主要体现在以下方面。

一是本研究成果将为政府部门制定基础教育资源分配政策提供科学依据，促进我国教育资源利用效率的提高，推动我国基础教育走科学发展之路。长期以来我国基础教育都是走着一条追求增加学生数量和资源投入的外延型发展道路，教育生产效率信息缺乏，政府制定教育资源分配政策时缺乏相应的科学依据。本书研究成果将为政府部门制定基础教育资源分配政策提供科学依据，促进我国基础教育资源利用效率的提高，缓解我国基础教育投入长期不足的局面，推动我国基础教育事业由外延式发展转向内涵式发展，走科学发展之路。

二是本研究成果将为我国中小学配置教育资源提供科学依据，促进我国中小学办学效益的提高。本书不仅探讨了学校各项投入与学生成绩的关系，也探讨了学校绩效工资分配与学生成绩关系，还探讨了中小学办学过程中规模经济和范围经济问题，上述问题研究成果将为我国中小学改进教育资源分配、推进绩效工资制度改革、探索学段一贯制办学体制改革提供科学依据，有助于提高学校教育资源生产效率，促进我国中小学办学效益提高。

三是本研究成果将推动我国教育生产函数研究发展，补充和完善我国教育经济学学科体系。在全球范围内，教育生产函数研究是教育经济学的基本研究领域，其研究成果早已成为当今教育经济学学科体系的重要组成部分。而当前，国内教育生产函数研究还处于初步发展阶段，与国外该领域研究水平还有很大距离。本书研究成果在一定程度上改变了我国教育生产函数研究长期缺乏的局面，提高了我国在该领域的研究水平，补充和完善了我国教育经济学学科体系，促进了国内教育经济学学科建设和发展。

第二节　教育生产效率研究重要概念界定

一、教育投入

投入从广义上讲是指系统运转所需的各种资源和要素。在教育领域，教育投入（教育资源，也称教育投资、教育经济条件等）是指一个国家或地区，根据教育事业发展的需要，投入教育领域的人力、物力和财力的总和，或者说是指用于教育、训练后备劳动力和专门人才，以及提高现有劳动力智力水平的人力和物力的货币表现。（靳希斌，2001）学校投入一般可以分为人力资源投入、财力资源投入和物力资源投入三大类。人力资源投入是指在教学和科研工作中占用和消耗的人力总和，包括在校学生、教学科研人员、行政管理人员、后期服务人员等；财力资源投入是指用于学校教学科研的日常支出，包括个人消费的部分与公共消费的部分；物力资源投入主要是指固定资产和低值易耗品的投入。物力是由财力转换来的。然而，在近期的相关研究中有学者认为教育投入不仅包含有形资源，还应包括无形资源，如教育制度和学校管理等。因此，本书涉及的教育投入是指投入基础教育阶段的有形和无形教育资源，包括日常教育活动所需的人力、物力和财力的总和以及相关教育制度和学校管理等。

二、教育产出

教育不同于物质生产领域，教育的对象和成果不是物质而是人，教育产出的复杂性首先在于教育功能的多样性，总的来说，教育具有人才培养、知识生产和社会服务等功能，每个功能都对应不同的产出。教育产出（教育投资的经济效果）主要表现在直接产出与间接产出两个不同层次上。教育的直接产出是指受教育者劳动能力的提高，通常以各级各类学校培养的各种熟练程度不同的劳动者和专门人才表示。间接产出是指受教育者与社会生产相结合，对个人收入与社会经济增长的作用。本书研究的是基础教育阶段学校的教育产出，属于教育直接产出。教育的最高宗旨是培养人，目前中小学校也越来越重视学生综合素质的培养。在实证研究中，基础教育直接产出仅就教育的人力资本生产功能而言，则主要包括数量和质量两个方面，在校学生数和合格毕业生数通常是教育数量的考核指标，而教育质量的考核指标通常用学生的学业成绩，尽管教育质量还应包括学生各方面的素质，但这些内在素质很难考量。

三、教育效率

教育效率是教育经济学研究的核心问题，是从经济学移植过来的概念，但是由于教育公共事业的特殊属性，显然教育效率要比经济学中提到的效率更为复杂。然而，在教育均衡问题迅速彰显的时代，教育效率不时成为众人指责的对象，教育效率与教育公平是不是就不能并存？教育资源严重短缺与惊人浪费共存的现实不得不引起我们进一步的重视。教育效率大致可分为生产效率、配置效率和 X 效率三种。

（一）教育生产效率

教育生产效率是指教育资源消耗与教育直接产出成果的比较，简言之，为教育投入与直接产出之比。

教育生产效率＝教育成果（产出）/教育资源消耗（投入）

我们通常所说的教育效率也主要是指教育生产效率。需要指出的是，现实中，人们对教育效率的理解常只注重构成教育生产效率的一个要素即产出要素，而忽视或轻视另一个要素即投入要素，而且对产出要素的关注也仅限于学生成绩一个方面，对其他方面的发展往往视而不见。也正因为如此，才有把教育效率简单等同于升学率的观念和做法，才有"教育发展失衡是追求效率的结果"的说法和争端。其实不然，我国教育失衡在很大程度上是权力失衡和权力失范的结果，而非追求效率的产物。

（二）教育配置效率

教育配置效率也就是教育资源的配置效率，指教育资源如何在教育系统内部以及与其他子系统之间分配的问题，包括教育资源配置机制的效率、教育资源占社会总资源的比例、教育资源在各级各类教育间的分配、教育资源在同级同类学校不同地区间的分配等。（宁本涛，2000）通常所说的教育配置效率是指教育资源配置的内部效率，即教育资源在各级各类教育之间的分配效率以及教育资源在各区域之间的分配效率。教育资源配置的高效率就是指在各级各类教育之间、在各区域教育之间，每一种教育资源的供给总量等于该种教育资源的需求总量，没有发生资源的短缺或资源的闲置。这是一种最为优越的教育资源配置方式，使教育资源在配置中实现了效益最大化。

（三）教育 X 效率

美国著名经济学家莱宾斯坦（Leibenstein，1985）于 20 世纪六七十年代创立和发展了 X 效率理论。该理论认为 X 效率是经济单位（企业、家庭、国家）由于内部原因而没有充分利用现有资源的一种状态，实质上是一种组织或动机低效率，X 代表造成非配置低效率的一切因素。学校及整个教育部门和一般生产企业有相似的特点，如果把它们看作生产部门，那么在学校及整个教育部门中也存在着 X（低）效率。学校及整个教育部门的 X 效率表示在一定社会经济背景下，学校及整个教育部门由于各种内部原因没有充分利用现有教育资源而处于一种无法达到效率最大化的状态。

杜育红（2004）认为效率可以分为两类。一类是配置效率，指给定资源在不同的用途中配置时，使社会福利函数最大化的状态，通常是由帕累托（Pareto）三个边际条件表示。一类是 X 效率，指生产要素投入与配置没有任何改变的情况下，由于企业内部成员努力程度增加或管理水平提高而可以获得更多的产出。当一种生产落在生产可能性边界之内时，就处于生产的 X 无效率状态，当一种生产处于生产可能性边界之上，但不处于社会福利的最优点时，生产就处于配置无效率状态。他认为教育资源利用效率更多的是指 X 效率，即在投入与配置既定的前提下，实际产出与最大可能产出之间的比率。

四、教育效益

教育效益是由经济学和管理学移植入教育领域的概念，是教育通过培养人的活动所实现的效果和利益，是教育活动中消耗、占用的劳动量（包括活劳动和物化劳动）同取得的符合社会需要的教育成果之间的比较。用公式表示就是：

教育效益＝教育成果/教育消耗和占用的劳动量

由上式可知，当教育取得的符合社会需要的教育成果一定时，教育消耗和占用的劳动量越少，教育效益就越大；反之，教育效益就越小。当教育消耗和占用的劳动量一定时，符合社会需要的教育成果越多，教育效益就越大；反之，教育效益就越少。教育效益包括经济效益和社会效益两个方面。在社会主义市场经济条件下，讲求效益是教育活动的核心内容。

教育效益和教育效率是一对既相互联系又相互区别的概念。教育效益反映的是教育与社会、经济等外部环境的关系；教育效率反映的是为取得一定的教育成果而占用和利用资源的程度，属于教育领域内部的事情。虽然教育的投入也反映了教育与外部的经济关系，但教育资源一旦投入教育领域，就进入了教育的内部，所以教育效率是属于教育内部的经济活动。教育效益表现为教育产出对社会和经济的贡献，是在教育过程已经结束之后，符合社会需要的教育成果进入生产过程后实现的，体现了教育对社会和经济的反作用。由上面的分析可知，教育效益和教育效率的内涵和表现形式都不同，因而不应将二者等同起来。

但教育效益与教育效率又有密切联系。一方面，教育效益是教育效率的前提，是教育效率价值的体现。教育作为一种培养人的社会活动，其社会效益和经济效益的获得只有通过一定数量和质量的人服务于社会才能实现。如果培养的人不是社会所需要的，或者学非所用，教育效益就不能实现，即使教育效率再高，也只是浪费。另一方面，教育效率的高低又直接影响教育效益的大小，因为在一定时期内，教育资源是一定的，教育资源利用效率越高，培养的人才的数量就越多，质量就可能越好，教育效益也就可能越好。

第三节　教育生产效率研究理论基础

一、经济学中的效率理论

"效率"一词在《辞海》中的定义为"消耗的劳动量与所获得的劳动效果的比率"。在经济学中很少有哪个概念应用得比效率更为广泛，效率通常被理解为资源节约，即对资源的有效利用程度，而马克思把它归结为"劳动时间"的节约，即生产费用的最低限度和降到最低限度。新古典经济学家帕累托认为经济效率的标准含义是指资源配置实现了最大的价值，并提出了广为人知的帕累托最优标准。（顾海良 等，1991）随着新制度经济学的兴起，对于效率有了新的理解，尤其体现在效率的影响因素上。新制度经济学的代表人物诺斯（North）最重要的命题就是制度决定经济效率。帕累托效率被认为是一种静态效率的标准，而在新制度经济学家的眼中，动态效率是更为重要的。

在经济学中不同的学者对效率的分类不同。生产效率，即微观主体以投入和产出比表示的效率，指的是成本与收益的对比关系，也就是以最短的时间、最少的资源成本生产出最多的产品。配置效率，即经济主体在追求微观效率的同时是否带来了全社会资源的合理利用，经济资源是否在不同的生产者和生产目的之间得到了有效配置，也就是资源的配置是否达到了帕累托效率。经济学家曼昆（Mankiw，1999）更明确地提出：效率就是资源配置使所有社会成员得到的总剩余最大化的性质。资源配置达到了这一状态，就是效率；达不到这一状态，就是无效率或低效率。效率也可分为微观效率与宏观效率。当效率概念用于某个企业时，"有效率"是指该企业在投入一定生产资源的条件下产出最大，相比而言，就是在生产一定产出量时企业实现了"成本最小"，这就是通常意义上的"微观效率"。而当效率被用于一个经济体时，"有效率"是指各种资源是否在不同生产目的之间得到了有效的合理配置，使其能够最大限度地满足社会和人们的各种需求，这就是宏观效率。一般而言，研究经济效率问题总是要从微观和宏观两个方面进行分析。微观经济效率的意义在于它反映了微观经济主体的管理水平、运行状况以及在市场竞争中的生存和获利能力；宏观经济效率则反映了一国或地区的发展和进步是通过少投入多产出而实现的，反映了该国或地区资源利用和资源配置状况的良好运转，反映了整体经济健康、稳定、协调和高效率的发展。微观经济效率和宏观经济效率既有联系又有区别，宏观经济有效率要求微观经济主体必须有效率，同时，微观主体的效率状况也受宏观经济运行效率的影响和制约；但是宏观经济有效率并不意味着各个微观主体都有效率。在市场竞争中，一些低效率的企业会被淘汰，一些高效率企业会更加强大，这是宏观经济效率实现的途径和内在机理。单个微观经济主体的效率与宏观经济的效率可能并不一致，比如公共产品的生产及外部性的存在可能会造成宏观经济的效率低于微观经济主体的效率，这就是宏观经济效率内在地要求政府干预的理论根据。

X效率，即非配置效率，就是在资源配置不变的情况下，由于企业内部成员努力程度增加或管理水平提高而产生的经济效益，也可以说是引导微观效率向配置效率转化的制度效率。X效率理论是由美国著名经济学家莱宾斯坦提出的，这一理论基于人性假设的创新，是对新古典经济学理性经济人的颠覆。X效率理论认为人并非单纯追求利益最大化的个体，而是具有选择理性与惯性特征的行为主体，在企业和家庭内部同样存在非配置性资源利用效率问题。X效率理论把经济研究的微观着眼点从企业、家庭延伸到了个人。莱宾斯坦认为，严格说来，企业与家庭还不是最基本的经济单位，最基本的经济单位应是个人。X效率理论的任务，就是通过对作为基本决策单位的个人的行为的考察，分析和研究由个人组成的更大的经济单位如家庭、企业乃至整个国民经济的活动状况。

上述三种效率概念本质是相同的，都意味着资源的合理分配与节约，只是研究角度不同。第一种研究的是资源生产效率，属于微观经济效率；第二种研究的是资源配置效率，属于宏观经济效率；第三种研究的是一种制度安排对微观经济效率与宏观经济效率的促进与影响。经济学的效率概念为研究教育效率提供了理论基础，但因为二者的研究对象不同，经济学的效率概念并不能直接代替教育效率分析。

二、教育生产函数理论

(一) 教育生产函数的含义

教育生产函数是教育投入与产出之间的一种统计关系，旨在研究教育的生产过程和学校的内部效率。它一般采用统计技术，如回归方法，以辨别不同投入的作用，并且对这些数量关系予以解释和评价。库珀和科恩（Cooper，Cohn，1997）将教育的生产过程这种统计关系通过以下方程来描述：

$$F(y, x) \leqslant C$$

y 是教育产出的向量，x 是教育投入的向量。C 是一个正向的标量，F 代表着将 x 转化成 y 的教育技术。方程描述的是教育投入和产出之间技术上可能实现的连接，即生产关系。既定投入下的最大产出就称为教育生产函数或教育生产边界。

(二) 教育生产函数的一般性理论模型

这一领域的著名学者汉纳谢克（Hanushek，1986）建立了如下教育生产函数一般性的理论模型：

$$A_t = f(F_t, T_t, OS_t)$$

A_t 代表学生在时间 t 所取得的学业成就；F_t 代表累积到时间 t 为止的、来自家庭方面并对学生学业成绩有影响的各种因素，如父母的受教育程度、收入、种族以及家庭中所使用的语言等；T_t 代表累积到时间 t 为止的、由教师投入到一个学生身上的各种因素，如教师受教育程度、教龄、培训、工资等；OS_t 则代表学校的其他投入要素，包括班级规模、图书资料、课程等。早期的教育生产函数研究人员大多采用该模型进行教育生产函数研究。

(三) 教育生产函数的扩展性理论模型

上述教育生产函数的一般性理论模型由于忽略了学生以前的学习基础以及同伴因素等其他遗漏变量的影响，会带来估计结果的偏差，为此贝尔菲尔德（Belfield）在汉纳谢克的基础上建立了教育生产函数分析的增量模型（Value-added model），他将教育生产过程表述为：

$$A_t = f(R_{t-1}, F_{t-1}, P_{t-1}, A_{t-1}, Z_{t-1})$$

在这里，A_t 仍然是代表学生在时间 t 所取得的学业成就；R_{t-1} 代表学校所投入的资源；F_{t-1} 代表家庭在前一时期的投入；P_{t-1} 是同伴因素；A_{t-1} 则是学生以前的学业情况，在生产函数中纳入这一变量是为了反映学生已有的能力或者学习基础；Z_{t-1} 代表的是学生个人的努力程度。在这一公式中，同伴因素和个人努力程度的影响也被纳入进来。

除了上述扩展模型之外，还有一些学者为了研究的需要，常常会以该模型为基础，将其他的一些因素，如邻居的因素、学区的因素、制度的因素等引入到模型中来，以考察这些因素对教育产出的影响，这就进一步扩展了教育生产函数的理论模型，使得研究更加全面和深入。

第四节　教育生产效率评价指标

在分析和研究教育生产效率时，仅仅用定性的描述是远远不够的，定性分析必须与定量分析相结合才能科学、准确地说明教育生产效率，因而必须建立一套客观的评价指标体系，作为衡量教育资源生产效率的依据。建立教育生产效率评价指标体系，就是要找出影响教育生产效率的各因素及它们之间的关系，测算出各因素之间的相关值，找出衡量教育资源生产效率的单项指标和综合指标。单项指标就是反映教育资源中人力、物力、财力、时间和信息等各单项因素的生产利用情况的指标，它表明某一单项资源的生产效率。综合指标是把各种资源综合成一个整体来考察教育资源的生产利用情况的指标，它说明教育资源的整体生产利用情况。

一、评价教育生产效率的单项指标

(一) 人力资源生产效率指标

在评价中，通常以一定时期内单位教职工培养学生数作为人力资源利用率的指标，其计算公式为：

$$学校人力资源生产效率 = \frac{年在校生总数}{年教职工总数} \times 100\%$$

学校的人力资源包括教学人员、行政人员、工勤人员等，因此，还可以具体计算他们的生产效率，例如：

$$学校专任教师生产效率 = \frac{年在校生总数}{学校专任教师总数} \times 100\%$$

$$教师平均授课课时数 = \frac{各科总课时}{全校教师数}$$

$$学校行政人员生产效率 = \frac{年在校生总数}{学校行政人员总数} \times 100\%$$

$$学校工勤人员生产效率 = \frac{年在校生总数}{学校工勤人员总数} \times 100\%$$

用以上方法计算的学生教职工比例和生师比在一定程度上反映了学校对人力资源的使用状况，但是，不能简单地认为比值越高效率越高或者比值越低效率越低。学生与教职工比和生师比究竟应该达到何种水平才算合理，还需进一步研究。目前，一般以教育行政部门规定的标准作为评价尺度。

（二）物力资源生产效率指标

在评价中，通常以一定时期内学校设施设备作为物力资源利用率的指标，其计算公式：

$$校舍生产效率 = \frac{校舍使用面积}{校舍总面积} \times 100\%$$

$$教学设备生产效率 = \frac{教学设备使用时间（小时）}{教学设备总数（件、台）} \times 100\%$$

$$图书生产效率 = \frac{图书年借阅册数}{现存图书总册数} \times 100\% 或 \frac{借阅次数}{教职工学生总数} \times 100\%$$

$$闲置设备占有率 = \frac{闲置设备价值}{年初固定资产总值} \times 100\%$$

（三）财力资源生产效率指标

在评价中，通常以一定时期内学校各类教育支出作为财力资源利用率的指标，其计算公式为：

$$教学支出占教育经费比例 = \frac{年教学支出额}{年教育经费支出}$$

$$人员支出占教育经费比例 = \frac{年人员支出数}{年教育经费支出}$$

$$财力资源生产效率 = \frac{在校生数}{教育费用消耗额} \times 100\%$$

$$总费用生均消耗额 = \frac{年教育费用}{年在校生数}$$

二、评价教育生产效率的综合指标

(一) 教育成果的数量考核指标

假设教育成果的质量相同，或者教育成果即一定数量的人才都符合培养目标，教育资源生产效率可由下式计算：

$$年教育资源生产效率 = \frac{教育成果}{教育资源消耗} \times 100\%$$

这里的教育成果是指在校学生数或毕业生数，其中，在校学生数必须是全年平均在校学生数。教育资源消耗应用人力、物力、财力消耗的总和减去无关费用，如退休费、招待费等。

(二) 教育成果的质量考核指标

教育成果除了体现为人才的数量之外，还体现为人才的质量。人才质量的测算是非常困难的事，而且难以准确计量。人才质量的定量化也是教育经济学面临的难题之一，目前比较常用的方法是计算人才费用的质量系数，其公式为：

$$人才费用的质量系数 = \frac{班级或毕业生平均质量}{班级或毕业生平均费用}$$

上式表明，在培养人数一定的前提下，所用费用少，质量高，教育资源生产效率也高。

(三) 教育过程中的效率指标

我国在教育行政管理中经常采用年教育投资优生率、年教育投资差生率、合格率、毕业率、升学率、巩固率、留级率、辍学率和专业对口率等指标衡量教育资源的生产效率。这些指标操作性强，计算容易，在一定程度上反映了教育培养人才数量和质量的状况，所以运用比较广泛。其公式为：

$$年教育投资优生率 = \frac{优等生数/在校生数 \times 100\% \times 年教育费用}{年教育费用} \times 100\%$$

$$年教育投资差生率=\frac{差等生数/在校生数\times100\%\times年教育费用}{年教育费用}\times100\%$$

$$合格率=\frac{合格的毕业生数}{应届毕业生数}\times100\%$$

$$毕业率=\frac{实际毕业生数}{应届毕业生数}\times100\%$$

$$升学率=\frac{考入上一级学校学生数}{年度毕业生数}\times100\%$$

$$巩固率=\frac{年末在校生数}{年初在校生数}\times100\%$$

$$留级率=\frac{留级生人数}{学年末在校生数}\times100\%$$

$$辍学率=\frac{全年辍学学生数}{年初在校生数}\times100\%$$

$$专业对口率=\frac{专业对口人数}{毕业生人数}\times100\%$$

第五节　教育生产效率研究方法

生产效率研究最核心的问题是找到合适的研究方法。教育生产效率的研究主要沿着两个方向来展开：一个是通过统计分析方法，归纳出教育生产函数，用统计模型的方法研究哪些因素对教育产出产生影响；另一个方向是从教育成本的角度，通过成本—效益分析，来比较资源的生产效率。

一、教育生产函数法

在经济学中，生产函数是指在生产技术水平不变的条件下，企业生产所使用的各种投入要素的数量与最大产出的关系。一般可以用函数形式来表示：$y=f(x)$，其中 x 是要素投入向量，y 是最大产出向量。如果将生产函数套用到学校，可以得到教育生产函数。在此投入的要素有家庭投入（父母的受教育程度、收入、种族、家庭所使用的语言等)、学校投入(教育教辅人员、管理人员、教学设施、校舍等),产出主要的指标是学生学业成绩的提高。得到各项数据后就可以运用各种统计方法估计出教育生产函数。

教育生产函数法是使用较早的衡量学校生产效率的方法,它在实际应用方面存在一些问题。第一,教育生产是一种复杂的生产,对投入和产出的确定和测量相对于普通企业而言更困难。早期的模型和方法都比较粗糙,回归结果的一致性也不太令人满意,一些结果显示学校的投入与学生学业成绩正相关,也有结果显示二者的相关性不显著或负相关。第二,用回归分析方法本身可能产生问题:使用同归分析方法估计教育生产函数时,很可能出现多重共线性的问题,单从模型进行解释可能会得到错误的结果。例如,当家长可以通过迁移至富有地区等方式选择质量好的学校时,学生的社会经济背景就与学校的质量相关了。表面上的学校质量的正效应实际上就是家庭背景因素了。第三,一般而言用生产函数法衡量的是所有样本学校生产的平均水平,除非事先已经确认样本学校都处于最有效的生产状态。因此,这种方法测得的生产效率实际要高于真实的生产效率。

早期直接用学生成绩做因变量来测量学校的影响的做法遭到了学者们的批判。一种改进方式是采用增量模型。增量模型使用学生入校后的成绩变化作为因变量,并控制学生入校前的考试成绩。然而,增量分析并没有完全解决内生性问题。即使考虑了学生的初始成绩,学生实际上获得的资源也是与家庭背景和以前学业成绩相关的,增量模型并没有考虑这一问题。(杜育红,2004)工具变量法是另一个解决方法。许多有影响的论文使用工具变量法,这种方法已经从学校投入中发现了正效应。工具变量法是要找到一个影响学生之间资源配置的因素但又不直接影响学生学习结果的工具变量。(Hoxby,1998)

教育生产函数法的成立有一个前提,那就是假定在学校中教育投入(如家庭背景、教育资源、学生最初的能力)都被转化成了产出(如标准化的测试分数和考试结果)。在这样一个框架内,主要有两种方法来对教育投入和产出的关系进行经验估计。第一种方法是回归技术,该种方法是用参数技术来估计"平均的统计行为"。(Cooper,Cohn,1997)回归技术被用来确定与全部学校的平均水平相比,拥有较多资源的学校是否会有较多的产出。这类方法往往将一些投入与某些感兴趣的产出相联系。第二种是边界估计的方法，边界估计可以是参数估计（随机边界回归，这种方法确定了随机生产函数的函数形式），也可以是非参数估计，即数据包络分析（Data Envelopment Analysis，DEA）。

（一）教育生产函数计量的回归分析模型

在回归分析中，一种产出通过回归几个自变量来解释。它一般假定投入数量越大，通过教育生产的黑箱就能转化出越高的产出。这类方法通常被用来考察学校资源（经费）对学习结果的影响。早期的回归分析由于缺乏有关学校特征的数据，往往只是测量学校的总体效应，比如生师比，来分析一所好的或差的学校对学生学习产出的净效应。这类研究经常会加入一些虚拟变量来分析学校某一方面单独的效应（比如标准化测验分、学业完成率、逃学率等），解释变量一般包括家庭背景等。一般结果会令人信服地发现，学校确实起到了很大的作用。例如，克里默斯和雷西特（Creemers，Reezigt，1996）对英国和其他西方国家的数据分析认为，10%—20%的学生成绩差异受到学校因素的影响；雷诺兹等（Reynolds et al.，2006）研究认为8%—12%的学生成绩差异受到学校因素的影响，且小学的作用比初中大。然而，当研究者从学校的效应深入到一些特定的投入（家庭背景、教育经费）时，结果是令人沮丧的。用这类方法，研究者很难区分出哪些因素，尤其是资源方面的因素，使学校更有效。尽管回归分析并没有要求建立在一个理论基础上，实际上大多数研究假定更多投入将带来更多的产出。

1. 学校质量的内生性问题

回归分析最严重的问题是学校质量潜在的内生性问题。某些家长可以通过将孩子送到私立学校来选择学校质量，或者即使在公立学校，家长也可以通过购买较好社区的房子而选择学校质量。如果这种情况发生，学校质量将肯定与财富或学生家庭地位相关。如果财富与家庭地位对学生成绩有显著的影响，则学生成绩的变异表面上看是学校的作用，实际上却是学生家庭社会经济背景的回报。另外一个内生性的问题与学校财政体制相关。有些学校财政体制对贫困地区学生或弱势学生给予更多的资助。如果这样一个因素没有被控制，则完全有可能出现投入与产出负相关的情况。（Burtless，1998）

学校质量的内生性问题是对回归分析批评中最根本性的批评。梅斯顿

（Magston，1996）认为，教育生产函数过多地关注供给方面，即投入与产出之间的关系，但他指出更为重要的是需求方面，如果一所学校采取积极的行为的话，每一个学生所能真正获得的资源往往是内生地决定的。为了说明这一点，我们假定一所学校的预算是固定的，假定学生的成绩依赖于社会经济背景与先前的学习成绩。学校将把这一因素考虑到固定预算的分配中。换言之，学校将会把资源配置给每个学生，以便使教育产出最大化，这将是简单的回归模型中必然碰到的经典的内生性问题。这种解释很显然与汉纳谢克关于资源对学生成绩没有显著影响是因为学校低效的结论相反，学校资源与学生成绩不相关的原因恰恰是学校积极有效地使用了稀缺资源。

为了克服内生性问题，一些新的计量方法被引入到统计过程中来，这些方法主要包括增值模型、联立方程模型、工具变量和随机实验。

（1）增值模型（Value-Added Model）

克服内生性问题的一个途径是使用增值模型。增值模型考虑了学生的初始能力与社会经济背景、学校的社会经济结构（例如学校享受免费午餐学生比例）、学生性别结构与种族结构等因素。增值模型为什么可以改善简单的回归模型呢？当我们考虑到许多学生的先天能力要好于其他学生时，入学前的学生初始能力与学业成绩就非常重要。同样，有些学生可能上过很好的学校，有些也可能获得父母更大的投入，这些因素都对学生学业成绩有很大的影响。很显然，要想单独地测量进入某一级学校以后的影响，即学校的作用，必须考虑学生入学以前的各种因素。增值模型正是循着这种思路来设计教育生产函数的。关于这一点，增值模型有两种处理方法。第一，使用一个能测量学生在一个特定时间内成绩变化的因变量；第二，把学生入学前的考试成绩作为一个解释变量。增值模型相比没有考虑学生初始成绩的简单方程有了很大的改进。然而，增值模型并没有完全解决内生性问题。即使考虑了学生的初始成绩，学生实际上获得的资源也是与家庭背景相关的。增值模型并没有考虑到这一问题。

（2）联立方程模型（Simultaneous equation models）

使用联立方程模型解决内生性问题的研究并不是很多，联立方程模型主要是将学生之间或学校之间资源配置情况分析清楚。（Mayston，Jesson，1999）如果想要发展这类模型，必须更好地理解学校内或学区内资源配置的过程。研究者第一步必须弄清楚学校投入对学习产出的影响结构，确定并建立生均资源决定因素的模型。

（3）工具变量

比联立方程模型更实用的方法是寻找一个工具变量来处理学校质量的内生性问题，当然，这里同样存在上面的区分问题。这样一个工具变量，它不直接影响结果，但可以作为获得资源情况的一个预测指标。在概念上或理论上，这是很困难的。然而工具变量方法被认为是这一领域高质量研究最可能的方法。事实上，关于工具变量的估计是令人鼓舞的。许多有影响的论文使用工具变量方法已经从学校投入中发现了正面效应。（Akerhielm，1995；Angrist，Lavy，1999）。寻找工具变量的研究以及相关理论的发展是生产函数研究进一步发展的方向。

（4）随机实验

另一种处理内生性问题的方法是类似于克鲁格（Krueger，1999）所采用的随机实验，美国的"STAR"班级规模实验展示了这种在社会科学和教育学中特有的方法。这种方法的优点是显而易见的，在一个精心设计的实验中，内生性问题将被最大限度地控制住（尽管或许不能彻底根除）。在一个理想的环境中，所有的教育干预在被引进之前都可能服从于随机实验。然而，随机实验的方法也有许多缺点。实际上，它们的成本太高，且可能引起伦理问题。例如，家长也许不希望他们的孩子成为实验中的"被试"。霍克斯比（Hoxby，1998）也认为随机实验的方法仍然存在许多方法论的问题。随机实验非常少，其结论受限于特定的制度环境，而它们的研究结果却经常被许多人推广到其他的制度环境中，其有效性值得怀疑。

2. 模型确定的问题

在模型确定方面首先要考虑的是模型确定的理论依据。教育生产函数研究的一个困难是，缺少已经建立的能够揭示学校资源是怎样影响教育产出的理论模型。一般来说，教育生产函数研究采用的都是黑箱方法（black box）。这是假定资源自动地被应用于学生、学校或学区，从而产生更好的成绩。这一假定显然忽视了一个基本事实，即增加资源投入并不一定带来产出的增加。所以关于教与学过程的理论就显得尤为重要。许多教育心理学方面的研究都可以为纠正实证研究的模型提供理论指导。这些研究大多都在回答重要的理论问题：影响学习结果的因素有哪些？哪些是重要的关系？在学生个体、班级、学校不同层次上哪些因素是重要的？哪些因素是跨层次的？但大多数的实证研究并没有考虑这些理论问题。

由于缺乏理论基础，这一领域的实证研究普遍存在忽略变量的偏差。例如，许多研究隐含的假设是，生均经费、生师比与教师质量是学校质量的标志。然而，从美国与英国的研究证据看，教育是一个相当复杂的过程，肯定还存在着大量被忽略的重要因素，这会导致学校资源作用测量的估计误差。例如，忽视了父母花在孩子身上的时间。汉纳谢克（Hanushek，1986）则认为，许多研究的变量选择更多的是由数据的可得性决定的，而并非理性讨论的结果。

在实际研究中，研究者如果把实证研究建立在理论模型上，且使用了高质量的学校资源的数据，那么他往往会忽略关于家庭背景、同伴影响和社区环境的测量数据。许多学者相信这些因素与学校环境一样重要。（Coleman et al.，1966）如果这些忽略的变量与学校质量测量的指标相关，那么学校质量指标的系数的估计就会有偏差。（Altonji，Dunn，1996）对此，解决的办法是依靠理论模型并尽可能地使用更多的数据。

（1）多层分析模型与总量数据（data aggregation）的问题

对于模型的确定还存在另一个问题，这一领域的许多研究在确定学生学习模型时没有考虑数据的层次性，如学生在教室中的群体性、学校中班级的类别和学区中学校的类别等。引起学生学习成绩差异的因素可以归结于学生个体，也可以归结于班级或学校。因为在同一个班级或学校的所有学生会受到同一种班级效应或学校效应的影响，这种效应可能与好或差的管理相关，也可能与获得资源的水平相关。不管怎样，在统计上忽视班级或学校效应会导致偏差。面对这种聚类，差异分析或多层分析模型是必要的。为了说明这种方法，我们假定数据只分为两层，学生层次与学校层次。s 学校的 i 学生的学习成绩 O_{is} 如下：

$$O_{is} = \alpha + \psi_s + \psi_{is}$$

这里学生学习成绩的差异可以分为两部分，即学校间的差异 ψ_s 与学生间的差异 ψ_{is}，α 是常量。在多层分析模型中，不同的因素与分析的不同层次相关联。例如，学校的生师比可能被用于解释学校之间的差异，而学生的家庭背景与班级规模可能被用来解释个体之间的差异。戈尔茨坦（Goldstein，2003）对多层分析模型的复杂性和统计特性进行过更深层次的探讨。多层分析模型最大的优点在于它强调教育系统内在的层次性，这可以使研究者在不同层次上讨论不同因素的影响。一般来说，当同一班级或学校的学生成绩相关较低时，多层分析模型与 OLS 结论相似。当同一单位内学生成绩相关增大时，OLS 估计会低估标准误，这可能会导致对零假设的错误拒绝。因此，当没有考虑数据结构问题时，研究者可能会发现解释变量与学生产出之间存在正向的关系，但实际上这种关系并不存在。

另外有大量的证据表明这一领域的许多研究都受到了"总量偏差"（aggregation bias）问题的影响。（Heckman et al.，1995）尽管从理论上讲，研究者需要每个学生真正获得资源的数据，但实际上大多数研究者依赖学校的总量数据，如美国州一级数据，这会导致估计的偏差。总之，理想的研究应该使用多层分析模型，考虑班级、学校、学区之内群体的因素，使用学生个体层面的数据。

（2）函数形式问题

与模型设定相关的另一个问题是多数研究采用的回归模型都假定是线性的（线性对数）函数形式。这个线性假定隐含着学校投入的边际单位效应在投入的较低和较高水平时是一样的，然而，某些类型数据在统计上显著性地拒绝了线性函数形式，这表明线性函数形式有很大的局限性，它无法考虑非线性的效应。菲廖（Figlio，1999）使用了一个经过转换后的对数函数形式，艾德和肖沃尔特（Eide，Showalter，1999）使用了分位数回归技术，发现了存在非线性效应的证据。但从大量的实证研究结果来看，很难断定是否函数形式是一个大问题。例如，菲廖拒绝了学校投入的线性效应假定，但同样发现学校投入的积极作用仍然非常小。然而，未来高质量的研究将会显而易见地受惠于函数形式的严格检验。

3. 交互作用问题

与增值模型相关的另一种克服内生性问题的方法是估计更加饱和的模型。这种方法同增值模型一样考虑孩子已有的基础，同时也注意到学校投入和其他变量之间重要的交互作用。这一领域的许多实证研究忽视了学生的家庭背景或初始能力，假定学校资源对所有的学生学习结果有着相同的作用。然而，这些研究经常发现学校资源对学业成就有显著的影响。（Dearden et al., 2002；Figlio, 1999）因此，未来需要更多采用此类方法的研究来回答一些更加复杂的问题，比如，较小的班级规模对低能力的学生还是对高能力的学生有益？

关于不同投入之间可能存在的交互作用到目前为止缺乏明确的理论指导。生产函数理论提供了一个非常有用的框架，但需要更多的工作来证明资源之间存在发挥重要交互作用的教育理论。例如，学生的态度是如何与指导的质量相互作用以对学习产出起作用的？也许需要依靠不同的数据对这样的理论和不同投入之间的交互作用进行系统的证明，唯有如此，这一领域才可能获得更多的确定回答。

4. 数据质量和测量误差问题

学校质量数据测量的误差可能会导致错误的估计。如果变量的测量有错误，那么系数有可能低估学校资源的作用。汉纳谢克等（Hanushek et al., 1996）认为在这种情况下总量数据有助于降低测量误差。然而，测量误差可能低估学校投入的作用的事实，强调高质量的数据是至关重要的。

5. 队列问题（cohort issue）

汉纳谢克（Hanushek, 1997）认为如果学校质量存在一个正向的但"回报"递减的情况，这可能意味着21世纪学校资源的大幅增长确保了我们处于教育生产函数的顶点阶段。因此，进一步增加学校资源将很可能不会对产出产生积极作用。来自教育生均支出很低的发展中国家的研究也许会有助于阐明这个问题。

（二）教育生产函数计量的边界模型

边界模型是教育生产函数计量中常用的一类方法，它主要包括两种计量方法：第一种是参数方法，即随机边界回归（Stochastic Frontier Regression, SFR）；第二种是非参数方法，即数据包络分析（DEA）。许多研究比较了不同的边界方法，部分结果显示，不同的方法产生了相似的结论。在这种情况下，一些学者认为边界法优于标准的 OLS 回归法。（Ganley, Cubbin, 1993）

边界法的设计思想是把单个学校与处于教育生产边界点的学校相比较，从而获得每个学校的效率情况，可以用如下公式表述：

$$F(x, y) = C$$

式中，y 是教育产出向量，x 是教育投入向量，C 是常量。

与最小二乘法相比，边界法具有许多好的性质。首先，通过定义一种技术上的有效学校，这种方法可以区分出最好的学校行为（在边界点上的学校）。如果测量准确，这种方法比从平均水平区分差异的回归分析更具有政策意义。而且通过强调最好的行为，避免了受平均水平影响的问题。它的另一个优点是，其观察单位是学校，由于它考察的是学校的相对成绩，而不是绝对成绩，更有利于把握学校间的相对效率情况，从而激励学校为它们的绩效负责并为学校投入提供良好的价值。图 1-1 显示了随机边界模型 DEA 技术与回归分析模型的区别。

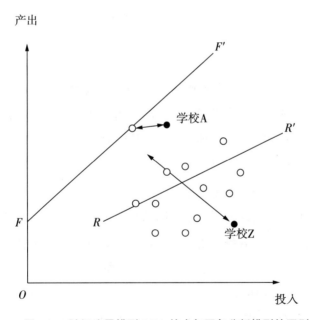

图 1-1 随机边界模型 DEA 技术与回归分析模型的区别

图中表示的是一种投入与产出的情况，假定规模报酬率不变。线段 RR' 是这些数据的回归曲线。线段 FF' 是由 DEA 技术决定的效率边界线。例如：学校 A 位于效率边界（FF'）上，说明它是最有效的；而学校 Z 离 FF' 最远，说明其最没有效率。

1. 随机边界模型

查阅使用随机边界模型的例子可以看一下库珀和科恩的研究。像所有的单一回归方程一样，他们也假定只有一种产出 y，但与标准的模型不一样，他们将误差项 ε_i 分解成两部分：v_i 和 u_i。（Cooper，Cohn，1997）

$$y = F(x, \beta) + \varepsilon$$

$$\varepsilon_i = v_i + u_i$$

式中，y 是产出向量，x 是投入向量，β 是参数估计的向量。误差 v_i 反映的是随机扰动项，这些误差主要是由学校外在因素导致的，因此会产生一个随机的临界值。u_i 是一个非正的数值，它反映的是学校在技术上的低效，即离边界的距离。从理论上讲，一个学校的绩效不可能高于临界值，因此，u_i 一定是负值。计量上，库珀和科恩（Cooper，Cohn，1997）通过设计一个参数 λ 估计随机边界，估计方程使用了对数方程。λ 由下式给出定义：

$$\lambda = \frac{\sigma_u}{\sigma_v}$$

式中，λ 值越大，说明与干扰项相比，低效差异越大。

这种边界估计的一个优点是同标准回归技术一样，它给出了非常易于解释的结果。因此，库珀和科恩把边界估计的结果同 OLS 回归结果进行了对比。另外一个优点是它可以对不同解释变量的参数估计值进行统计的显著性检验，这在决定各种相关投入变量的关系时显得尤为重要。然而因为这种方法也建立了参数函数形式，且只是对误差项做了不同的假定，边界估计的方法也面临着许多标准回归方法所遇到的各种问题，特别是它需要对模型的函数形式和误差项做严格的假定。此外，该方法不适用于多产出的情况。

2. 数据包络分析（DEA）

DEA 比边界估计法在教育领域有着更广泛的应用，这是一种非参数的估计方法。在 DEA 中，估计的单位一般是学校或学区。简言之，DEA 估计相对于教育生产边界的学校的绩效水平。在边界线上的学校是最小化其投入或最大化其产出的学校。因此，DEA 首先筛选出最有效率的学校，然后测量其他学校距离边界点的距离。基里亚瓦伊宁和洛伊卡宁（Kirjavainen，Loikkanen，1996）研究的最优化问题其数学表达形式如下。假定有 n 所学校，学校 j 生产的产出 r

的数量是 y_{rj}，使用的投入 i 的数量是 x_{ij}。假定每所学校使用的投入和生产的产出都是非负的，且每所学校都使用了至少一种投入来生产一种产出。假定投入的权重由 v_i $(i=1, \cdots, m)$ 决定，产出的权重由 u_r $(r=1, \cdots, s)$ 决定。在这个简单的模型中，目标就是在投入权重之和等于 1 的情况下最大化学校产出的权重之和。因此，可以表示为：

$$\max w_0 \sum_{r=1}^{s} u_r y_{r0}$$

$$s.t. \sum_{i=1}^{m} v_i x_{0i} = 1$$

最优化问题面临如下限制：所有学校的产出权重之和与投入权重之和的差值应小于或等于 0。为此，所有的学校都在如下的生产边界下生产：

$$\sum_{r=1}^{s} u_r y_{rj} - \sum_{i=1}^{m} v_i x_{ij} \leq 0$$

$$j=1, \cdots, n; \; r=1, \cdots, s; \; i=1, \cdots, m; \; u_r \geq \varepsilon, \; v_i \geq \varepsilon$$

这种函数形式可以使每所学校按照自己的投入和产出组合情况拥有不同的权重，最后产生处于 0 到 1 之间的效率值。

DEA 因此为每所学校提供了一个效率分数或指数，经常被称为法雷尔效率指数（Farrell efficiency index）。须注意的是：第一，DEA 使用的是决策单位（一般指学校或学区）层面的总量数据；第二，不同的研究使用不同的投入指标，如学生的社会经济背景、学校的规模、生均支出等特征以及教师学历等教师投入特征。DEA 突出有效和非有效学校的分析，这种方法可以估计如果所有的学校都像样本中最有效的学校一样有效率所需要提高的效率值。然而，政策制定者也对某类特定投入的作用感兴趣，但 DEA 并不提供单个投入作用的估计。因此，一些研究也通过二阶段回归分析来探测学校效率的决定因素。在这种二阶段回归中，学校效率值作为因变量对一些可能造成不同学校间效率变化的因素进行回归，这些因素包括本地学校的竞争程度、当地的环境、学校资源。（Kirjavainen, Loikkanen, 1996）基于此，二阶段回归分析可以提供某个特定投入作用的估计，与 DEA 相结合就可以为学校的相对效率提供指导。

DEA 的最大优点在于它可以同增量模型一样处理多投入和多产出问题。而且，该模型并不要求研究者掌握任何投入的价格信息。在一个公共部门特别是教育系统中，决策单位很可能使用无法估价的投入以取得多个产出。例如，学校可能生产学习（通过考试结果测量）、公民（通过选举投票倾向测量）或社会性行为（按时上学），在这个过程中，学校进行了多种投入（教师时间和教师质量），有些投入是很难估价的。而且，DEA 是一个非参数的方法，它并不需要严格的函数形式假定，这不同于回归方法。DEA 确定了最好的学校或最好的学校行为。因此，通过估计每所学校的相对效率，它可以帮助研究者回答如下问题：如果所有的学校都按照教育生产的边界运行，那么所有的产出将会是多少？

当然，DEA 也有许多明显的缺点。首先是理论上的问题。DEA 可以帮助研究者和政策制定者测量每所学校的相对效率，然而，这仅仅是测量单个学校相对于样本中最好学校的绩效，而不是相对于客观的效率技术标准的绩效。因此，需要谨慎对待 DEA 结果，不要认为 DEA 提供了学校绝对效率的指标。另外，测量错误带来的低质量数据或缺乏足够多的投入变量都可能错误地把某些学校归为有效学校行列。考虑到这些方面，平均行为统计的回归模型（或使用分位数回归技术，而不是简单的最高值对应最大效率）也许更好。

而且，从技术的角度看，非参数估计本身就有很大的缺陷。DEA 并不能告诉研究者某些特定投入和产出之间关系的统计显著性。当采用二阶段方法时，来自第一阶段的效率分数对各种因素进行回归，这时回归方法面临的内生性问题、模型确定问题、函数形式设定问题、变量交互作用问题等各种缺陷又出现了。此外，二阶段方法又面临着严重的模型设定问题，即解释第二阶段相对效率的因素不能进入第一阶段，在多数情况下，这个假定是不现实的。鲁杰罗（Ruggiero，1996）认为，既然 DEA 是非随机的，那么它对测量误差和变量选择就非常敏感。尽管 DEA 并不需要特定的函数形式，但它需要研究者选择相关的投入变量，并决定每种投入变量进入哪一阶段进行分析。

最后，一些实证研究认为，DEA 结果对于教育生产的规模报酬假定比较敏感。（Kirjavainen，Loikkanen，1996）由于 DEA 是一个非参数的方法，所以不能对这些假定进行统计检验。这一领域未来的重要工作就是要对照其他学者关于测量误差的批评，对建立在规模报酬假定基础上 DEA 效率排序结果的稳健性进行检查。

二、成本—效益分析法

成本—效益分析（cost-effectiveness analysis）原本是经济学中的一个概念，是生产率和效率研究的一种延伸。该方法是通过成本和效益的综合比较，帮助决策者对诸多方案进行选择的一种工具。20 世纪 60 年代后，特别是 70 年代以来，教育经济学家开始将其引入教育领域，用它来确定用哪种方式来实现特定教育目标最为高效。这种方法成为测度教育收益率、制订教育计划和实施教育评估的重要工具，成为西方教育经济学的重要组成部分，相关研究取得了较大进展。曾满超认为，在教育生产框架下，教育的内部效率（教育的成本—效果分析）是教育成本与教育产出或效果的比较。列文把教育的内部效率分为效果和效用两个方面，前者指单项产出，如学生学业成绩，后者是体现了偏好的综合产出，如对学生学习成绩的满意度。成本—效益分析必须满足两个条件：第一，必须存在备择方案；第二，每种备择方案都必须既有成本分析，又有效益分析。测定教育的内部效益，涉及教育投入、教育过程、教育内部产出，教育成本可以用经济评定的办法进行测量，而教育的成品及成果则需要用教育评定的方法测量，测量的难点在后者。因此，这种方法的最大困难就是，它无法将一些难以计量的效果引入分析模型。教育成本—效益分析的相当难度导致研究者并不追求精确地测量每一项教育投入对教育成就的具体贡献，转而判别究竟哪些因素对教育成就会产生影响，并进一步分析其影响的相对重要程度。（蒋鸣和，2000）

上述两种方法的共同之处在于都以"生产效率"的基本定义，即对投入与产出比值的考察为逻辑起点。到目前为止，教育领域成本—效益分析研究仍然不多，尤其是我国教育领域成本—效益分析研究几乎没有。传统上，学者一般使用教育生产函数法等进行教育生产效率研究，但是应用该方法时，碰到条件限定严格、投入与产出难以测定、本身缺乏理论依托等问题，研究结果并不令人满意。

第二章

国外基础教育生产效率研究：回顾与展望

　　国外关于基础教育生产效率的实证研究非常丰富，其中以教育生产函数探讨教育投入与学生成绩关系的研究最为成功。教育生产函数是评估影响学生成绩的决定因素的重要方法。在全球范围内，教育生产函数一直是教育经济学研究的重要领域，其研究成果为许多国家制定提高教育质量的政策提供了理论指导。一般认为，科尔曼（Coleman）等人开展了最初形式的教育生产函数实证研究，该研究成果发表在 20 世纪 60 年代中期著名的"科尔曼报告"中。这一政府研究报告收集了 70 多万名学生成绩数据和各种投入要素数据，并计算出体现生产函数思想的统计关系。研究发现，家庭背景特征和作用稍小的同伴特征似乎比教师和其他的学校投入特征更能全面地预测学生的学业成就。然而，这种统计分析受到其他学者的批评，并掀起了长期的教育生产函数研究热潮。以教育生产函数方法为代表的基础教育生产效率研究经过长达半个多世纪的发展，在研究内容和研究方法上均有了长足的进步，同时也取得了丰硕的成果。对国外已有的基础教育生产效率研究进行全面的梳理和总结，不仅可以为这一领域的学者提供宝贵的资料，而且也为后续同类研究指明了努力方向。

　　根据研究内容和研究方法的发展特征，国外基础教育生产效率研究大致经历了以下三个发展阶段。第一阶段：20 世纪 60 年代至 80 年代，基础教育生产效率研究开启。从 1966 年"科尔曼报告"发表开始到 20 世纪 80 年代，教育领域开启了基础教育生产效率研究，主要关注各项教育投入与学生成绩的关系，研究方法多为相关分析、方差分析和简单线性回归，研究样本多在发达国家。第二阶段：20 世纪 90 年代至 20 世纪末，基础教育生产效率研究兴起。这一阶段掀起了基础教育生产效率研究热潮，研究方法得以改进，多层次分析、DEA、SFA 等前沿生产函数方法、工具变量、随机实验等高级统计分析方法被纷纷引入，发展中国家研究日益增多。第三阶段：21 世纪初至今，基础教育生产效率研究深化。大约从 21 世纪初开始，许多学者开始在教育生产效率研究中分析教育管理制度的影响，研究者的研究视角更为宽泛，跨国比较研究日益增多。

第一节 学校投入对学生成绩影响研究回顾

学校投入是影响学生学业成绩的重要因素之一。学校投入主要指教育支出、班级规模（通常用生师比来衡量）和教师投入。除此之外，近年来，教育管理制度对学习成绩的影响受到一些学者的关注和研究。实际上，教育管理制度也可以被视为一种学校投入，只不过这种投入是无形的。下面我们主要从教育支出、班级规模、教师投入、学校管理制度及组织文化等方面展开综述，并且侧重综述 20 世纪 90 年代后关于学校投入影响的相关研究。

一、教育支出与学生成绩

教育管理者和政策制定者经常认为，教育质量的提高必须投入更多。然而大量的研究表明，当前教育体制下增加投入并不能大幅度提高教育质量；相当多的证据显示，仅仅增加教育设施、生均支出等物质投入通常并不能带来学生能力和学习成就的大幅提升。（Woessmann，2006）一些跨国比较研究也表明，较高支出水平国家的学生成绩并不一定比低支出水平国家的学生成绩好。（Fuchs，Woessmann，2004）

（一）OLS 回归方法研究

早期的研究一般采用最小二乘法（OLS）来估计教育支出对学习成绩的影响。英国教育和科学部（DES，1983）的研究发现教育支出对学生成绩没有显著影响，洛德（Lord，1984）的研究支持了这一结论。韦斯特等（West et al.，2001）却发现英国的地方教育支出与学生成绩水平正相关。洛普斯（Loups，1990）对美国经济教育全国调查的数据研究发现，州一级生均支出、教学支出、班级教育支出都对学生成绩有正的显著影响，但班级教育支出的作用更大。这表明州一级数据的估计遇到了遗漏变量偏差问题。威尔逊（Wilson，2000）控制住大量的美国家庭和邻居特征变量后发现，学校支出对高中毕业率以及学生受教育年限有正的显著影响。沃斯曼因（Woessmann，2016）采用

PISA（国际学生评估项目）2003 年数据跨国比较研究发现，生均教育支出对学生数学成绩有正的显著影响。

由于传统的 OLS 回归容易受到内生性问题和遗漏变量的影响从而出现估计的偏差，所以一些学者采用了新的计量方法来估计教育支出的影响，如工具变量法和固定效应模型。

(二) 工具变量方法研究

菲廖（Figlio，1997a）使用工具变量方法来探求某些州收入和支出的缺口是否限制了这些州教育资源的配置以及这种教育资源的随机变化是否能解释学生成绩的差异。他的结论表明，支出的下降会降低学生的数学、阅读、科学和社会研究的成绩。而且，收入和支出的缺口导致的生均支出的下降对成绩的影响程度很大。

费尔赫芬等（Verhoeven et al.，1999）使用工具变量研究了跨国框架下的入学率决定因素，发现那些将国民收入投入教育的比例越高的国家，其入学率也越高。

杜威等（Dewey et al.，2000）使用工具变量推断出生均支出和高考分数之间存在因果关系，结论显示生均支出对大学入学分数有显著正影响。然而，这项研究使用的数据存在严重的总量数据（州一级）偏差问题，并且样本规模也偏小（220 个观测值）。

詹金斯等（Jenkins et al.，2006）对英国的学生数据库研究发现，英国的普通初中生均支出对学生成绩有显著正影响。为了处理内生性问题，该研究采取了两种方法：第一，控制住了许多学生、学校、家庭、邻居的特征变量；第二，使用工具变量来反映学校生均支出的外生变化。工具变量有两个：一是政党类型，二是学校规模和学校类型的交互。比较传统的普通的最小二乘法回归和工具变量回归结果发现，工具变量方法估计的结果较传统的普通的最小二乘法回归结果大很多，这表明普通的最小二乘法回归存在内生性问题。研究还进一步发现生均支出水平对于弱势地位的学生的边际影响较大，但统计结果不显著。

(三) 其他回归方法研究

马洛（Marlow，2000）为了克服教育支出的内生性问题，采用了似不相关回归（Seemingly Unrelated Regression，SUR）模型来估计教育支出的影响。平狄克和鲁宾菲尔德（Pindyck，Rubinfeld，1991）认为 SUR 模型基本上是一个二阶段模型，当变量之间存在内生性问题时，SUR 模型的估计值比 OLS 的估计值更精确。马洛第一步建立了小学和初中的生均教育支出决定因素模型。第二步他估计了生均支出对 4 年级、8 年级和 10 年级阅读、写作和数学考试分数的影响。结果发现，较高的支出并没有带来较好的成绩。事实上，他的许多研究结论表明，生均支出和产出之间存在显著的负相关关系。这支持了较高的支出并不必然导致较好的产出这一观点，因为较高的支出很可能由于一些与产出无关的原因而流向学区、管理者、教师和员工等地方。

部分学者采用了固定效应模型来克服遗漏变量问题。哈基宁等（Hakkinen et al.，2003）使用了时间序列的面板数据差分掉了学校和学区的影响。他们发现 20 世纪 90 年代生均支出的变化对高中毕业考试分数没有影响。哈格兰等（Hageland et al.，2005）使用来自挪威的两个时期的数据发现学校支出的影响是显著的，且额外的支出被分给了处于弱势地位的学生群体和薄弱学校。

也有一些学者采用了元分析的方法来研究教育支出与学生成绩的关系。蔡尔兹等（Childs et al.，1986）采用元分析方法研究发现，与教学过程直接相关的支出对学生的成绩有很大正影响。格林沃尔德等（Greenwald et al.，1996）的元分析研究都发现生均支出对学生成绩有显著正影响。

二、班级规模与学生成绩

班级规模是公众和教育研究者经常讨论的问题。一些研究表明，小班并不必然提高学生的成绩。（Hanushek，1997）然而，近来一些研究发现，小的班级规模和较高的学生成绩之间存在正相关关系。（Currie Neidell，2007）另外几项研究发现，小的班级规模降低了学生成绩或影响不显著。（Goldhaber et al.，1999）

（一）OLS 回归方法研究

弗格森（Ferguson，1991）分析了得克萨斯州班级规模和教师备课对学生成绩的影响，并得出结论：在小学，较小的班级规模有助于提高学生成绩。戈德哈贝尔和布鲁尔（Goldhaber，Brewer，1997）通过分析 1988 年的国家教育纵向研究数据（National Educational Longitudinal Study，NELS）得出结论：班级规模对成绩的影响是显著的，但符号是正的，即大班的学生成绩更好。戈德哈贝尔等（Goldhaber et al.，1999）使用同样的数据做了进一步研究，结论是相同的。值得一提的是，帕克和汉纳姆（Park，Hannum，2001）采用中国甘肃农村基础教育调查的数据估计了班级规模对学生成绩的影响。在控制教师和家庭特征变量后，班级规模对学生数学和语文成绩的影响均不显著。

（二）随机实验方法研究

霍克斯比（Hoxby，1998）利用面板数据和两个准实验设计来研究班级规模对美国康涅狄格学区学校考试成绩的影响，结果发现班级规模的影响不显著。克鲁格（Krueger，1999）的文章分析了 1985—1986 年和 1988—1989 年田纳西州实施的随机实验方法的结果。随机实验的主要优点在于确保班级规模变量是外生的。田纳西州的实验按照随机的原则将幼儿园的毕业生分配到大班（22—24 个学生）和小班（14—16 个学生）中去，教师的分配也遵循随机原则。学生的进步用标准化的考试来测量。第一年后，小班学生的学习成绩高于大班学生（高 5—8 个百分点）。对于少数族裔学生和贫困家庭学生来说，小班带来的成绩的提高会更加明显。克鲁格发现班级规模的下降在第一年可以带来成绩的很大提高，但这种边际效应随后逐渐减弱到 1 个百分点。克鲁格研究的不足在于未对学生进行追踪调查，因此他不能测量小班对成绩的提高作用是否会随着时间的改变而消失。克鲁格和惠特莫尔（Krueger，Whitmore，2001）后来的研究表明，小的班级规模对学生的成绩有长远的影响。他们分析了来自小班的学生是否更有可能去参加大学入学考试，结论表明，来自小班的学生参加标准能力倾向测验或得克萨斯州学业考试的概率要比大班的学生高 20%。不过，他们承认研究所采用的样本是不完善的，因此研究的结论只能是初步的。

（三）工具变量方法研究

安格里斯特和拉维（Angrist，Lavy，1999）使用了 20 世纪 90 年代以色列一个重大的教育政策（规定班级规模不能超过 40 人）导致的班级规模随机变化作为工具变量来研究班级规模的影响，结果发现，班级规模的下降有助于提高学生的成绩。但是由于 OECD（经济合作与发展组织）国家的班级规模都偏小，安格里斯特和拉维的结论有一定的问题。詹金斯等（Jenkins et al., 2006）利用英国的学生数据库研究发现，英国的普通初中班级规模对学生成绩有显著负影响，即班级规模越大，学生成绩就越差。为了处理内生性问题，该研究使用了两个工具变量来反映班级规模的外生变化，即政党类型以及学校规模和学校类型的交互。研究也发现班级规模对于较低能力的学生（在能力分布中处于底层三分之二的学生）的影响较大。

（四）固定效应方法研究

与其他研究不同，桑德斯等（Sanders et al., 1997）的研究认为，尽管班级规模自身也许不重要，但班级规模和其他投入因素的交互作用对学生成绩有显著影响。他们采用田纳西州增量评估系统数据库的两个地区子样本并应用面板数据技术研究后发现，班级规模自身并不影响成绩。然而，在固定效应模型和随机效应模型中，当考虑学生的异质性（将学生按照成绩分成三个子群体）和交互作用时（学生先前成绩与班级规模的交互作用），就产生了高度显著的效果。该结论有着特殊的意义，因为他们提供了一个更加吸引人的方法来分析班级规模，结果发现学生、学校制度和班级教师都对小的班级提高成绩的机制产生了影响，该结论是一个令人鼓舞的发现。汉纳谢克和雷蒙德（Hanushek, Raymond, 2005）使用哈佛大学/UTD（得克萨斯大学达拉斯分校）得克萨斯学校项目数据库以及固定效应模型估计了班级规模的影响。研究发现，班级规模对4、5年级学生的成绩具有显著负影响，对6年级学生的影响不显著。尽管影响通过了显著性检验，但系数小于克鲁格的估计，且只解释了不足0.1%的学生成绩总体变异。卡诺伊等（Carnoy et al., 2015）采用固定效应模型和增值模型估计了博茨瓦纳、肯尼亚、南非三个非洲国家班级规模对小学6年级学生数学成绩的影响，发现班级规模对学生数学成绩的影响不显著。

（五）多层次分析方法研究

值得一提的是，布莱克福德等（Blatchford et al., 2002）采用多水平模型研究了英国小学班级规模对学生成绩的影响，研究中考察了学生先前成绩与班级规模的交互作用以及学校贫困生比例与班级规模的交互作用。研究结论显示，班级规模对学生成绩有显著影响，且班级规模对不同学习成绩的学生影响不一样。该结论对于制定相关的教育政策具有重要的指导意义。尽管该研究采用了更加精细的多层次分析方法，但由于只采用了班级规模等几个少数的变量，而遗漏了许多重要的变量，所以可能会带来估计的偏差。

（六）其他分析方法研究

格拉斯和史密斯（Glass，Smith，1979）采用元分析的方法较早对班级规模文献做了总结。他们收集了相关的300多项研究，其中77项符合他们的元分析标准。他们从77项研究中算出了725种影响。以此为基础，他们得出如下结论。第一，班级规模和学生成绩之间有明显的较强的关系。725种影响中有60%表明小班学生成绩较好。第二，小学学生学得较多。第三，若要对学生成绩产生较强的影响，班级规模要缩小到20个学生以内，最好是15个学生。这些结论非常有力和重要，许多人士利用这些结论要求把班级规模缩小到20人以内。克拉斯和史密斯的研究尽管受到了许多批评，但缩小班级规模有助于提高学生成绩的结论仍得到了后来的许多元分析研究的支持。

巴罗和李（Barro，Lee，1996）以国家为分析单位，采用似不相关回归（SUR）方法估计了OECD和非OECD国家班级规模的影响，结果发现班级规模（用生师比来衡量）对国际考试中的学生成绩有显著负影响。然而，由于数据的限制，巴罗和李的研究同样没能克服许多统计问题。库珀和科恩（Cooper，Cohn，1997）使用随机边界估计技术发现小的班级规模降低了学生成绩。

总之，尽管采用更加精细的方法的高质量研究结论支持缩小班级规模，但班级规模对学生成绩的影响比较小，似乎不足以为增加支出提供充分理由。克鲁格（Krueger，1999）的分析表明，班级规模降低1%，将会导致学生成绩上升4%，每年的增长率为4%，这似乎已是降低班级规模所带来的潜在回报的上限。在田纳西州实验背景下，克鲁格进行了相对简单的成本—收益分析，结果显示班级规模缩减的成本基本与收益相等。其政策含义是，调整班级规模并不是一种提高学生成绩的有效方式。

三、教师因素对学生成绩的影响

该领域研究最令人失望的发现是那些测量到的教师特征似乎与学生成绩关系不大。汉纳谢克（Hanushek，1997）关于三类重要的教师特征对学生成绩的影响的研究总结中发现有显著性结果的研究的比例是：教师教育（9%）、工作年限（29%）、工资（27%）。结论表明教师特征远没有呈现出积极影响。总结还发现，5%的研究表明教师教育还有负的影响。杰普森（Jepsen，2005）也指出，最近的一些研究表明教师易于观测到的特征，如教师教育、教师工龄和教师资格，与小学生的成绩没有强相关关系。贝茨等（Betts et al.，2003）使用圣地亚哥小学个体层面的数据发现教师的影响是不确定的。

然而，有研究者使用元分析的技术对汉纳谢克的研究所采用的样本进行了重新分析，结果表明一些教师特征（如工作年限）和产出之间存在正相关的关系。(Greenwald et al.，1996)汉纳谢克等（Hanushek et al.，2005）的研究也表明，教师似乎是学生成绩差异最重要的决定因素。奈等（Nye et al.，2004）采用多层线性模型（Hierarchical Linear Model）估计了教师对学生成绩的作用后发现，教师对学生成绩有重要影响，而且这种影响在社会经济水平较低的学校更显著。

（一）教师工作年限与学生成绩

库珀和科恩（Cooper，Cohn，1997）使用随机边界估计技术发现，在美国南卡罗来纳州，教师工作年限对学生成绩影响不显著。与之相反，克洛特费尔特等（Clotfelter et al，2006）发现教师工作年限对北卡罗来纳州的学生成绩有正影响。杜威等（Dewey et al.，2000）分别使用了传统的 OLS 回归和工具变量的方法比较教师工作年限的影响，结果表明教师工作年限具有显著正影响，采用工具变量方法估计的影响更大。

汉纳谢克等（Hanushek et al.，2005）使用增值模型发现，在得克萨斯州，与没有工作年限的教师相比，有两年左右工作年限的教师对学生成绩有正的显著影响（4、5 年级数学除外）。然而，他们也发现更高工作年限的教师对学生成绩没有影响。教师影响要比其他投入的影响大，是班级规模影响大小的 20 倍以上。与此对比的是，克鲁格（Krueger，1999）发现教师工作年限的影响大小不到汉纳谢克等人研究结果的一半。而且，使用一个二次方模型，克鲁格发现在 20 年顶点后的工作年限对学生成绩有正的影响。但这并不直接与汉纳谢克等人的研究结论产生矛盾，因为在他们的研究中教师工作年限都是总的年限，这与汉纳谢克等人将工作年限划分为早期工作年限和总的工作年限不一样。

帕克和汉纳姆（Park，Hannum，2001）对中国甘肃农村小学教师的研究发现，教师教龄对学生的数学成绩有显著正影响，但对语文成绩影响不显著。卡诺伊等（Carnoy et al.，2015）采用固定效应模型和增值模型估计了博茨瓦纳、肯尼亚、南非三个非洲国家小学教师工作年限对小学 6 年级学生数学成绩的影响，结果发现教师工作年限对学生数学成绩有显著正影响，而教师工作年限的平方对学生数学成绩有显著负影响。

（二）教师教育和教师资格考试与学生成绩

萨默斯和沃尔夫（Summers，Wolfe，1977）与埃伦伯格和布鲁尔（Ehrenberg，Brewer，1994）的研究均表明，来自大学排名比较高的学校的教师对其学生成绩的提高有更大的作用。蒙克（Monk，1994）发现教师的学科准备，即在所教科目上修了多少门课程与学生的数学和科学成绩存在正相关。他还发现修了教学法课程的老师对学生成绩有正影响。最后，他认为教师的学科准备会导致学生成绩出现差异。然而，这项研究的结论并不支持教师特征（学位水平、大学声誉、教师工作年限）对学生成绩有系统的积极影响。

库珀和科恩（Cooper，Cohn，1997）使用随机边界估计技术发现，在美国南卡罗来纳州，有硕士学位的教师对学生的成绩有显著正影响，其他学位的教师影响不显著。戈德哈贝尔和布鲁尔（Goldhaber.，Brewer，2005）采用固定效应模型发现有数学学位的教师对学生的数学成绩有正影响。与此相反的是，汉纳谢克等（Hanushek et al.，2005）采用固定效应模型发现高学历的教师似乎对 4 年级的学生成绩有负影响。数学成绩之外的研究均没有发现教师教育和产出之间有任何明确的关系。该结论与戈德哈贝尔等对美国教育纵向调查数据的重新分析结论一致。克鲁格（Krueger，1999）与杜威等（Dewey et al.，2000）也发现教师学历对学生成绩影响不显著。沃斯曼因（Woessmann，2016）采用PISA2003 年数据跨国比较研究也未发现获教学法高等教育学历教师比例以及教师学历达标比例对学生数学成绩有显著正影响。

值得一提的是，帕克和汉纳姆（Park，Hannum，2001）对中国甘肃农村小学教师的研究表明，教师是否有高中学历对学生数学和语文成绩的影响都不显著，而教师是否有大学学历对数学成绩有显著正影响，但对语文成绩没有显著影响。

与教师教育相关的是教师资格考试的影响。农纳里等（Nunnery et al.，

2009）对大约 6500 名佛罗里达州的学生的阅读和数学成绩进行了调查，研究发现教师资格证书对学生数学成绩有显著正影响，但对学生阅读成绩影响不显著。汉纳谢克等（Hanushek et al., 1999）的研究发现，更大的学区利用教师资格证书考试来聘用老师，但实证表明，这些特殊的考试与学生成绩之间并没有强相关关系。因此，他们初步得出结论：在聘用过程中对这些资格证书考试的推广不太可能提高教职人员的质量。杰普森和里夫金（Jepsen, Rivkin, 2002）使用来自加利福尼亚州的年级层面的数据得到了类似的结论。此外，其他一些较近的研究也支持了上述结论。但是，克洛特费尔特等（Clotfelter et al., 2006）发现教师资格考试分数对北卡罗来纳州的学生成绩有正影响。

（三）教师工资与学生成绩

巴罗、李（Barro, Lee, 1996）和戈德哈贝尔、布鲁尔（Goldhaber, Brewer, 1997）均没有发现教师工资和学生成绩之间存在显著关系。普里切特和菲莫（Pritchett, Fimer, 1999）认为，现有的文献表明，不是与教师直接相关的投入，其边际产出往往比教师方面的投入高出 10 到 100 倍。这意味着，像教师工资这种为教育者提供直接收益的投入相对于直接对学习成绩有效果的投入（如书本或教学材料）是被过度使用了。汉纳谢克等（Hanushek et al., 1999）近年来开展的一项关于教师工资的重要研究发现，当考虑学生的固定效应和教师的流动性时，较高的工资会对学生的成绩产生正影响。杜威等（Dewey et al., 2000）采用随机变量的方法发现工资的相对差异在决定学生成绩时起重要作用。帕克和汉纳姆（Park, Hannum, 2001）的研究表明，教师工资对中国甘肃农村小学生的数学成绩有显著正影响，但对语文成绩影响不显著。

教师绩效工资是不同于教师工资的重要影响因素之一，国外学者对此问题也进行了广泛讨论与研究。拉德（Ladd, 1999）以美国得克萨斯州达拉斯市所实施的主要以教师绩效工资制度为主的学校激励项目为例，分析绩效工资制度对学校产出造成的影响。其中教育产出主要以 7 年级学生在 TAAS（Texas Assessment of Academic Skills，得克萨斯州学术技能评估）考试中的阅读和数学考试成绩通过率为代表。通过建立教育生产函数，以考试通过率为独立变量进行大量回归分析，研究表明达拉斯市在实施以教师绩效工资制度为主的学校激励项目后，学生的阅读、数学考试通过率较基年相比有明显的提升，并且与得克萨斯州其他未实施绩效激励项目或者实施力度不大、方案不够完善的地区相比，考试通过率明显高一些。迪和基斯（Dee，Keys，2004）以美国田纳西州所实施的义务教育绩效工资项目——教师职业阶梯计划为实验样本，运用与之同时进行的田纳西州 STAR 项目（始于 1985 年，通过缩小班级规模和降低生师比来提高学生学习成绩）所提供的丰富数据，研究义务教育绩效工资制度是否能够成功奖励那些对提高学生成绩卓有成效的教师。研究中所有的教师和学生都是随机选择的，因此克服了选择偏好所带来的偏差。参与职业阶梯计划的教师除了得到物质上的奖励之外，还会获得例如促进教师专业发展的非物质奖励。研究通过建立回归模型进行数据统计分析，发现当绩效工资制度拥有良好规范的评估体系时，高质量的教师是可以得到合理的绩效奖励的，绩效工资制度对提高学生的数学成绩有显著积极影响，但是对阅读成绩的影响不显著。菲廖和肯尼（Figlio，Kenny，2007）着重探讨了美国教师绩效工资制度对教师个体进行激励是否能对学生学习成绩产生积极影响。他们将实施教师绩效工资制度的程度分为三个不同的等级——高度激励、中度激励和低度激励，建立了教育生产函数并进行回归分析。结果发现：对教师实施绩效激励的学校，学生分数要高，并且绩效激励的程度越高，提升学生成绩的效果越好，而且教师绩效激励与学生成绩之间的关系在那些缺乏父母监督的学校表现得更加明显。教师绩效激励与学生学习成绩之间之所以产生正向关系可能是因为教师绩效激励促使了学校整体目标的提升和教师更加努力地工作。

除美国之外，其他国家学者对教师绩效工资激励效果的研究也得出了类似结论。拉维（Lavy，2009）以以色列实施教师绩效工资制度的试点中学为案例，探寻教师绩效工资制度对教师工作努力程度以及工作产出的影响。研究发现，绩效工资制度通过激励教师提高工作努力程度，有效地提高了教师的工作产出，而工作产出增加的最直观体现就在于学生成绩的提升。阿特金森等（Atkinson et al.，2009）探寻英国基于学生考试通过率的教师绩效工资制度是否促使了教师更加努力地工作。英国政府于 1999 年实施了教师绩效工资制度，评估教师绩效工资的标准是学生普通中等教育（GCSE）升学考试的通过率。研究发现绩效工资制度对教师工作产生了显著影响，教师会对物质激励做出反应，从而提高自己的工作努力程度，促使学生成绩提高。沃斯曼因（Woessmann，2011）运用更加丰富广泛的跨国数据探讨教师绩效工资制度对学生学习成绩的影响。数据涵盖 28 个 OECD 国家中 190000 名 15 岁的学生参加 2003 年国际 PISA 考试的成绩，通过建立教育生产函数进行大量回归分析，发现实施绩效工资制度国家的学生 PISA 考试数学成绩要比没有实施绩效工资制度国家的学生数学成绩高出 24.84 分，从而证明实施绩效工资制度对于提升学生学习成绩有积极影响。研究还发现，教师绩效工资的发放权在学校手中的激励效果要高于在地方教育部门和国家教育部门手中的激励效果，并且各种工资调节因素在绩效工资制度下对学生学习成绩的影响更为显著。

虽然大量研究表明实施绩效工资制度对教师产生了有效的激励，促使教师更加努力地工作，因而增加了教育产出，提高了学生的学习成绩，但是一些研究对绩效工资制度对学生学习成绩的积极影响还是持怀疑和否定的态度。艾伯特等（Eberts et al.，2002）研究教师绩效激励与学生产出时提出，教师绩效工资制度与学生学习成绩之间的关系并不显著。艾伯特将一所实施了绩效工资制度与一所保持传统教师工资制度的学校进行对比研究发现，其中实施了绩效工资制度的学校将会奖励提高学生保持率的教师。研究通过建立双重差分模型，发现绩效工资能够提高学生保持率，但是对年级考试平均分没有影响，甚至降低了学生的日出勤率，缩减了课容量。格莱维等（Glewwe et al.，2003）在研究教师绩效激励时也对其是否能对学生成绩产生影响提出质疑。研究评估了肯尼亚乡村小学教师的绩效工资计划，教师的绩效衡量标准是学生的考试成绩。研究发现，实施了绩效工资制度的学校学生成绩相对于那些没有实施绩效工资制度的学校学生成绩有了明显的提高，但是教师只是短期内在提高学生考试分数上提高了工作努力程度，对学生实施了更多的短期测验，实施绩效工资制度学校的教师并没有在提高学生长期学习能力上付诸努力，教师出勤率没有上升，家庭作业没有增加，教学方法没有改变。待绩效工资制度结束以后，学生成绩上的进步就消退了。

（四）教师职称与学生成绩

与其他国家不同，教师职称是我国特有的衡量教师教学质量的一个重要指标，教师职称根据教师学历、工作年限、工作业绩等因素来评定。国外部分学者估计了我国教师职称对学生成绩的影响。帕克和汉纳姆（Park，Hannum，2001）估计了小学教师职称对学生成绩的影响。从数学成绩看，教师较高的职称将有助于大幅提高学生成绩，但教师职称与教师教龄的交互项分析表明，如果教师教同一批学生的时间增长，其教师职称对成绩的影响将会递减。从语文成绩来看，最高职称的教师仍对学生学习成绩有大的影响，但教师职称与教师教龄的交互项影响不显著。有学者研究指出，我国的教师职称对学生成绩有显著正影响。该研究采用了我国江苏省高中学生高考成绩和学生、教师背景等数据。采用固定效应模型估计的研究结论表明，较高比例的中学高级和中学一级职称的教师解释了学校固定效应 35%—50% 的差异，研究也探测了其他教师质量变量如教师学历、工作年限等对学生成绩的影响，结果发现这些特征只能解释 5%—10% 的学生成绩差异。（Ding，Lehrer，2007）

（五）教师培训与学生成绩

教师特征和学生成绩的关系一直是许多研究的主题，大多数该类研究集中在教师工资、年限、教师职前培训（如教育背景）的影响上，关于教师在职培训的影响却很少有人关注，关于教师培训对学生成绩的影响的实证研究也很少。安格瑞斯特和拉维（Angrist，Lavy，2001）指出，对发展中国家教师培训影响的研究要多于对发达国家教师培训影响的研究。早期关于教师培训的研究大多表明，旨在提高学生成绩的教师发展项目的效用是令人不满意的。

利特尔（Little，1993）指出，大多数教师培训项目的培训强度都很低并且缺乏连续性和培训效果的检查。肯尼迪（Kennedy，1998）在对 93 项教师发展对学生成绩的影响研究进行元分析后指出，只有 12 项研究表明了教师发展有积极的影响。然而，迪尔迪（Dildy，1982）使用了随机实验，布勒苏（Bressoux，1996）使用了准实验，二者都发现教师培训提高了学生成绩。威利与尹（Wiley，Yoon，1995）以及科恩与希尔（Cohen，Hill，2000）也都发现了教师发展项目对学生成绩的提高至少有一定的作用。

瓦格纳（2000）指出，在美国，实验研究显示，训练教师使他们的工作更为有效，在课堂实践中的确引起了一些变化，这些变化显示在学生取得的更好的成绩上，而这些成绩则远比用其他方法（教师用传统的教学方法）进行教学所取得的成绩要大得多，但是这些成果随学校水平、学生特征、教学课程以及学生成绩测量方式的不同而不同。

安格瑞斯特和拉维（Angrist，Lavy，2001）采用差分（difference-in-difference）方法估计了教师在职培训对伊斯兰小学学生阅读和数学成绩的影响。结果表明，在伊斯兰学校系统中，非宗教学校的老师接受的培训能提高学生成绩，对宗教学校的估计则不明显。但这可能是因为宗教学校的培训开始得较晚，而且是在更小的范围内实施。对非宗教学校教师在职培训的估计至少在本研究中表明：相对于降低班级规模或者延长学习时间，教师培训是提高考试成绩的一种成本更小的方法。

雅各伯和莱弗格伦（Jacob，Lefgren，2004）借助芝加哥学校改革的机会使用准实验的研究设计方法估计了教师在职培训的影响。他们采用断点回归（regression discontinuity）的策略估计了教师培训对小学学生数学和阅读成绩的效果，结果发现在职培训对学生数学和阅读成绩都没有显著影响。其政策含义是：在高度贫困的学校里对教师发展进行投资将不能够有效提高学生的成绩。值得一提的是，美国的 TFA（Teach For America，为美国而教）的教师培训计划在数学学科教学上取得了很好的效果。博伊德等（Boyd et al.，2006）和德克尔等（Decker et al.，2004）研究发现，通过 TFA 培训出来的老师和通过大学学习毕业的老师对学生数学成绩均具有显著正影响，但对学生英语成绩影响不显著。

（六）其他教师特征与学生成绩

教龄、经验和工资是实证研究中经常被采用的教师特征，这在很大程度上是因为这些特征数据比较容易获得。除此之外，还有许多其他的教师特征，但很少有研究关注这些特征。

莱文（Levin，1970）的研究发现，雇佣语言表达能力较强的教师所带来的单位成本学生学业成就的进步，是雇佣有教学经验的教师所带来的学生学业成就进步的5—10倍。

戈德哈贝尔和布鲁尔（Goldhaber，Brewer，1997）研究了可观测的和不可观测的教师和学校特征对10年级学生数学成绩的影响。具体来说，那些觉得自己准备很好、控制上课内容、花较少时间维持课堂秩序、经常使用口语提问和强调问题解决能力培养的教师对学生有正的影响。尽管这些行为变量存在因果关系和内生性问题，但这些结论表明研究者也许需要更加强调教师和学校投入的定性的方面。

朗费尔特等（Ronfeldt et al.，2011）提出以前的研究者和政策制定者经常假定教师的流动会影响学生的学业成绩，尽管现有的一些研究不支持此观点。为了得出科学的结论，他们对纽约4、5年级超过85万名学生受到的教师流动的影响进行了为期8年的研究，建立了两个年级的混合影响模型，结果表明有着高教师流动的年级学生在语言、艺术和数学方面的成绩更差，这种关系在差的学校和黑人学校表现得更加明显，而且教师的流动性会影响教师的质量。

卡诺伊等（Carnoy et al.，2015）采用固定效应模型和增值模型估计了博茨瓦纳、肯尼亚、南非三个非洲国家小学教师教学质量对小学6年级学生数学成绩的影响，发现教师教学质量对学生数学成绩有显著正影响。

四、学校管理制度对学生成绩的影响

许多研究表明在当前教育体制下仅仅增加投入并不能大幅提高学习成绩。（Hanushek et al.，1994；Gundlach et al.，2001）为此，部分学者开始把目光投向教育管理制度并展开了一系列研究，这些研究结论大都显示学校管理制度特征对学习成绩有重要的影响，教育的投入必须与以激励为导向的学校管理制度结合起来才能大幅提高学习成绩。（Woessmann，2002；2003；2005a）如福克斯和沃斯曼因（Fuchs，Woessmann，2007）的研究就显示PISA2003年测试成绩差异的四分之一是由学校管理制度的差异引起的。以激励为导向的学校管理制度主要包括三个特征：学校选择带来的竞争、分权以提高学校自主权、包括统考在内的学校问责制度。沃斯曼因（Woessmann，2016）采用PISA2003年数据研究发现，家庭背景因素能解释21%—50%不同国家的学生成绩差异，学校投入因素只能解释4%—18%不同国家的学生成绩差异，而学校管理制度因素则能解释26%—53%不同国家的学生成绩差异。

（一）选择和竞争制度对学生成绩的影响

人们认为增加家长和学生对学校的选择权将把竞争机制引入教育领域，这有助于提高教育质量。为此，许多学者对学校选择、竞争与教育质量的关系进行了实证研究。这些研究大部分都表明，较高程度的竞争对提高学生的成绩有显著正影响。一部分研究没有得出显著性影响的结论，而极少数研究则表明较高程度的竞争降低了学生的成绩。（Belfield et al.，2002）有关竞争对学习成绩影响的研究主要使用了三类方法来测量竞争程度：赫芬达尔（Herfindahl）指数、私立学校招生数和其他测量方法。下面按照竞争的测量方法分类对已有竞争研究进行回顾。

1. 以 Herfindahl 指数为竞争测量指标的相关研究

巴罗和劳斯（Barrow，Rouse，2000）的研究显示，教育市场中的 Herfindahl 指数值在 0.11 到 0.87 间变动，平均取值大约为 0.35，且小学的竞争程度高于中学。与其他部门相比，教育部门的 Herfindahl 指数偏高，表明教育部门的竞争程度更低。

霍克斯比（Hoxby，2000a）研究了大城市公立学校选择权的增加如何对学校绩效产生影响。她通过使用学区集中度外生的变化来增加选择权，学区集中度以按照入学人数市场份额计算的 Herfindahl 指数来衡量。比较容易的选择是降低生均支出和教师工资以及扩大班级规模。然而，这些扩大选择的学区也表现出了较高的学生成绩，这表明较高的竞争有助于提升教育质量。

赞齐格（Zanzig，1997）通过使用 1970 年的加利福尼亚州 337 个学区数据研究了学区之间较大的竞争是否有助于提升公立学校绩效。竞争通过 Herfindahl 指数和一县内的学区数两种方式测量。研究结果发现，较高的竞争有助于提高学生的成绩。

马洛（Marlow，2000）重点研究竞争对学校绩效的影响。竞争对学校绩效的影响通过建立在一个县的不同学区的数量和集中度的基础上的 Herfindahl 指数来衡量。他的假设是学区的数量越多、占有市场的份额越均等，那么这个县的竞争程度就越激烈，这有助于提高学校绩效。但研究结论表明较高的竞争降低了 4、8 年级学生的成绩，而竞争对 10 年级学生的成绩没有什么影响，竞争有助于提高学校绩效的假设没有得到验证。

汉纳谢克和里夫金（Hanushek，Rivkin，2003）对得克萨斯州 27 个大中城市的学校平均考试分数进行了分析，没有发现 Herfindahl 指数和考试分数之间存在相关关系。

2. 以私立学校招生数为竞争测量指标的相关研究

较多的私立学校招生数也可以用来测量对公立学校构成的竞争程度（尽管

这种竞争带来的压力也许小于公立学校之间集中度带来的竞争压力）。

一些学者的研究显示，按照私立学校招生数测量的竞争对学生成绩有显著正影响。（Couch et al.，1993；Newmark，1995；Arum，1996；Maranto et al.，2000；Woessmann，2006）另外一些学者的研究显示，按照私立学校招生数测量的竞争对学生成绩影响不显著。（Sander，1999；Geller，2006）还有一些研究显示，按照私立学校招生数测量的竞争和学生成绩之间的关系不确定。（Jepsen，1999）

值得注意的是，麦克米伦（McMillan，2000）发现按照私立学校招生数测量的竞争对学生成绩有较弱的负影响。在影响最大的情况下，私立学校招生数1个标准差的增加会导致公立学校学生分数下降6个百分点。

3. 其他竞争测量指标的相关研究

一些研究使用了其他测量竞争的指标来探寻竞争对学业成就的影响。尽管这些测量指标比较特殊，但都与 Herfindahl 指数有着一些关系。

布莱尔和斯特利（Blair，Staley，1995）研究了来自相邻学区的竞争是否会对当地学校绩效产生正的影响。竞争的主要测量指标是相邻学区的平均分数，其前提假设是如果相邻学区学校绩效很好，就会对本地学校绩效产生积极影响。他们发现，临近学区的较高绩效会对本地学校绩效产生正影响。这表明当一个学区变得更有基于考试成绩的竞争力时，它将会对附近学区产生有利的影响。

马洛（Marlow，1997）研究了按照学区和学校数量测量的竞争对学生成绩产生的影响。结果发现，以较多数量学区衡量的较高竞争提高了公共教育支出，但同时也提高了学生的成绩。盖勒（Geller，2003）使用相邻公立学区的数量作为竞争的测量指标时，没有发现竞争对乔治亚州考试分数产生正影响。

赫斯特德和肯尼（Husted，Kenny，2000）用教育支出中来自州级政府而不是地方政府的投入比例来衡量政府干预（垄断）程度。对大学入学考试州级平均分数分析后他们发现，州级政府投入比例1个标准差的下降会导致分数上升0.02—0.08个标准差。他们也报告了当把天主教徒占州总人口比例作为一个代理变量来衡量公立学校和私立学校之间的竞争时，天主教徒占州总人口比例增加1个标准差，大学生入学考试分数就会上升0.19—0.27个标准差，这种影响的估计在 6 项中有 4 项是显著的。

霍克斯比（Hoxby，2003）以学区招生数占该城市总招生数的比例来测量学校选择，同时使用了一个建立在影响学区划分的自然边界上的工具变量。当有更大的选择时，该指标（范围为 0 到 0.97，标准差为 0.27）就会更高，结论表明竞争带来了有益的影响。

格林、福斯特（Greene，Forster，2002）用传统的公立学校和特许学校之间的距离来衡量竞争程度，结果发现两者之间的距离越短，公立学校学生的成绩就越高。这表明学校选择引入竞争，而竞争提高了学生成绩。

拜耳和麦克米兰（Bayer，McMillan，2005）用学校周围房价的变化所代表的家长对学校需求的弹性这一指标来衡量学校之间的竞争。研究结论表明，当地教育市场的竞争对学校质量产生了比较大的正影响，增加 1 个标准差的竞争度将提高学校的考试分数 0.15 个标准差。

沃斯曼因（Woessmann，2016）采用 PISA2003 年数据研究发现，国家层面私立学校招生数所占比例以及财政性教育经费所占比例对学生数学成绩均有显著正影响，这表明以上述两个指标测量的教育竞争制度有助于提高学生成绩。

（二）学校自主权对学生成绩的影响

沃斯曼因（Woessmann，2001；2006）认为，学校自主权对学生成绩的影响是复杂的，给予学校设定自己的预算、绩效目标和教学标准方面的自主权将对学生成绩产生负影响，因此这方面的权力应该被集中。相反，在一个有效的评估和监控机制下给予学校达到目标和标准的自主权，如自主选择教学方法和自主采购，将有助于提高学生的成绩。他对 TIMSS 国际考试的数据进行研究发现，统一设计的课程和统一选择的教科书对学生的考试成绩有正影响。选择课程和教科书的权力集中可能防止了学校寻求降低工作量的行为，因而提高了学生的考试成绩。由于样本量比较少，这些统计结果都没有通过显著性检验，但结果仍具有启发意义。学校有招聘教师权和教师工资决定权的国家，其学生数学和科学分数较高，因为教师招聘权和工资权的下放可以让学校留住更多的高质量教师。然而，学校有预算权的国家的学生数学和科学分数较低。

沃斯曼因也对教师享有的自主权对学生成绩的影响进行了分析，结果类似于学校自主权的影响。教师对学校预算有主要决策权的学校的学生数学和科学成绩较低。相反的是，教师对学校采购有主要决策权的学校的学生数学和科学成绩较高。教师对课程拥有自主权对学生成绩的影响比较复杂。教师作为个体对课程有主要决策权的学校的学生数学和科学成绩较高，单个教师如果能选择具体的教科书也能对数学成绩产生正的影响。但教师工会对课程有很大决策权的学校的学生数学和科学成绩较低。总之，如果教师能够使用自主权去努力提高教学水平，就能提高学生的成绩。反之，如果教师使用自主权去努力降低工作量，就会降低学生的成绩。

沃斯曼因采用 PISA2003 年数据研究发现，给予学校教师起薪决定自主权对学生数学成绩有显著负影响，但给予学校教师起薪决定自主权与外部出口考试交互变量则对学生数学成绩有显著正影响。这表明在有外部出口考试问责环境下给予学校教师起薪决定自主权有助于提高学生成绩。该研究还发现给予学校招聘教师自主权则对学生数学成绩有显著正影响，但给予学校招聘教师自主权与外部出口考试交互变量则对学生数学成绩有显著负影响。这表明在有外部出口考试问责环境下给予学校招聘教师自主权不利于提高学生成绩。

(三) 问责制度对学生成绩的影响

教育生产的代理人模型分析表明，设定明确的绩效标准和提供绩效信息能够激励学校提高学生成绩（Costrell，1994；Betts，1998），比如通过劳动力市场向雇主提供学生在校成绩。外在的学校毕业考试增加了学生学习和家长寻求监控教育过程的收益，因此统一的学校考试可以有效提高学生的成绩。（Bishop，2006）

汉纳谢克和雷蒙德（Hanushek，Raymond，2005）使用美国国家教育进步评估项目的数据对美国 20 世纪 90 年代以来所推行的问责制度进行了研究，结论表明，在控制住其他的投入和政策因素下，问责制度的引入对学生的成绩有显著的正影响，尤其是早期引入的结果导向问责制度更快地促进了学生成绩的提高。

菲廖和卢卡斯（Figlio，Lucas，2004）研究显示，美国分数标准对学生成绩产生了正影响。其他的一些研究也表明，建立以学校为中心的问责制度有助于提高美国学生的学习成绩。（Jacob，2005）将家长的选择和问责结合起来的一项制度是给那些在考试中多次表现不佳的公立学校学生一张选择进入私立学校的学券。佛罗里达州对这项制度的实验显示，公立学校由于面临失去生源的威胁，会努力提高学校绩效，尤其是努力提高弱势学生的成绩。（West，Peterson，2006）

TIMSS、PISA 等国际评估项目数据表明，那些有外部毕业考试制度的国家的学生考试成绩要高于没有外部考试制度的国家。Woessmann，2002；2003）换言之，在那些学校和学生被外部考试制度问责的国家，其学生成绩通常会很高。类似地，那些家长对教学事务感兴趣的国家的学生考试成绩通常也会比较高，这表明家长的选择与对学校和孩子的问责对学生考试成绩产生了正影响。此外，在那些教师强调通过定期考试对学生发展进行监控的国家，学生考试成绩也会更高。

沃斯曼因（Woessmann，2016）采用 PISA2003 年数据研究发现，校长或外部视导者对教师上课进行监控均对学生数学成绩有显著正影响，但外部出口考试或学区内校际比较则对学生数学成绩影响不显著。

（四）其他制度对学生成绩的影响

其他一些制度也对学生学习成绩产生一定的影响。卡尔森（Carlson，2011）对美国 7 个州、59 个学区、500 多所学校的学生的数学和阅读成绩进行了随机实验研究。结果表明，数据驱动改革（Data-Driven Reform）政策有效提升了学生的数学成绩，也对学生的阅读成绩产生了积极的影响，但是这项政策缺少传统意义上统计学显著性的估计。格罗斯等（Gross et al.，2009）通过非实验技术对得克萨斯州学生受到综合学校改革（CSR）政策影响后的阅读和数学成绩进行研究，发现综合学校改革政策对学生的阅读成绩没有明显的影响，对不同类型学生的数学成绩影响不同。沃伊特等（Voight et al.，2012）在分析城市 3—8 年级的学生的阅读和数学成绩，构建潜在成长曲线模型时发现，住宅危机对学生的学业成绩也存在一定的影响，因为住宅危机影响了家庭的稳定性。之后发现，住宅危机对 3 年级小学生的阅读和数学成绩存在消极的影响，对 3—8 年级的小学生的数学成绩也存在消极影响，但是对除了 3 年级之外的学生的阅读成绩没有很大的作用。

其实在此论及的制度与前述的制度是有区别的，这些制度主要指的是学校外部的制度环境，即国家的教育政策，上文主要说明了两大教育政策：一是数据驱动改革政策；二是综合学校改革政策。第一个政策经研究发现其提升了学生的成绩，而第二个政策的影响在不同的学科表现出不同的特点。

五、学校层面其他因素与学生成绩

学校层面其他影响学生成绩的因素还包括学校承诺、学校参与、学校环境和学校组织等。

巴蒂斯蒂奇等（Battistich et al., 1995）认为学校承诺，布朗等（Brown et al., 2002）认为学校参与，和学生的学业成绩呈正相关的关系。还有一些学者认为学校环境等因素会对学生的学业成绩产生积极影响。（Goldsmith, 2004）鲁姆伯格等（Rumberger et al., 2005）发现学校环境对学生成绩有着消极的影响。此外，斯图尔特（Stewart, 2007）认为，在学校环境中的学生、老师和学校管理层的凝聚力对学生的成绩有着很大的影响，学校结构因素与个人层面因素对学生学业成绩的影响力相对较小。除了学校环境之外，施瓦兹等（Schwartz et al., 2011）提出学校组织会影响 8 年级学生的学业成绩。很多研究都用学校规模来衡量学校组织，一些结果表明，大规模的学校比中等或小规模学校有着更低的成绩。

总之，上述研究中的学校环境更多的是指学校的内部环境，包括文化环境、组织管理环境等，而这些因素都对学生成绩产生积极影响。上述研究在研究方法上并没有取得很大的突破，还是采取了已有的一些研究方法。

六、学校因素对学生成绩影响研究小结

（一）学校因素对学生成绩影响的综述性研究

汉纳谢克（Hanushek, 1989）采用投票计数法（vote counting）对美国1988 年和之前的 187 项教育生产函数研究进行了总结分析，结果见表 2-1。结果显示，没有令人信服的证据证明师生比、教师教育程度、教师工龄、教师工资、生均支出、管理等这些教育投入对学生成绩有人们预期的显著影响。他认为，既然在当前制度结构下学校的投入并不系统地与成绩相关，那么政策就不能简单地根据开支而定。

考虑家庭和学校提供的教育支持水平存在巨大差异，这意味着发达国家和

发展中国家的教育生产过程是非常不同的，因此人们预计与发达国家相比，对发展中国家学校成绩的决定因素的研究结果是会有所不同的。哈比森和汉纳谢克（Harbison，Hanushek，1992）同样采用了投票计数法总结了1992年和之前的96项发展中国家的教育生产函数研究，结果见表2-2。与发达国家一样，发展中国家的研究结果也没能给出令人信服的证据来表明学校的投入政策是有效的。

表 2-1　187 项教育生产函数研究中所估计的投入参数系数：美国

投入	研究数量	统计显著			统计不显著			
		合计	+	−	合计	+	−	符号未知
师生比	152	27	4	13	125	34	46	45
教师教育程度	113	13	0	5	100	31	32	37
教师工龄	140	50	0	10	90	44	31	15
教师工资	69	15	1	4	54	16	14	24
生均支出	65	16	3	3	49	25	13	11
管理	61	8	0	1	53	14	15	24
设备	74	12	0	5	62	17	14	31

表 2-2　96 项教育生产函数研究中所估计的投入参数系数：发展中国家

投入	研究数量	统计显著		统计不显著
		+	−	
师生比	30	8	8	14
教师教育程度	63	35	2	26
教师工龄	46	16	2	28
教师工资	13	4	2	7
生均支出	12	6	0	6
设备	34	22	3	9

此外，维莱斯等（Velez et al.，1993）对拉美国家教育生产函数研究进行了总结，结果见表2-3。总结的结果基本与上述研究结论一致。

表 2-3　教育生产函数研究中所估计的投入参数系数：拉美国家

学校特征	研究数量	统计显著		统计不显著	统计显著为+的比例（%）
		+	−		
师生比	21	2	9	10	9.5
教师教育程度	68	31	4	33	45.6
教师工龄	62	25	2	35	40.3
教师专业知识	19	9	1	9	47.4
教师满意度	43	4	2	37	9.3
获得课本和其他阅读材料	17	13	0	4	76.5
获得其他教辅资料	34	14	3	17	41.2
学校设施	70	23	2	45	32.9

赫奇斯等（Hedges et al., 1994）对汉纳谢克的投票计数的总结方法提出了批评，他们使用了元分析统计方法，对汉纳谢克所做的研究进行了重新分析。与汉纳谢克的研究结果相反，元分析研究发现，传统的教育投入策略显示出了生均支出对学生学业成绩有很大的影响。具体来说：生均支出每提高10%，学生的学业成绩就提高一个标准差的三分之二，相当于接受 7 个月小学教育所获得的成绩。这等于将学生的学业成绩从 50% 的位置提高到 75% 的位置。此外，教师工龄在大多数情况下对学生成绩也有正的显著性影响，班级规模和教师工资对学生成绩的影响在通常情况下是显著的，但方向不确定。由于赫奇斯等采用的方法更为巧妙，因此与汉纳谢克的研究结论相比，他们发现标准的投入所引起的学生学业成绩的变化要更大些。格林沃尔德等（Greenwald et al., 1996）的元分析研究再一次支持了上述结论。

格林沃尔德、赫奇斯和莱恩的研究结论得到了杜威、赫斯特德和肯尼最近一项总结研究的支持。杜威、赫斯特德和肯尼采用的样本比汉纳谢克或赫奇斯、莱恩和格林沃尔德的样本都晚，样本里包括了 33 篇文章和 127 项估计。杜威、赫斯特德和肯尼认为将家庭收入纳入回归方程会导致不合理的估计，因为家庭收入代表的是需求方的因素。因此，他们将样本分为好的研究样本和差的研究样本。好的研究样本的标准是引入一个测量父母投入的指标但将父母的收入和其他家庭社会经济指标排除在外。表 2-4 比较了汉纳谢克 1986 年和 1997 年与杜威、赫斯特德和肯尼 2000 年的研究结果。杜威等采用的好的研究样本中有 41% 左右的估计系数是显著正的，相比之下，汉纳谢克 1986 年采用的研究样本只有 15.4%、1997 年采用的研究样本只有 19.7% 是显著正的。

表 2-4 投票计数分析：汉纳谢克 1986 年和 1997 年与杜威等 2000 年研究的比较

投入	系数为显著正的研究的比例（%）				
	汉纳谢克（1986）	汉纳谢克（1997）	杜威、赫斯特德和肯尼（2000）		
			全部研究	好的研究	差的研究
生均支出	13	27	51.2	38.5	56.6
师生比	9	15	25.8	29.4	24.4
教师教育程度	6	9	28.1	25.0	28.8
教师工龄	33	29	45.3	52.0	41.5
教师工资	9	20	45.4	00.0	45.4
其他教师特征			43.4	52.6	40.4
学校规模			22.9	38.1	11.3
总计	15.4	19.7	30.2	41.1	27.5

注：所有的结果都按照 5% 的显著性水平进行了重新计算。

由于国外教育生产函数的实证研究非常丰富，总结已有的研究可以为后续研究提供经验借鉴并指明研究的方向。因此，一些学者对发达国家和发展中国家的多项教育生产函数研究进行了总结，这些总结主要集中在学校教育投入对学习成绩的影响上。总结使用的方法主要有两种：一种是汉纳谢克使用的投票计数法，另外一种是赫奇斯等人使用的元分析的方法。这两种方法总结出来的结果是相反的。投票计数法倾向于支持学校投入没有显著影响的结论，而元分析方法则表明学校投入有显著影响。对发展中国家的研究总结显示，有部分比例的系数是统计显著的。这表明发展中国家的学校资源可能是重要的。总之，无论如何，这些已有的教育生产函数总结研究向我们传达了这样一条信息：增加学校教育投入并不一定产生更高的学习成绩。本文后面的分析将会对此进行更加详细的论述。

（二）已有研究的不足和局限

探讨学校投入对学生产出的影响一直是教育生产函数研究的核心，为此，国外学者对学校投入的作用进行了广泛而深入的研究。学校投入主要包括教育支出、班级规模、教师投入和教育管理制度。教师投入主要包括教师工作年限、教师教育、教师工资、教师培训。教育管理制度主要包括学校竞争、学校分权和学校问责制度。为了降低内生性问题和遗漏变量问题带来的估计偏差，许多新的计量方法被广泛应用于学校教育投入作用的估计中，这些方法有工具变量、二阶段回归、随机实验、固定效应模型、随机效应模型、多层线性模型、似不相关回归（SUR）、随机边界分析、差异分析方法、断点回归等。学校投入的大量研究表明，学校投入的影响是混合的，仅仅增加学校投入并不一定提高学生产出。

尽管学校投入研究在过去几十年里取得了很大进步，但仍在以下方面存在一些不足和局限。

一是缺乏来自美国和欧洲以外发展中国家和欠发达国家的学校投入研究。已有的学校投入研究样本大多来自美国，还有一部分来自欧洲发达国家，而来自发展中国家和欠发达国家的学校投入研究比较缺乏。美国和欧洲发达国家的经济和教育发展水平比较高，学校投入水平也比较高，这使得美国和欧洲发达国家可能处于教育生产函数的顶点阶段，因此学校投入对学生产出的影响可能不显著。与此相比，发展中国家和欠发达国家的学校投入水平比较低，未达到教育生产函数的顶点阶段，因此，学校投入对学生产出的影响可能比较显著。发展中国家和欠发达国家的学校投入的研究将会有助于阐明这个问题。

二是基于个体层面数据的研究比较缺乏。已有的学校投入研究主要集中在宏观层次，大多数以州、学区或学校为分析单位，以学生个体为分析单位的微观研究很少。宏观层次研究隐含的假设是每个学生平均地接受资源，因此这类研究很可能严重错误地反映了有效资源的分配。

三是缺乏多层次数据的研究。多数学校投入研究忽视了数据的层次性，基本上都是分析某一个层次变量的数据，而忽略了其他层次变量的影响，这会带来估计的偏差。学校投入在多个层面上对学生产出产生影响，引起学生产出差异的因素既来自学生个体，也来自班级、学校、学区、州和国家，因此，需要采用多层线性模型或差异分析方法估计不同层次的学校投入的影响。

四是基于真实的班级规模数据的研究比较少见。已有的班级规模研究绝大多数以学校层面的生师比或师生比作为班级规模的指标，其前提假设是学校内各班的班级规模是相同的。然而，现实中学校内各班的班级规模通常是有差异的。因此，以学校层面的生师比或师生比作为班级规模的指标可能错误地反映现实中的班级规模影响。未来的研究应该采用具体班级中的生师比或师生比作为班级规模的指标。

五是很少有研究分析教师工作努力程度对学生成绩的影响。已有的各种教师特征必须通过教师教育教学工作才能对学生学习成绩产生影响，如果教师在工作过程中努力程度不够或根本不努力，那么教师学历、教师工作年限、教师培训等教师投入就很难对学生成绩产生实质性影响。反之，如果教师学历不高、工作年限不长，但工作很积极，教师仍有可能提高学生成绩。因此，教师工作努力程度作为一项重要的教师投入应该被纳入教育生产函数研究。

六是教育管理制度影响的研究有待进一步扩展。已有的教育管理制度研究侧重分析竞争、分权和问责三方面的影响。然而，除此之外，学生学习的激励制度、教师工作的激励制度、教育教学组织制度、教育财政制度等其他的教育管理制度也可能对学生产出产生影响，这些都有待进一步研究检验。

七是计量方法需要进一步完善。为了克服内生性问题和遗漏变量问题，许多计量方法被广泛应用到学校投入影响的估计中，这些计量方法的引入虽有助于降低估计的偏差，但并未从根本上解决问题。因此，未来的研究需要完善已有的计量方法，引入更多的计量方法，如结构方程模型和通径分析技术，进一步改进对学校投入作用的估计。

第二节　家庭对学生成绩影响研究回顾

教育生产既发生在学校，也发生在家庭。因此，儿童的学习成绩既受学校的影响，也受家庭的影响。同时，学校和家庭对儿童学习过程施加的影响又是相互关联的。具体来说，学校依赖家庭在激励和要求子女出勤、完成作业、树立正确的学习态度、与教师合作等学业成绩生产方面与学校的配合。学校通过制定政策和指导家长成为更好的"生产者"等，有效地促进家庭对儿童学业成绩的影响。在两个不同地点，以相互影响的方式帮助学生提高学业成绩的过程被称作"联合生产"。一大批学者对家庭在这种教育联合生产中的作用进行了研究，传统的做法是把家庭的社会经济背景（家长的受教育程度、职业、收入）作为变量，引入教育生产方程。（Hanushek，1986）也有一部分学者研究了家长对孩子学习辅导的时间、家长的工作状况、家庭规模、家庭结构等其他家庭特征对孩子学习成绩的影响。

一、父母受教育程度与学生成绩

大多数美国和欧洲国家关于父母受教育程度对孩子学习成绩的影响的研究发现，父母的受教育程度对其孩子的在校成绩有显著正影响，即父母受教育程度越高，其孩子的学习成绩就越好。（Dewey et al.，2000）

帕克和汉纳姆（Park，Hannum，2001）采用中国甘肃农村基础教育调查的数据估计了小学生家庭社会经济背景对学生成绩的影响。研究结果显示，在控制住教师特征和班级规模后，父亲的受教育程度对学生的数学成绩有显著正影响，但对语文成绩没有显著影响。母亲的受教育程度对学生的语文和数学成绩的影响均不显著。

沃斯曼因（Woessmann，2005a）采用 TIMSS 数据研究了东亚四国（韩国、日本、新加坡、泰国）和中国香港地区家庭背景对儿童学习成绩的影响。研究结果显示，这四个国家和香港地区的父母受教育程度对其孩子的成绩有显著正影响，其中这种影响在新加坡最为显著。麦克尤恩（McEwan，2003）对智利1997 年 8 年级学生成绩的调查数据研究发现，父母的受教育程度对学生成绩有显著正影响，且母亲的受教育程度影响更大。

基恩（Kean，2005）采用结构方程模型研究了包括父母文化程度在内的家庭社会经济背景是如何影响儿童的学习成绩的。结果发现，家庭社会经济背景通过父母的信念和行为与儿童的学习成绩间接相连。

马泰莱托和安德拉德（Marteleto，Andrade，2014）利用 PISA2006 年数据，

采用多层线性模型方法研究了巴西学生父母文化程度对 7 年级学生 PISA 测试中阅读、科学和数学三科成绩的影响，结果显示父母文化程度对学生阅读、科学和数学成绩均有显著正影响。

二、家庭收入与学生成绩

大多数早期研究直接采用学生产出变量对一些家庭收入变量和可观测到的家庭、学生以及邻居特征变量进行回归。一些学者指出，尽管他们揭示了家庭收入和学生产出之间存在相关关系，但方法上的缺陷使他们并不一定就估计出了二者之间存在因果关系。（Brooks-Gunn et al.，1993）他们认为，低收入家庭的孩子也许有一个差的家庭环境或其他特征，但这些特征并没有被研究者所观测到。这些遗漏的变量也许是造成学生成绩差的部分原因，且在家庭收入增加的情况下仍会继续影响孩子的发展。为了消除遗漏变量带来的估计偏差，两种基本的方法被采用。第一种方法是通过实验的方式创造或寻求收入的外生变化，收入的外生变化将不会与父母非观测到的特征相关。第二种方法是对不同时期同样的家庭多生子女产出或相似的家庭群体儿童的产出进行比较，建立固定效应模型，消除掉非观测到的影响，其前提假设是这些影响都是固定不变的。

（一）OLS 回归方法研究

大量的早期研究使用了传统的 OLS 等方法来估计家庭收入对孩子产出的影响。汉纳谢克（Hanushek，1992）发现，在控制住家庭、教师、学生以前的成绩和其他一些行为特征变量后，家庭收入增加 1000 美元将会提高学生成绩1.8%个标准差。邓肯等（Duncan et al.，1994）通过简单回归（控制住了少量的家庭背景变量）后发现，家庭收入增加 1000 美元将提高 5 岁儿童的智力分数 1.5%个标准差，并降低儿童的问题行为指数大约 0.7 个标准差。

科伦曼等（Korenman et al.，1995）采用美国国家青年纵向调查数据（NLSY）研究了当前收入的非线性影响。估计结果表明，当收入为贫困线收入的一半时，收入对产出的平均影响是 2.16 个标准差，但当收入处于贫困线收入的 1.85 倍和 3 倍之间时，收入对产出的平均影响是 0.7 个标准差。

卡内罗和赫克曼（Carneiro，Heckman，2002）的研究发现，收入对不同年龄段的孩子的影响是不一样的。他们的研究结论显示，在儿童 6 岁时不同家庭收入水平（以四分位数划分）的孩子的数学成绩有显著差异，在接下来的 6 年，成绩差异会进一步扩大。即使在控制住许多背景变量后，如父母的受教育程度，家庭收入对学生成绩仍有影响，且这种影响具有长期效应。他们进一步发现，儿童 12 岁的数学成绩和儿童阶段家庭的长期收入对儿童能否上大学有显著影响，但短期的收入没有显著影响。

（二）其他方法研究

后期的许多研究采用了工具变量、固定效应、随机实验等方法，通过比较 OLS 估计结果与其他方法的估计结果来揭示家庭收入对学生产出的影响。

迈耶（Mayer，1997）采用了许多方法来探测各种收入外生变化以帮助理解家庭收入对学生产出的影响。例如，她使用学生产出发生后的父母收入增长量作为工具变量来代替初始的家庭收入。其背后的思想是，如果未来的收入增长是不可预期的，或是可预期的，但人们对未来收入变化的反应是随机的，即这种反应与决定学生产出的非观测特征无关，那么家庭收入的实际增长量就可以当作外生变化的。该工具变量的估计结果显示，在其他因素不变的情况下，高收入几乎不影响学生的行为或阅读成绩，但对数学成绩的影响比传统的估计结果略大些，然而所有的结果都没有通过显著性检验。因此，她认为没有令人信服的证据表明家庭收入的增加可以大幅提高学生产出。

布劳（Blau，1999）、利维和邓肯（Levy，Duncan，1999）在估计家庭收入对学生产出的影响时，均利用多生子女之间家庭经济水平的差异建立固定效应模型来消除固定的家庭因素。布劳使用美国国家青年纵向调查数据得出了不同的结论：一方面，家庭长期收入在控制住祖父母的固定效应后对学生成绩的影响要大于普通的 OLS 回归；另一方面，当使用固定效应模型时，当前家庭收入对学生成绩有较小和不显著的影响。利维等采用收入变动研究的面板数据（Panel Study of Income Dynamics，PSID）研究发现，不管是否控制住家庭的固定效应，在孩子年龄小时家庭收入对学生成绩有更大的影响。达尔和洛克纳（Dahl，Lochner，2005）采用固定效应工具变量（Fixed Effect Instrumental Variables，FEIV）策略来估计家庭收入对学生数学和阅读成绩的影响，结论显示家庭当前的收入对孩子的数学和阅读成绩有显著正影响。此外，有学者通过建立在"父母失业"基础上的贫困测量指标来比较英国家庭内不同子女所受到的家庭收入对学生成绩的影响。他们发现儿童早期的家庭贫困显著降低了儿童取得至少一次 A 水平成绩的可能性，而取得至少一次 A 水平成绩又是决定儿童能否进入大学的前提。（Ermisch et al.，2002）

莫里斯和吉内蒂（Morris，Gennetian，2003）使用了随机收入试验的数据来研究家庭收入对学生产出的影响。研究结论显示，在母亲接受随机实验 3 年后，家庭收入对孩子的学校表现和积极行为有轻微显著正影响。然而，随着时间的进一步延长，家庭收入的影响将不显著。

布洛等（Blow et al.，2005）在完成家庭收入对学生发展影响的文献研究后得出以下结论：第一，家庭的当前收入对学生产出的影响小；第二，家庭长期收入对学生产出的影响比当前收入的影响大得多，但这种影响在引入更多的变量后通常会下降；第三，与种族、性别和其他可观测到的父母特征相比，收入对学生产出的影响较小，因此需要更大力度的财政转移支付来帮助那些具有某些父母特征的弱势家庭；第四，收入的影响通常被发现是非线性的，收入对低收入水平家庭的孩子影响更大，但只有少数研究注意到了这种非线性影响；第五，对不同收入干预政策效果的比较研究发现，收入对不同的年龄阶段具有不同的影响，与较高年龄阶段相比，学生成绩在较低年龄阶段对收入的变化更加敏感；第六，与没有采用新的方法的研究相比，那些采用了新的方法来考虑家庭和学生非观测到的特征影响的研究通常会发现家庭收入对学生产出的影响要小得多。

三、家长参与与学生成绩

许多学者试图测量家长投入的时间与学生成绩之间的关系。莱博维茨（Leibowitz，1974；1977）发现，如果母亲花在孩子身上的时间的数量越多、质量越高，孩子的成绩就越好。本森（Benson，1979）发现，除了中等社会经济地位（SES）的家庭以外，家长的参与对孩子的成绩几乎没有什么直接影响。高 SES 家庭孩子的成绩较好，与父母花费的时间无关；低 SES 家庭即使家长在孩子身上投入了较多时间，孩子的成绩也没有什么提高。达楚卢里（Datcher-Loury，1988）发现，对于受过 12 年教育的母亲来说，他们看护孩子的时间显著地影响他们子女的受教育年限，但是对于受过较低层次教育的母亲来说没有什么影响效果。

汤普森（Thompson，2002）、杰恩斯和威廉（Jeynes，William，2003）以及朗姆伯格和帕拉迪（Rumberger，Palardy，2005）发现父母参与孩子的学校生活（参加教师会议、参与学校活动）会使得孩子的学业成绩更好。帕斯尔和杜弗尔（Parcel，Dufur，2001）发现父母参与孩子的学校活动对孩子的数学成绩有着积极的影响。斯图尔特（Stewart，2007）认为父母与孩子的讨论对孩子的学业成绩会产生积极影响。有学者收集了香港 3—5 年级（Forms）（相当于美国的 9—11 年级）270 名青少年的调查问卷数据，进行结构方程模型分析，结果显示：基于不同支持的学生的学业成绩在不同的年级水平存在有趣和重要的差异，即对 4 年级学生来说，父母的支持与他们的学业成绩呈负相关的关系，但对 3 年级学生来说，它是正相关的关系。（Chen，Jun-Li，2008）

张大伦等（Zhang et al.，2011）认为，已有的研究表明，在普通教育中，家长参与与学生学业成绩之间有着紧密的联系，但在特殊教育中二者的关系研究很少。此外，张大伦等认为以往研究中关于"家长参与"中的"家长"定义得非常广泛，包括各种类型的"父母"，这样就很难评估一些特殊父母对学生学业成绩的影响，这也是现有研究的不足。针对上述不足，张大伦等通过结构方程建模的方式对特殊小学教育纵向数据中的父母参与（包括父母参加学校的活动、父母和孩子谈论他们在学校学习的经历、对孩子接受高等教育的期望）与学生成绩的关系进行了研究，发现在家中父母的行为对学生的学业成绩有着积极的影响，而父母参加学校的活动对学生的学业成绩没有显著的影响。

四、其他家庭因素与学生成绩

鲁姆（Ruhm，2004）采用美国国家青年纵向调查数据分析了父母就业与儿童认知发展的关系。研究结论显示，母亲在儿童生命前 3 年的就业，将对儿童 3—4 岁间口语能力有小的负面影响，对儿童 5—6 岁间的数学和阅读成绩有很大的负面影响。进一步研究的结论显示父亲就业的影响也基本如此。埃米施等（Ermisch et al.，2002）采用英国 20 世纪 70 年代出生的多生子样本对此进行了研究。他们发现，母亲的全职就业对于 0—5 岁儿童获得至少一次 A 水平成绩的可能性有显著负影响，对于受教育程度较高的母亲来说这种负影响要小些，但母亲的兼职就业和父亲的就业没有影响。他们认为受教育程度较高的母亲全职就业带来的负影响要小些可能反映了这些母亲有更高的能力控制全职就业对儿童造成的不利影响，如通过市场上的儿童看护途径等。

美国一些关于家庭规模对学生成绩的影响的研究发现来自较大规模家庭的学生成绩通常较差。（Powell，Parcel，1999）澳大利亚、芬兰、以色列和中国香港的研究也证实了家庭规模或家庭子女个数对学生成绩的负面影响。马克斯（Marks，2006）对 OECD 30 个国家的研究也得出了相同的结论。

美国一些关于家庭结构对学生成绩的影响的研究表明，来自离婚或单亲家庭的学生的学习成绩通常低于来自没有离婚家庭的学生的学习成绩。（Amato，2000；Jeynes，William，2002）芬兰和英国的一些研究也得出了相似的结论。马克斯（Marks，2006）采用来自 OECD 的 2000 年的 PISA 数据对 OECD 30 个国家进行研究发现，在经济较发达的国家，单亲或重组家庭对于儿童的学习成绩的负面影响很大。

马泰莱托和安德拉（Marteleto，Andrade，2014）利用 PISA2006 年数据，采用多层线性模型研究了巴西学生家庭文化资本（用学生家庭所拥有的藏书量衡量）对学生在 PISA 测试中阅读、科学和数学三科成绩的影响，结果显示家庭文化资本对学生阅读和科学成绩有显著正影响，而对数学成绩影响不显著。学校类型、学校资源和教师质量变量与个体层面家庭文化资本交互作用分析发现，私立学校学生家庭文化资本对学生阅读和科学成绩影响更大，学校资源更多的学生家庭文化资本对学生阅读和科学成绩影响也更大。该研究认为学校因素强化了家庭文化资本对学生成绩的影响。

从以上梳理中我们可以发现，越来越多的研究开始关注父母的心理和行为，以及父母参与学校生活这样的家庭与学校的联合生产方式，这验证和弥补了家庭层面研究的不足，相信也是未来研究的方向。

五、家庭对学生成绩影响研究小结

由上述文献回顾可知，国外学者对家庭在教育生产中的作用进行了大量研究，研究的重点是家庭社会经济背景对学生成绩的影响。关于父母受教育程度对学生产出影响的研究比较一致的结论是，父母受教育程度越高，其孩子的学习成绩越好。为了消除遗漏变量带来的估计偏差，工具变量、固定效应模型、随机实验等方法被广泛用来估计家庭收入对学生成绩的影响。尽管家庭收入影响的研究并没有达成广泛一致的结论，但有以下的一些发现：第一，家庭的当前收入对学生产出的影响较小，与之相比，家庭长期收入对学生产出的影响较大；第二，收入的影响通常被发现是非线性的，即收入对低收入水平家庭的孩子影响更大；第三，收入对学生不同的年龄阶段具有不同的影响，与较高年龄阶段相比，收入对较低年龄阶段学生成绩的影响更大。除家庭社会经济背景外，家庭规模、家庭结构、父母对孩子学习指导时间等家庭特征的影响也受到了广泛关注。

已有的家庭特征研究存在以下一些不足。

首先，忽视了对父母心理和行为特征影响的分析。父母的一些心理特征，如父母对孩子的教育期望，无疑会通过影响孩子的学习动机进而对孩子学习成绩产生重要影响。父母的一些行为特征，如父母的教育方式、父母对孩子学习的激励也会影响孩子的在校表现。但由于父母的心理和行为特征难以有效测量，鲜有研究估计这些特征的影响，而这些特征作为一种遗漏变量可能导致过高地估计家庭社会经济背景的影响。

其次，忽视了对家庭特征影响过程的分析。已有的研究估计了家庭社会经济背景和其他家庭特征对学生产出的影响程度，但很少有研究去探讨这些家庭特征是如何影响学生产出的。家庭投入影响过程和机制的探讨也许比探讨家庭投入的影响程度更有意义。

再次，缺乏对家庭和学校联合生产过程机制的探讨。学生的学习过程是一个家庭和学校联合生产的动态过程，家庭和学校在这个过程中不断地进行分工与合作。已有的研究在探讨家庭和学校在教育生产过程中的作用时，往往偏重于某一个方面而忽略另一个方面的影响，并且静态地去看待家庭或学校的作用，结果研究总是不能反映出完整的教育生产过程，也往往不能得出令人信服的结论。因此，动态地探讨家庭和学校在此过程中分工与合作的机制更有助于揭示出家庭和学校联合生产的过程。

最后，美国和欧洲以外国家的家庭特征研究比较缺乏。已有的研究样本大

多来自美国，还有一部分来自欧洲国家。这些国家经济都很发达，国民受教育
程度和收入水平普遍较高，社会保障机制也比较健全。因此，在这些国家，父
母受教育程度和家庭收入对学生产出的影响可能较小或不显著。相反，亚洲和
非洲的许多国家经济不发达，国民受教育程度和收入水平普遍较低，社会保障
机制不健全，一般认为这些国家的父母受教育程度和家庭收入对学生产出的影
响可能较大或显著。此外，在东亚的一些非常重视家庭教育的国家，如中国、
韩国、日本等，家庭对学生产出的影响可能较大。然而，由于来自这些国家的
家庭特征研究非常少见，这些看法仍有待大量实证研究的检验。

总之，相比较对学校教育生产过程的研究，关于家庭在教育联合生产过程
中的作用的研究仍非常有限，人们也远没有把握家庭与学校之间的复杂关系。

第三节　同伴对学生成绩影响研究回顾

人们长期以来一直相信同伴的质量是影响学生成绩的一个重要因素。科尔
曼（Coleman，1966）较早地指出同伴对学生成绩有重要影响。随后，许多学
者的研究给予了证实，他们认为同家庭一样，同伴也是学生学习动机、学习期
望和学习互动的动力来源。而且，同伴也会影响班级学习过程，如通过提问和
回答增进学习，或通过班级中的破坏行为而阻碍学习。因而，同伴对学生学习
成绩有重要影响。（Lazear，2001）许多实证研究也表明同伴的质量对学生学习成
绩有显著影响。（Hoxby，2000b；Zimmer，Toma，2000；Sacerdote，2001）然而，也
有一些研究表明同伴的影响是不显著或很小的。（Hanushek，1971；Angrist，Lang，
2004；Arcidiacono，Nicholson，2002）

一、同伴积极影响研究

许多研究发现，如果学校或班级学生的平均社会经济水平较高，学生成绩通
常也较高。（Willms，1986；Link，Mulligan，1991；Robertson，Symons，2003）莱夫
格林（Lefgren，2004）认为，在实行追踪政策的学校中，高能力（以成绩为衡

量）的学生将会因为被分配到有高能力的同伴的班级中而受益。相反，低能力的学生将会因为被分配到有低能力的同伴的班级中而受损。如果同伴效应真的重要，那么就可期望与没有实行追踪政策的学校相比，高的初始能力的学生将会在实行追踪政策的学校取得更好的成绩。相反，低的初始能力的学生将会在实行追踪政策的学校取得更差的成绩。为了验证这一假设，拉尔斯·莱夫格林采用芝加哥公立学校 3 年级和 6 年级的数据研究了学校追踪（school tracking）政策下的同伴效应。普通的 OLS 和采用二阶段方法估计的结果均显示班级里的同伴效应是存在的，但很小，且二阶段方法估计的同伴影响小于普通的 OLS 估计的结果。

康（Kang，2007）研究发现韩国中学班级同伴之间的学习互动对学生成绩有显著正影响。由于韩国实行半随机的方式将进入中学的学生分班，这在很大程度上避免学生家庭选择班级，从而降低了内生性问题所带来的估计偏差。康采用 1994 年和 1995 年 TIMSS 数据研究发现，班级学生的数学成绩与同伴的平均成绩正相关。采用工具变量方法后显示同伴质量的提高有助于提高学生的成绩。分位数回归显示：成绩靠后的学生与班级中其他成绩落后的学生关系更加紧密，因此他们的成绩会受到这些成绩落后的同伴的负面影响；相反，成绩靠前的学生与班级中其他成绩靠前的学生关系更加紧密，因此这些成绩靠前的同伴会提高他们的成绩。根据这一研究结论，康批评了那种被多数人赞同的混合能力分班模式，而支持按能力高低分班的模式。

麦克尤恩（McEwan，2003）使用智利 1997 年 8 年级学生成绩的调查数据估计了同伴对学生成绩的影响。同伴特征用班级学生的母亲平均受教育程度及其平方项、父亲平均受教育程度及其平方项、平均家庭收入及其平方项、班级中本土学生的比例衡量。为了处理同伴特征变量的内生性问题，回归方程中通过引入学校固定效应来控制住非观测的家庭和学生特征。回归结果表明，班级同伴的母亲平均受教育程度是影响学生成绩的最重要因素，其 1 个标准差的增加将导致学生成绩增加 0.27 个标准差。母亲的平均受教育程度还与学生成绩之间存在凹形曲线关系，这表明母亲平均受教育程度对学生成绩的影响是边际递减的。父亲的平均受教育程度对学生成绩也有正影响，但程度比母亲的平均受教育程度小。班级中本土学生比例的增加将降低学生的成绩。班级同伴的平均家庭收入对学生成绩有不一致且小的影响。为了控制住家庭对同伴的选择性偏差，本研究采用双生子或多生子样本的回归结果得出了类似的结论。

李和布雷克（Lee，Bryk，1989）采用多层线性模型研究了美国高中学校的同伴影响，同伴变量用高中入学时的学校学生平均成绩和学校学生平均社会经济背景衡量。研究结论显示同伴对学生的数学成绩有显著正影响。但该研究没有控制住学生家庭、教师和学校支出等方面的重要特征变量，这可能会导致估计的偏差。尼克尔斯和怀特（Nichols，White，2001）的研究则发现同伴合作学习对青少年的发展有着重要的作用。他们指出，同伴合作对青少年的社会化、提高学习动机和成绩来说具有重要作用。这一结论是被公认的。他们研究了两所高中学生数学成绩的同伴影响，结果发现，同伴小组学习对学生的学业成绩的提高有着积极影响。他们认为与同伴的积极关系会提高学生的心理和生活技能，也与学习成绩和学习动力有一定的联系。邓肯等（Duncan et al.，2001）与霍瓦特和刘易斯（Horvat，Lewis，2003）的研究都发现同伴小组学习对学生学业成绩的增长有着重要的影响。戈德史密斯（Goldsmith，2004）则发现这种影响力要远远超过亲近的朋友和熟人对其的影响。邓肯等（Duncan et al.，2001）发现最好的朋友或同伴关系和学生成绩之间有着很高的关联性。斯图尔特（Stewart，2007）认为与积极的同伴进行小组学习对学生的学业成绩会有积极的影响。

早期对同伴影响的研究都假定学生是被随机分配到学校和班级中的，然而，事实上学生并不是按随机的原则分配的，同伴的质量也许是那些非观测到的学生和家庭特征的代理变量。此外，同伴特征也反映了学生所面临的环境。（Manski，1993）从这些分析来看，早期的研究对同伴影响的估计一般都是有偏差的。因此，在实证研究中，确认同伴对学习成绩的影响不可避免地遇到一个重要的难题：如何把同伴影响与其他影响区分开？这个难题给同伴特征对学习成绩的影响的相关研究带来了两个潜在的问题：第一，同伴特征的测量指标也许反映了那些影响学生成绩的遗漏或误测因素的影响，这导致了估计的偏差，一般是高估同伴的影响；第二，由于同伴相互影响的同步性特征，即某个学生影响他的同伴，同时他的同伴也影响他，把这种因果关系区分开将很难。（Hanushek，Rivkin，2003）众多学者关于同伴特征对学习成绩影响的研究结论的不一致，可能正反映了这两个问题带给实证研究的挑战。

二、同伴消极影响研究

相对于上述学者的研究，其他一些学者得出了不同的结论。卡尔达斯和班克斯顿（Caldas，Bankston，1997）发现，尽管 SES 平均值的提高有助于提高学生成绩，但以获得免费或减费午餐的学生比例来衡量的家庭收入平均水平与学生成绩呈现负相关关系。布雷克和斯科尔（Bryk，Driscoll，1988）则发现班级平均成绩对单个学生的成绩的影响是负的。温克勒（Winkler，1975）发现低 SES 的学生比例将可能降低白人学生的成绩，但对黑人学生没有影响。霍瓦特和刘易斯（Horvat，Lewis，2003）及其他一些学者都发现同伴学习会使得一些学生产生学业上的消极压力。戈德史密斯（Goldsmith，2004）认为，来自同伴的消极压力会使得学生的价值观、态度、信仰和行为产生一定的偏差从而降低成绩，这也是导致一些学生辍学的原因之一。

三、同伴混合影响研究

文策尔和考德威尔（Wentzel，Caldwell，1997）认为，同伴关系在青少年的学习生活中扮演着复杂的角色，这样的关系可能会在促进或者破坏他们的学业成绩方面产生重要的影响。有研究发现感知到同伴的支持与学生的学业成绩没有直接或间接的关系。（Chen，Jun-Li，2008）布泽尔和卡乔拉（Boozer，Cacciola，2001）使用班级规模所导致的同伴质量差异来估计同伴效应，结果表明同伴效应很大。通过研究由居民家庭位置和磁石学校学券导致的学校质量差异，卡伦等（Cullen et al.，2005；2006）发现，选择一个有着高质量的同伴的学校没有带来成绩的提高。安格里斯特和郎（Angrist，Lang，2002）发现班级外生的改变对少数民族学生至多有短期的影响。

霍克斯比（Hoxby，2000b）认为家长和学校的行为会造成选择性偏差，这会导致传统的研究对同伴影响的估计出现误差。为了克服这种选择性偏差，霍克斯比采取了两种策略来估计同伴的影响。这两种策略背后的思想是，尽管家长会根据同伴的特征来选择学校或学校可能按照孩子的成绩进行分班，但一个学校某个年级同伴构成的差异仍有一部分是源于其他因素且是家长和学校难以控制的。第一个策略是通过比较两个相邻时期群体的性别和种族构成来确认哪些不是由于家长和学校所造成的同伴差异。第二个策略是确认非家长和学校造成的每个群体成绩的差异组成部分，并且判断这些组成部分是否相关。这两个策略的估计结果是相似的，策略一估计的同伴对学生成绩的回归系数值在 0.15 与 0.40 之间，策略二估计的回归系数值在 0.10 与 0.55 之间。没有证据表明同伴对学生成绩的影响是非线性的。此外，一些结论表明同一种族内部的同伴影响要大于不同种族之间同伴的影响。

有学者应用中国江苏省高中学生的数据证实了学生成绩显著地受同伴影响。（Ding，Lehrer，2007）该研究指出，中国高中生的招生是严格按照中考的考试分数来进行的，因此同伴质量的大部分差异不是自我选择所造成的。一般的 OLS 估计结果显示学生成绩与同伴群体的影响至今存在非线性关系，同伴质量差异的扩大会降低学生的成绩，同伴质量增加 1% 将提高学生成绩 8%—15%。同伴的影响对于不同的学生是有差异的，与低能力的学生相比，高能力的学生受较高成绩和较少差异同伴的影响更大。进一步的半参数估计显示，成绩差的学生如果与成绩好的同伴一起编班将有助于提高他们的成绩，而随机分班将有助于提高成绩好的学生的成绩。最后，丁维利和莱勒指出研究的不足：缺乏班级中每个学生接受的来自学校的投入数据；样本只限于中国东部沿海地区，不足以推断整个中国的情况。马克曼等（Markman et al.，2003）采用 UTD 得克萨斯州学校项目的数据研究了同伴特征对学生数学成绩的影响。同伴特征变量用学校中黑人学生比例、西班牙裔学生比例、获得免费午餐的学生比例、同伴的先前平均成绩、同伴先前平均成绩的标准差来衡量。因变量为学生的数学考试分数和考试分数的增长率，为了克服在方程中遗漏变量和同步性特征带来的估计偏差，在方程中相继引入了学生、学校和学校年级固定效应模型。在控制住学校年级的固定效应以及将样本限制在没有转过学的学生样本后，研究结论显示同伴的先前平均成绩对学生的成绩有显著正影响。同伴先前的平均成绩每增加 0.10 个标准差，学生成绩就会提高 0.02 个标准差。方程中加入同伴特征变量的二次方后并没有发现同伴特征变量与学生成绩存在非线性关系。此外，研究结论没有显示来自低收入家庭的同伴对学生成绩有负的影响。同伴的成绩对全部学生成绩来说有正的显著影响，但可能对不同成绩水平的学生的影响大小是不一样的。为了证明这一点，将所用的同伴特征变量与学生成绩的相对位置（按照先前的成绩划分 4 个分位数，将其归类到某个分位数中）进行交互，结果显示处于中位数以下的学生和其他学生在受同伴影响的程度上没有显著差异。

　　关于同伴因素对学生成绩的影响在不同的研究中得到的结论是不同的。得到积极影响结论的研究认为，同伴学习会提升孩子的心理和生活技能，从而使其产生更强的学习动力，促进学习成绩的提高。持消极影响结论的研究则认为，同伴学习对学生的学业产生一定的压力，而这种消极的压力会使得学生的价值观、态度等产生偏差，从而不利于成绩的提高。最后一类研究认为，其对学习成绩没有直接或间接的影响，因为同伴关系对学生的影响比较复杂。

四、同伴影响研究小结

　　同伴效应是一种社会互动效应，这种互动效应包含内生性效应、外生性效应或情境效应（contextual effects）以及关联效应（correlated effects）。内生性效应指的是组群结果影响个体结果，如个体的成绩受学校或班级的平均成绩的影响；外生性效应或情境效应指的是组群特征对个体结果的影响，如同伴的社会经济背景构成对学生成绩的影响；关联效应指的是在一个组织内，由于个体具有相似的特征，面对相似的环境，其行为或结果具有相似性，如由于同一所学校的学生具有相似的家庭背景，在学校也接受相似的教育，成绩也具有相似性。

　　萨塞尔多特（Sacerdote，2001）总结了同伴效应的作用途径，见表 2-5。"烂苹果"和"杰出人物"在教育学研究中使用较多，"烂苹果"的同伴，可以通过影响班级纪律来降低学生的学习效率和教师的教学效率，而"杰出人物"则会发挥榜样作用。"歧视性对比"模型认为，具有更好成绩的学生将使其他学生在班级的排名更加靠后，打压学生自尊心。"精品/分流"模型认为，将具有相似特征的学生聚到一起，教师能够更合理地安排课堂教学，准备教学材料。"聚集"模型认为，无论学生的能力如何，同质的同伴都有积极影响，而"彩虹"模型的结论正好相反。"简单交叉"模型认为，学生的能力越强，受到高能力同伴影响越大。

表 2-5 同伴效应的可能模型

模型	同质的影响	说明
线性方式	是	只有同伴背景和产出均值项
烂苹果	是	一个破坏性学生伤害每一个学生
杰出人物	是	一个优秀学生给所有学生树立好的榜样
歧视性对比	否	好的同伴对产出带来坏的影响
精品/分流	否	当一个学生周围都是和他类似的学生时，他表现最好
聚集	是	不管学生能力如何，班级的同质性是最好的
彩虹	是	班级的异质性对每个人都是有好处的
简单交叉	否	学生自身能力和高能力同班同学对其积极性影响呈弱单调递增关系

已有的研究主要采用以下变量来衡量同伴特征：一是同伴的先前平均成绩及其标准差；二是同伴的平均家庭社会经济背景（父母的平均受教育程度和家庭平均收入）及其平方项；三是少数民族学生比例；四是获得免费或减费午餐的学生比例。为了克服家庭对同伴的选择性偏差问题，近年来，随机实验、工具变量、固定效应模型、多层次分析方法等计量方法被大量应用到同伴特征影响的估计中来。大部分研究证明同伴的影响是显著的，少数研究发现同伴的影响不显著。此外，还有一部分研究发现同伴的影响存在非线性关系，即同伴对高能力和低能力学生成绩的影响是有差异的。鉴于同伴影响的存在，大多数研究支持混合能力分班的模式，少数研究支持按能力高低分班的模式。已有的同伴影响研究存在以下不足。

首先，缺乏来自发展中国家和欠发达国家的研究。同其他教育投入研究一样，已有同伴影响的研究对象主要是美国和欧洲发达国家的学生，来自发展中国家和欠发达国家的研究非常少见。实际上，发展中国家和欠发达国家的家庭较少地选择同伴，因此这些国家同伴影响的估计将更加准确。从这个意义上说，来自发展中国家和欠发达国家的研究更值得期待。

其次，忽视对同伴心理和行为特征影响的分析。已有的研究主要采用静态的指标来衡量同伴特征，实际上，同伴之间心理和行为的互动所带来的影响可能更大，如班级中同学互动形成的班级学习氛围和竞争压力也许更能提高学生的成绩，因此研究同伴之间心理和行为的互动更有意义。然而，同伴心理和行为特征较难测量，这为研究带来了许多困难。

再次，同伴的非线性影响研究比较少见。已有的研究基本都以一个班、年级或学校为分析单位来研究同伴的影响，其背后的假设是班级内、年级内或学校内同伴的影响是相同的，但部分研究结论推翻了这一假设，证明同伴的影响是非线性的。同伴的非线性影响对于制定分班政策具有重要的指导意义，故未来需要更多的同伴非线性影响研究。

最后，没有学校外同伴影响研究。已有的研究基本都是研究同一所学校内同伴的影响，然而现实中学校外同伴的影响也经常存在，如来自邻居和亲戚朋友家庭的同伴对儿童的学习成绩常常施加重要影响，遗憾的是关于这类同伴影响的研究几乎没有。

第四节　学生自身特征对成绩影响研究回顾

学生的自身特征，如学习动机、学习期望、学习的努力程度等，也会对成绩产生重要影响，一些学者对此进行了研究。毕晓普和沃斯曼因（Bishop，Woessmann，2004）认为学生个体特征也许是教育过程中最重要的教育投入，对学习成绩具有重要影响。因此，他们将学生个体特征引入教育生产函数模型中，构建了如下新的教育生产函数模型：

$$Q = AE^{\alpha} (IR)^{\beta}, \ \alpha + \beta < 1$$

式中，Q 表示学校质量或学校绩效；A 表示学生的能力；E 表示学生的学习努力程度，反映在学习动机、学习时间的投入等方面；IR 表示进入教学过程并被有效地使用的资源。

一、个人努力与学生成绩

(一) 学习动机与学生成绩

学生的学习动机被认为是学习取得成功的关键因素之一。（Mitchell，

1992）研究小学生内在学习动机是有意义且很重要的，因为内在的学习动机可以很好地预测学生起始和未来的成绩。戈特弗里德（Gottfried，1990）发现学习动机和学习成绩之间存在正相关关系。具体来说，学习动机较高的儿童，其学习成绩和智力发展通常较好。福捷等（Fortier et al.，1995）认为，学校中那些自信的儿童似乎可以形成自己的学习动机并帮助自己取得较好的成绩。

另外一些研究发现，学习动机和学生成绩之间不存在相关关系或相关关系不显著。哈拉韦（Halawah，2006）的研究发现，学生的动机水平与学生的成绩之间相关系数很小且没有通过显著性检验。席夫勒等（Schiefele et al.，1992）的一项研究分析了性别在学习动机上的差异及对成绩的影响。研究结果表明，与男生相比，女生的成绩较少受到动机的影响。戈德堡（Goldberg，1994）发现，随着学生年龄的增加，学生会由内在的动机转向更加外在的动机。

（二）其他个人努力形式与学生成绩

马克斯（Marks，2000）、约翰逊等（Johnson et al.，2001）对学生个人努力与学业成绩的关系进行了深入的研究。他们发现学生在学习中投入大量的个人努力会影响学业成绩，并且学生的个人努力会随着学校参与、对学校依恋和学校承诺的增加而增加，并对学生个人的学业成绩产生更加积极的影响。克罗斯诺等（Crosnoe et al.，2004）认为学校依恋，即学生对学校的依赖的感情与学生的学业成绩呈正相关的关系。此外，卡尔博纳罗（Carbonaro，2005）认为学生个人努力对数学成绩的提高有重要的积极影响。

二、自尊与学习成绩

自尊与学习成绩的关系也受到了许多学者的关注，但众多的研究并没有在自尊与学习成绩的关系上取得一致的结论。罗森堡等（Rosenberg et al.，1989）以及施密特和帕迪拉（Schmidt，Padilla，2003）认为学生的成绩是形成自尊的原因。有学者发现 7—12 年级的学生成绩和自尊之间存在互为因果的关系。（Liu et al.，1992）另外一些学者则声称自尊和学生成绩间不存在直接的关系。（Robinson et al.，1990；Kobal，Musek，2001）

三、出生顺序与学习成绩

儿童在家庭孩子中的排行也影响着儿童的成绩和智力发展。贝尔蒙特和马罗拉（Belmont，Marolla，1973）发现家庭中排行第一的孩子智力发展通常高于第二个，而第二个又通常高于第三个，以此类推。科克（Koch，1956）的研究显示，家中排行第一的孩子语言能力通常较高，因为他们模仿和采用了父母的语言。其他的研究也得出了类似的结论。（Rothbart，1971；Zajonce et al.，1979）研究表明，母亲花在排行第一的孩子和后来出生的孩子身上的时间是相等的，但与孩子互动的质量是不一样的。母亲通常给予排行第一的孩子更复杂的训练且给他们施加更大的压力。哈特奇特哈洛戈（Hatzitheologou，1997）的研究显示，排行第一的孩子阅读成绩通常高于其他孩子。

四、参与课外活动与学生成绩

关于学生参与课外活动对学业成绩的影响，波洛（Broh，2002）认为学生参与课外活动与他们的学业成绩有着一定的联系。研究发现，高中生参与课外活动，例如运动、戏剧、新闻俱乐部等，都会促进他们学业水平的提高。波洛通过对高中生学业成绩与课外活动之间关系的分析发现，参与校际运动会对学生学业成绩，特别是数学成绩，会产生持续性的有益影响。约翰逊等（Johnson et al.，2001）通过研究发现对学校有更强依恋的学生会更加努力，而且积极参与课外活动的学生会增强对学校的依赖。

五、学生频繁转校与学生成绩

学生频繁转校对其学业成绩也会产生一定的影响。格里格（Grigg，2012）通过分析纳什维尔市公立学校的3—8年级的学生转学的数据，而这些学校正处于上学政策发生重大变化阶段，发现上学政策变化，包括加强学生的学习动机，会促进阅读和数学成绩的提高。但是，如果学生频繁转校，那么这些政策变化就没有什么效果，而且学生频繁转校会使他们的学业成绩更差。

六、其他个人因素与学生成绩

还有一些研究发现小学生缺课、作业量、小学生的考试紧张程度等个人因素也是影响其学业成绩的因素。斯图尔特（Stewart，2007）从国际教育纵向研究的数据中分离出来 10 年级学生的学业成绩进行二次分析，采用分层线性模型分析数据后发现个人层面的因素对学生的学业成绩的提高起到很重要的作用，并且个人层面因素与学校结构相比对学生学业成绩的影响更大。鉴于此，该研究提出要实施提高学生的学业成绩的干预措施要综合考虑个人层面和学校结构的因素。米泽纳（Mizener，2008）通过对 26 份出版刊物中的 29 个分离实验进行研究发现，学生的选择对学业成绩有着很重要的影响，这种选择包括学业目标和标准的选择、学习的指导支持以及奖学金。

七、学生自身特征影响研究小结

学生作为学习的主体，其心理和行为特征都直接影响着他们的学习效果。其他的投入，如学校、家庭的各种投入，都必须最终通过改变学生自身的心理和行为来对学习成绩产生影响。从这个意义上说，学生个体特征也许是教育过程中最重要的教育投入。然而，从已有的文献回顾来看，国外教育生产函数研究中关于学生自身特征与学习成绩关系的研究很少。相比较而言，国外心理学和社会学研究领域的学者对学生自身特征的影响比较关注。已有的研究主要集中在学生学习动机和自尊等心理特征的影响上，也没有得出一致的结论，这可能与对学生心理特征测量指标的有效性相关。为了更加准确地估计学生自身特征的影响，进一步的研究应该注意以下三个方面。

第一，注重对与学习过程有关的行为特征的测量。心理特征极难测量，且主观性较强，相比较而言，行为特征比较容易测量，且客观性较强。此外，心理特征也是通过影响学生行为而对学习成绩产生影响的。因此，直接测量行为特征而估计学生自身对学习成绩的影响将更加有效。可测量的学习行为特征变量有学习时间、考勤状况、学习方法等。

第二，注重研究学生自身特征与学校投入和家庭投入的交互作用。由于学校和家庭的各种投入都必须最终通过学生自身特征而对学习成绩产生影响，学生自身特征与学校和家庭的各种投入的相互影响直接决定了不同的学生可获得的学校和家庭投入的数量和质量。因此，考察学校和家庭的各种投入与学生自身特征的交互作用就显得尤为必要。

　　第三，采用更加精细的计量方法。学生自身特征很可能受到家庭和学校因素的影响，因此在估计学生自身特征对学习成绩的影响时，如果不剥离家庭和学校因素的影响，很可能出现估计的偏差。已有的研究基本都采用传统的 OLS 回归方法，未来的研究应该注意采用更加精细的工具变量、固定效应模型、二阶段回归等方法来估计学生自身特征的影响。

我国基础教育生产效率研究：回顾与展望

回顾过去 30 多年，我国基础教育的发展取得了令人瞩目的成就。由于我国中小学学生规模庞大，基础教育供给与需求的矛盾相对于其他国家更加突出，提高基础教育生产效率使基础教育的资源利用从粗放型转向集约化是我国政府和学者共同关心的问题。我国学者针对基础教育生产效率问题开展了系列研究，也取得了较大的成果。本章将对这些成果进行总结和梳理，以期对未来的研究提供科学的理论依据和良好的建议。从目前已有的研究来看，我国学者主要从教育投入产出的角度研究基础教育生产效率问题。不同学者对教育投入与产出的理解不同，导致了教育生产效率的提法也多种多样，与教育生产效率具有同样内涵的概念就有很多，如"教育资源生产效率""教育资源利用效率""教育资源配置效率""教育资源使用效率"等。不管学者们对"效率"一词的理解存在何等差异，但对"效率"的基本认识是一致的，即我们通常所说的教育生产效率主要是指教育投入与产出的数量关系，表示以更少的成本取得更多效用的基本目标取向。

第一节　我国基础教育生产效率研究发展阶段

根据研究内容和研究方法的发展特征，我国基础教育生产效率研究大致经历了三个发展阶段。

一、20 世纪 80 年代末至 90 年代初：我国基础教育效率研究开启阶段

我国教育经济学的真正起步和发展是在 20 世纪 80 年代，此时国外的教育经济学研究已经如火如荼。"教育效率"一词最早见于科尔曼等撰写的"教育

机会均等"的报告，这个术语一经提出，便很快得到许多研究人员的青睐，他们围绕着"什么叫教育效率""教育效率的影响因素有哪些"等问题展开了旷日持久的研究及讨论。而这一时期我国关于教育效率的大部分研究都集中在教育对经济发展的作用，研究多是分析肯定教育在经济发展中的巨大积极作用，探讨了教育效益问题。

在基础教育生产效率问题方面，20 世纪 90 年代初期研究者对教育浪费问题做了大量的分析，取得了重要的成果。其中李含荣（1993）的研究指出，教育投资效益低主要体现在对教育投资的直接浪费和间接浪费上。国家教育发展研究中心（1992）的研究提出用效率系数来从整体上衡量办学效益。效率系数的计算方法是：以一届学生中按时毕业者所花费的学生年总数作分子，用该届学生（包括辍学生和留级者）实际所花费的学生年总数作分母相除，再乘 100%。效率系数越高，说明办学效益越好，浪费越少。根据这一研究，我国 89 届入学的全国五年制小学的效率系数为 78.9%。

二、20 世纪 90 年代中期至 21 世纪初：我国基础教育区域生产效率研究发展阶段

从 20 世纪 90 年代中期开始，基础教育生产效率研究的视角转向区域基础教育生产效率问题，即如何通过不同资源之间的配置来实现区域教育发展的最优化。20 世纪 90 年代是我国教育经济学的快速发展期，大多数关于教育内部效率的研究都是规范分析，实证分析的手段也逐步开始采用。我国少数学者在这一时期开始采用简单的相关分析、方差分析、普通最小二乘法（OLS）回归分析技术来探讨义务教育生产效率问题，并开启了我国教育生产函数实证研究时代。这一阶段的主要研究特点是研究数量很少、研究方法比较简单、缺乏控制许多重要变量进而导致研究质量也较低。

在联合国儿童基金会的帮助下，国家教育发展研究中心（1995）对四川、河北两地的小学质量进行了抽样调查。项目组采用中国学者邓聚龙教授于 1982 年创建的灰色系统理论对影响学习质量的因素进行了分析。该研究开创了对我国义务教育质量影响因素进行大规模实证研究的先河，但遗憾的是没有探讨学校因素和教育质量之间的关系。与义务教育投资效益问题相关的，湖北省教委

在 20 世纪 90 年代相继完成了"普通中小学校公用经费实物消耗定额"和"普通中小学校规模设置与投资效益"课题研究。他们提出了一个具有启发性的观点，即学校规模必须考虑教师工作量这一因素，而教师工作量是由统一制定而且极具刚性的课程设置与规定的课时数来确定的。（周元武 等，1999）该研究的重要贡献是结合了义务教育生产过程包括其制度刚性在内的特点来考虑资源使用的效率问题。

一般认为，蒋鸣和（2000）于 1993 年应用 328 个县 1990 年的教育经费和教育事业统计数据开展了国内最早的教育生产函数实证研究。具体方法是，运用一届学生的流动模型、多变量方差分析和相关分析模型，分析基础教育经费、各地区基础教育投入与产出的差异，以及教育投入各种成分对教育质量的影响程度。样本涵盖我国东、中、西部 9 个省。研究结论是，教育的各种投入，如教师学历、校舍及设备条件均与学业成绩显著相关，但生均经费和公用经费与学业成绩之间相关关系较弱。但该研究没有探讨学生家庭社会经济背景和学生自身因素对教育质量的影响，这可能会因为遗漏变量而带来估计误差问题。

邓业涛（2005）利用中英甘肃基础教育项目 1999 年的基线调查数据，运用教育生产函数方法，探讨了甘肃四个项目县小学师资状况与教育质量的关系。研究结论表明，教师的学历水平和教龄对教育质量有显著影响。该研究也未能控制住学生家庭社会经济背景和学生自身因素对学生成绩的影响，可能会存在估计误差问题。

三、21 世纪初至今：我国基础教育学校生产效率研究快速发展阶段

大约从 2006 年开始，我国基础教育生产效率实证研究进入精细化发展时期。研究者的研究视角更为多元，许多研究开始介入微观学校组织。这一阶段研究的主要特点表现在以下几个方面：①实证研究数量大幅增加；②计量方法有了较大程度改进，多层线性模型方法、结构方程模型方法、随机前沿函数方法（SFA）、数据包络分析方法等高级统计方法被大量应用于教育生产效率研究；③研究质量有了明显提高，这主要得益于数据质量的提高，研究人员能控制更多的变量；④研究大多以微观的学校组织为分析单位，研究结果更加贴近

现实；⑤研究对象从义务教育学校拓展到普通高中学校。

（一）义务教育学校生产效率实证研究

一些学者采用 OLS 方法来探讨西部农村义务教育学校生产效率问题。薛海平（2008）采用 OLS 回归方法对我国西部农村初中教师素质与教育质量的关系进行了实证研究。研究结论显示：教师学历、教师资格、教师职称、教师教龄以及教育项目专家培训对教育质量有显著正影响。薛海平、王蓉（2013）针对教师绩效奖金对学生成绩影响展开研究，研究数据来源于 2007 年"中国农村义务教育状况调查"，学生样本数为 11523 名，教师样本数为 1338 名。学生成绩测量参照国际数学和科学研究趋势（TIMSS）。该研究借鉴汉纳谢克建立的分析学生成绩影响因素的教育生产函数经典理论模型，分析教师绩效奖金对学生成绩的影响。结果显示：①个人绩效奖金与集体绩效奖金对学生成绩均有显著正影响，但集体绩效奖金对学生成绩影响更大；②集体绩效奖金中，班级绩效奖金对学生成绩影响最大；③学校掌握教师绩效奖金分配自主权对学生成绩具有显著正影响；④教师个人特征因素与工作业绩因素对教师获得绩效奖金均有重要影响。因此，政府和学校应建立教师工作业绩导向绩效工资制度，充分发挥绩效工资分配激励功能；坚持个人与集体绩效奖励相结合，注重班级层面教师集体绩效奖励；赋予学校教师绩效工资分配自主权，同时加强民主监督。孙志军等（2009）采用甘肃省 20 个县小学生的数据研究发现，衡量家庭背景的父母教育水平、家庭收入以及衡量学校质量的几个指标均与学生成绩有显著的正向关系。而且，学校投入的提高，将会缩小学生因家庭背景的不同而造成的成绩差异。

为了克服 OLS 回归的弊端，许多学者开始在统计方法上进行改进，采用多层线性模型、数据包络分析、结构方程模型等高级统计方法来探讨义务教育学校生产效率问题。李琼、倪玉菁（2006）利用福州市 15 所小学样本数据，采用多层线性模型探讨了教师变量对小学生数学学习成绩的影响。分析结果显示：教师的学科教学知识、课堂学习任务的认知水平、课堂对话中教师提问问题的类型与对话的权威来源对学生的数学成绩具有显著的影响，而教师的学科知识对学生数学成绩的影响不显著。薛海平、闵维方（2008）采用多层线性模型的研究结果表明，甘肃农村初中教育质量在个体、班级和学校三个水平上均存在显著差异，教师质量对教育质量有重要影响，班级规模对教育质量有显著负影响，但生均公用经费与教育质量相关关系较弱，实施校内分权管理制度有助于提高教育质量。该研究还考察了同伴因素的影响，结果发现同伴认知水平和父亲评价教育程度对教育质量有显著正影响。薛海平、王蓉（2009；2010）利用"中国农村义务教育状况调查"数据，采用多层线性模型进行研究发现，我国中东部地区义务教育阶段生均公用经费和教师质量均对教育质量有重要影响，校际教育质量的差异在较大程度上来源于校际教育资源配置的不均衡。薛海平（2010）采用多层线性模型探讨了我国中东部地区农村义务教育分权管理制度对学生数学成绩的影响，结果发现：教师人事分权制度对农村小学生数学成绩有显著正影响；教育财政分权制度对农村中小学学生数学成绩的影响比较复杂。研究建议应赋予农村中小学校长一定的教师人事自主权和经费使用自主权，同时完善和强化对学校公用经费使用过程的监控机制。胡咏梅、杜育红（2008a；2009b）利用多层线性模型对西部5省农村小学和初中教育资源配置与教育质量关系的分析表明，农村中小学校之间的教育质量存在显著差异，人力资源、物力资源和财力资源的配置对教育质量的差异有不同程度的显著影响。杨钋（2009）采用北京市3所初中样本，利用"小升初"电脑随机派位产生的同伴特征的随机变化来分析同伴能力等对初中生学业发展的影响。多层线性分析结果表明，同伴能力对学生成绩有不显著的正向、非线性影响。此外，该研究还发现学生成绩会因为同伴能力差异的扩大而显著地降低。但该研究对学校特征变量基本没有控制，可能会存在估计误差问题。汪茂华、罗星凯（2012）运用多层线性回归分析方法，研究了学生及学校层面各种因素对学生科学学业成绩的影响。研究样本来自全国140个区县444所学校，共20819名8年级学生。研究结论如下。①学生之间科学学业成绩差异的25.7%可由学生就读学校的不同来解释。②学生层面，男生的科学学业成绩高于女生；学生取得更好科学学业成绩的同时，也付出了更多的学习时间。③学校层面，学校学生的平均社会经济地位与学校的平均科学学业成绩呈显著正相关关系；学校的学习环境越好，学校的平均科学学业成绩越好；教师的教学方法越得当，学校的平均科学学业成绩越好。

一些学者采用数据包络分析（DEA）、随机前沿生产函数（SFA）方法来探讨义务教育生产效率问题。胡咏梅、杜育红运用 DEA 方法，对我国西部 5 省区 112 所农村小学和 76 所农村初中的学校资源配置效率状况进行了评估。他们发现，西部农村小学和初中学校资源配置效率整体状况良好，生师比、生均教室面积和专任教师学历合格率对西部农村小学学校资源配置技术效率具有相对较大的影响，而对农村初中学校规模效率显著的指标是数学统考平均成绩、生均学校面积。梁文艳、杜育红（2009）以我国西部 5 省的 145 所农村小学为样本，建立了以产出为导向的 DEA 模型，并运用受限因变量（Tobit）模型进行影响因素分析，他们发现：这些学校的办学效率总体较高，学校间办学效率差异较大；村完小效率最高，九年一贯制学校和教学点效率较差；大部分学校存在规模递增现象；生均图书册数对办学效率有显著正影响。郭俞宏、薛海平（2009）采用 DEA 方法对我国中东部湖北、东部江苏两省的 195 所抽样中小学校的教育资源配置效率进行了分析。结果显示：我国中东部中小学校的教育资源配置效率并不理想，大多数学校尚存相当大的效率改进空间。东部地区学校的 DEA 效率普遍要高于中部地区学校，城市学校的 DEA 效率普遍要高于农村学校，初中的 DEA 效率普遍要高于小学。进一步的分析发现，无论从技术、规模还是整体效率考虑，专任教师生师比、专任教师具有合格学历所占比和在校学生数都是对中东部中小学校的教育资源配置效率影响程度相对较大的指标。梁文艳、胡咏梅（2011）基于西部 5 省农村初中大规模调查数据，构建随机前沿生产函数模型测算了农村初中办学效率，利用 Tobit 模型系统分析了影响效率的因素。研究发现：初中学校领导有效监督评估教学得分与效率得分正向相关；班级规模与效率得分呈现倒 U 型曲线关系；学校寄宿生比重与效率得分负向相关；学校少数民族学生比重与效率得分负向相关，学生中父亲具有初中及以上学历的比重与效率得分正向相关；专任教师大专及以上学历比重对学生成绩具有积极影响。研究认为，加强农村教师队伍建设的首要任务在于提高教师质量。

薛海平（2013）基于大规模义务教育学校基线调查数据，依据教育生产函数理论，采用结构方程模型探讨了学校、家庭、教育制度与学生成绩的关系。研究结论显示：家庭和学校在学生培养过程中存在联合生产机制；教育管理制度对学生成绩有重要影响，具体而言，竞争制度、分权制度对学生成绩均有直接显著正影响，而竞争制度、问责制度、分权制度均通过学校和教师中介变量对学生成绩产生了间接显著影响。胡咏梅、卢珂（2010）基于西部地区基础教育发展项目（BEWAP）监测与评估 2006 年与 2008 年的调查数据，采用影响力评价的倍差法和教育生产函数，探讨教育资源投入对学生学业成绩的影响。研究发现：①所有的项目干预与学生学业成绩提高之间存在正相关关系；②在人力资源投入指标上，中小学教师是否具有任职资格、是否骨干教师对学生学业成绩影响较大，对学生学业成绩产生正效应；③在物力资源投入指标上，中小学生均图书册数对学生学业成绩具有正效应，而生均计算机台数对学生数学成绩具有正效应，对语文成绩具有负效应，不过这种效应不具有统计上的显著性；④项目学校两年之间学业成绩的增量大于非项目学校，尤其是项目学校中来自教学点的学生、学校办学条件较差的学生两年间学业成绩的增值大于非项目学校。

（二）普通高中学校生产效率实证研究

这个阶段，普通高中学校生产效率问题受到了少数学者的关注，开始出现了针对普通高中学校生产效率问题的实证研究。马晓强等（2006）利用保定市 90 所普通高中数据，采用增值性评价方法和多层线性模型分析方法，分析了个人高考成绩的影响因素。结果发现，学校的教育教学差异大约能解释 20% 的高考校际差异，学校同伴平均中考成绩对学生高考成绩具有显著正影响。但该研究对个体和学校特征变量控制较少，可能会存在估计误差问题。丁延庆、薛海平（2009a；2009b）使用 2006 年昆明市高中调查数据，采用多水平模型对高三学生的高考成绩的影响因素进行了教育生产函数实证研究。研究发现：学生高考成绩的最重要决定因素是学生的认知能力和高中前的学习基础（以中考成绩为代理变量）；学校变量对学生高考成绩的影响作用相对较小；学生及其同伴的家庭社会经济背景对高考成绩没有重要影响。研究认为，教育生产单元对可控的教育资源的配置和使用在整体上是缺乏效率的。王昕雄（2008）采用数据包络分析方法对上海市 11 所寄宿制高级中学以及 22 所市重点中学（非寄宿制学校作为对照组）的办学效益进行了评价，他发现现代化寄宿制高级中学的办学效益总体上不如原寄宿制和非寄宿制高级中学，他还发现办学效益的高低与办学规模大小没有显著的相关性。雷浩等（2012）从学业勤奋度中介视角，采用结构方程模型来研究家庭环境、班级环境与高中学生学业成绩的关系。研究发现：家庭氛围、班级学风和班级氛围对学业成绩具有直接作用，并且还通过学业勤奋度的中介作用对学业成绩产生间接影响；城乡来源则只通过学业勤奋度的中介作用对学业成绩产生间接作用。

可以看出，随着我国教育经济学科不断发展，国内学者对基础教育生产效率的研究也在不断发展丰富，从最开始单纯关注教育在促进经济发展中的外部作用，逐渐转入教育内部微观学校组织领域，在教育投入有限的条件下，开始研究基础教育生产效率问题，从简单的相关分析、方差分析到 OLS 回归，再到多层线性模型和数据包络分析，进行了非常有意义的尝试，这些研究在较大程度上促进了人们对于基础教育生产效率问题的关注，为我国基础教育资源分配政策的制定和实施提供了有价值的理论依据。

第二节　我国基础教育生产效率研究主题

围绕着基础教育生产效率研究问题，我国学者在研究过程中形成了多个研究主题。

一、基础教育生产效率评价指标体系研究

形成基础教育生产效率的评价体系和计算方法是相对有难度的，涉及投入与产出以及教育系统内部和外部的一系列指标。王善迈（1996）用教育成果与教育资源消耗的比值来测算教育生产效率，这种测算方法是建立在学生质量相同这个假定上的，但这种假定与现实的差距很大。高如峰（2002）提出用义务教育系数以及生师比等义务教育的内部效益指标对我国的义务教育生产效率进行初步探讨与比较。有些学者还提出教育经济效率的微观计量指标体系。厉以宁教授提出的指标体系包括 7 项具体指标：能力工资、知识与技能标准分、专业改变率和专业人员缺员率、培养周期、知识转化后滞期、毕业生发展潜力、知识废旧率或知识更新率。韩宗礼教授提出的指标体系构成包括 5 个方面：教

育成果数量指标、教育成果质量指标、教育投资人力资源利用效率指标、教育投资物力资源利用效率指标、教育财力资源利用效率指标。相比较而言，这套体系更便于实际使用和考核。（靳希斌，2001）尽管他们运用的指标体系和计算方法不同，测算结果也有较大差异，但这些指标体系和计算方法有其共同目标，即通过人力、物力、财力三个方面利用率的分析和评价，提高教育资源利用效率。

二、基础教育学生成绩影响因素研究

国家教育发展研究中心（1995）对四川、河北两地小学学生成绩进行的抽样调查研究开创了对我国义务教育学生成绩影响因素进行大规模实证研究的先河，但遗憾的是没有进一步探讨学生成绩和教育投入之间的关系。我国学者近年来在基础教育学生成绩影响因素的研究中取得了较大进展，不仅考察了教师、学校、班级、学生个人及其家庭，还考察了同伴和教育组织与制度等因素对学生成绩的影响。

（一）关注教师因素影响研究

大多数学者在研究基础教育学生成绩影响因素时都会考察教师因素的影响，并普遍认为教师因素与学生成绩呈显著相关。蒋鸣和（2000）发现教师学历与学业成绩显著相关。邓业涛（2005）发现教师的学历水平和教龄对学生成绩有显著影响，同时她还发现当地的女教师比例和公办教师比例对学生成绩有显著的正影响，而代课教师对学生成绩存在负影响，并且在她的研究中未能发现教师工资在影响学生成绩方面有显著作用。李琼、倪玉菁（2006）发现教师的学科教学知识、课堂学习任务的认知水平、课堂对话中教师提问问题的类型与对话的权威来源对学生的数学成绩具有显著的影响，而教师的学科知识对学生数学成绩的影响不显著。薛海平（2008）、薛海平和闵维方（2008）以及薛海平和王蓉（2009；2010；2013）都发现教师学历、教师资格、教师职称、教师教龄、教师绩效奖金以及教育项目专家培训对学生成绩有显著正影响。胡咏梅、杜育红（2008a）发现生师比对学校学生数学、语文平均成绩影响显著，少数民族专任教师比例对语文平均成绩的负向影响显著，专任教师具有任职资格比例则对数学平均成绩影响显著，而数学和语文教师教龄和学历合格率均对学校学生平均成绩影响程度很小。

　　（二）关注学校财力、物力因素影响研究

　　从目前已有的研究来看，有少数学者关注学校硬件设施等物力资源对学生成绩的影响。蒋鸣和（2000）发现校舍及设备条件与学业成绩显著相关。胡咏梅、杜育红（2008a）发现生均学校占地面积对学校学生数学平均成绩具有显著正影响，生均教室面积和生均图书册数对语文平均成绩具有显著正影响。胡咏梅、杜育红（2009b）还发现生均图书册数对小学生语文平均成绩具有显著正影响，生均教室面积对小学生数学平均成绩具有一定程度的负影响，但不具有统计意义上的显著性。多数学者较关注学校财力资源对学生成绩的影响，并且部分学者认为学校的生均公用经费与学业成绩之间的关系不显著或负相关。蒋鸣和发现生均经费和公用经费与学业成绩之间相关关系较弱。薛海平、闵维方（2008）以及胡咏梅、杜育红（2008a）也发现生均公用经费与学生成绩相关关系较弱。但薛海平、王蓉（2009；2010）发现我国中东部地区义务教育阶段生均公用经费对学生成绩有显著正影响。胡咏梅、杜育红（2009b）发现生均公用经费对小学生平均成绩具有较大程度的正影响，生均教育事业费对学生平均成绩的影响不具有统计意义上的显著性。还有学者考察了学校的文化因素。安雪慧（2005）发现学校的社会和文化资本因素以及学校课堂环境对学生的教育期望、学业自信、学业努力程度的提高都起着重要作用。

　　（三）关注班级因素影响研究

　　研究者近年来开始关注班级规模的影响。国家教育发展研究中心（1995）发现班里的学习气氛对学习成绩的影响适中。邓业涛（2005）在他的研究中未能发现班级规模在影响学生成绩方面有显著作用。胡咏梅、杜育红（2008a，2009b）发现班级规模对学校学生平均成绩影响程度较小，不具有统计意义上的显著性。薛海平、闵维方（2008）采用多层线性模型研究的结果表明班级规模对学生成绩有显著负影响。薛海平、胡咏梅和段鹏阳（2011）发现班级规模对高中学生科学素质有显著负影响。然而，薛海平、王蓉（2009；2010）发现班级规模对小学学生数学成绩有显著正影响。

　　（四）关注学生个人因素影响研究

　　目前学者们已从学生个人因素的多个方面考察了其对学生成绩的影响。国家教育发展研究中心（1995）发现学生上学的愿望对学生学习成绩变量影响大，学生留级情况、学生年龄等因素对学习成绩变量影响小。安雪慧（2005）发现儿童的教育期望、学业自信、学业努力和学校情感问题对他们学业成绩的提高有积极的作用。薛海平、闵维方（2008）发现学生的缺课次数对数学和语文成绩均有显著负影响，而学生自己的教育期望水平对其数学和语文成绩均有显著正影响。胡咏梅、杜育红（2008a；2009b）发现学习基础和独立学习能力对小学生个体成绩影响极其显著，而学生完成家庭作业、演算课外习题时间对小学生个体成绩影响很小。丁延庆、薛海平（2009a；2009b）研究发现学生高考成绩的最重要决定因素是学生的认知能力和高中前的学习基础（以中考成绩为代理变量）。

（五）关注家庭因素影响研究

目前学者们已从家庭的经济背景和家长的教育水平等多个方面考察了其对学生学业成绩的影响。国家教育发展研究中心（1995）发现家庭到学校的距离、家长对学生上学的期望、学生母亲文化程度、家长对学生毕业后的期望、学生家庭所在地对学生学习成绩影响大，家长是否辅导学生学习对学习成绩的影响适中，而学生家庭生活水平、家里有无专门供学生学习的地方、家庭所处地理特征、学生父亲文化程度、学生干家务活的情况、家长给学生买课外书和报刊的情况等因素则对学习成绩影响小。孙志军等（2009）发现衡量家庭背景的父母教育水平、家庭收入均与学生成绩有显著的正向关系。胡咏梅、杜育红（2008a；2009b）发现家庭社会经济状况对学生个体成绩影响极其显著，社会经济状况好的家庭的学生成绩显著高于家庭社会经济状况差的家庭的学生成绩。薛海平、闵维方（2008）发现在控制住其他因素后，学生家庭年人均收入和家庭文化资本对学生数学和语文成绩均有显著正影响，学生父亲的受教育水平对学生数学和语文成绩的影响均不显著。薛海平、王蓉（2009；2010）发现父亲学历、家庭社会经济和文化背景对中小学学生数学成绩有显著正影响。薛海平、胡咏梅和段鹏阳（2011）发现：家庭因素对高中生科学素质得分有重要影响，父亲学历对学生科学素质有显著正影响；家庭兄弟姐妹个数对学生科学素质有显著负影响；母亲学历、父亲教育期望、家庭经济条件均对学生科学素质有显著正影响。

（六）关注同伴因素影响研究

同伴对学生学习成绩的影响被称为同伴效应，又译作同群效应（peer effects），它产生的前提是在一个群内，教育领域内的群通常包括宿舍、班级、年级、学校等。因此，可以将同伴效应广义地定义为宿舍、班级、年级或学校内同伴的背景、同伴现在的行为及产出对学生行为或产出的影响。目前国内学者关注同伴效应的研究文献不多。薛海平、闵维方（2008）考察了同伴因素的影响，结果发现同伴认知水平对学生成绩有显著正影响。杨钋（2009）采用北京市 3 所初中样本，通过多层线性分析发现同伴能力对学生成绩有不显著的正向、非线性影响，此外，她还发现学生成绩会因为同伴能力差异的扩大而显著地降低。有学者基于中国"小升初"电脑随机派位这一外生的影响同伴形成过程的自然实验，研究发现同伴成绩对个人的数学成绩有显著的正效应，对个人的语文成绩有正的但不显著的影响，对个人的英语成绩没有影响。（Carman，Zhang，2012）曹妍（2013）利用香港 PISA2006 年和 PISA2009 年混合截面数据，对香港移民学生对本地学生学业成就的影响进行了探讨和分析。研究选取工具变量组合并运用两阶段 GMM（Generalised Method of Moments，广义矩估计）方法进行估计，发现外来移民同伴对香港本地学生的学业成就具有显著的促进作用。此外，低能力的本地学生更容易受到移民同伴的积极影响，而高能力的本地学生也同样能受到第二代移民同伴的影响。研究进一步发现，随着移民学生在香港时间的增加，同伴效应有利于促进本地学生和移民学生成绩上的收敛，间接地肯定了同伴效应对教育同化现象的促进过程。郑磊等（2015）对北京市基础教育阶段学生的调查研究发现，随着学校教育阶段的提高，通过各种方式择校的情况越来越普遍，这对个人的择友标准、同伴圈子构成、同伴交往关系等都产生了一定的影响，但是处于不同的圈子当中并不必然对个人的成长发展产生差异性影响。

（七）关注教育组织和制度因素影响研究

目前，只有极少数学者关注了教育组织和教育制度因素对学生成绩的影响。李小土等（2008）分析了教育人事权力结构与教师激励之间的关系，结果表明，人事权力配置的差异会显著改变教师的激励机制，进而影响教学成绩。薛海平、闵维方（2008）采用多层线性模型的研究结果表明实施校内分权管理制度有助于提高学生成绩。薛海平（2010）还采用多层线性模型探讨了我国中东部地区农村义务教育分权管理制度对学生数学成绩的影响，结果发现：教师人事分权制度对农村小学生数学成绩有显著正影响；教育财政分权制度对农村中小学学生数学成绩的影响比较复杂。薛海平、王蓉（2013；2016）发现教师绩效奖金分配制度对学生成绩有显著正影响。薛海平（2013）采用结构方程模型探讨了学校、家庭、教育制度与学生成绩的关系，研究结论显示教育管理制度对学生成绩有重要影响。

三、基础教育学校规模经济研究

一些学者采用数据包络分析（DEA）和随机前沿生产函数（SFA）方法对基础教育学校规模经济规律进行了研究。王昕雄（2008）采用 DEA 方法对上海市 11 所寄宿制高级中学以及 22 所市重点中学（非寄宿制对照组）的办学效益进行了评价。胡咏梅、梁文艳（2007a）对北京市 8 个区的 61 所初中学校的教育生产效率进行了评估，在抽样的初中学校 DEA 无效的达 70% 以上。胡咏梅、杜育红（2008b；2009a）运用 DEA 方法，对我国西部 5 省区 112 所农村小学和 76 所农村初中的学校资源配置效率状况进行了评估。他们发现西部农村小学和初中学校资源配置效率整体状况良好。梁文艳、杜育红（2009）以我国西部 5 省的 145 所农村小学为样本，研究发现：这些学校的办学效率总体较高，学校间办学效率差异较大；村完小效率最高，九年一贯制学校和教学点效率较差；大部分学校存在规模递增现象。郭俞宏、薛海平（2009）采用 DEA 方法对我国中部湖北、东部江苏两省的 195 所抽样中小学校的教育资源配置效率进行了分析。结果显示：我国中东部中小学校的教育资源配置效率并不理想，大多数学校尚存相当大的效率改进空间；东部地区学校的 DEA 效率普遍要高于中部地区学校，城市学校的 DEA 效率普遍要高于农村学校，初中的 DEA 效率普遍要高于小学。梁文艳、胡咏梅（2011）基于西部 5 省农村初中大规模调查数据，构建随机前沿生产函数模型测算了农村初中办学效率，利用 Tobit 模型系统分析了效率的影响因素。

李玲、陶蕾（2015）采用 DEA 方法，对国内 31 个省（自治区、直辖市）义务教育资源配置效率进行评价与比较。同时，运用 Tobit 模型探寻影响义务教育资源配置效率的主要因素。实证研究得到以下结论：一是我国义务教育资源配置效率总体较高且呈上升趋势，但区域间存在差异；二是义务教育资源配置过程中投入冗余现象普遍存在；三是义务教育经费投入规模及生均教育经费指数对资源配置效率有显著影响。

四、基础教育学校范围经济研究

薛海平、胡咏梅（2013）利用"西部地区基础教育发展"项目基线调查数据，采用成本函数方法对我国义务教育学校范围经济规律进行了研究。比较加入质量因素前后范围经济的估计值发现，以均值产出300%为中心，300%水平以下，考虑产出质量因素前后总体范围经济都存在，但范围经济程度在加入产出质量后有所减小。均值产出300%水平以上，考虑产出质量因素前后总体范围经济都不存在，且范围不经济程度在加入质量因素后有所扩大。政府可以鼓励符合范围经济条件的义务教育阶段学校向着小学生、初中生联合生产的方式转换，实现内涵式发展。当义务教育阶段学校进行布局调整时，政府应当考虑学校合并能否产生范围经济效果。

第三节　我国基础教育生产效率研究方法

我国现有的基础教育生产效率实证研究主要采用了教育生产函数方法。教育生产函数是把生产函数理论应用于教育，是教育投入与产出之间的一种统计关系，找出投入变量与产出变量的函数表达式。教育生产函数的一般性公式表示为：$At = f(Ft, Tt, OSt)$。教育生产函数研究在具体的计量过程中，又分为不同的计量方法。

一、基于相关分析、方差分析和 OLS 回归方法的研究

最初，蒋鸣和（2000）利用相关分析和方差分析方法分析了教育投入各种成分对基础教育学生成绩的影响。随后，邓业涛等采用 OLS 回归方法对我国义

务教育生产效率问题进行了实证研究。（邓业涛，2005；薛海平，2008；孙志军 等，2009；薛海平，王蓉，2013）薛海平、胡咏梅（2013）利用"西部地区基础教育发展"项目基线调查数据，采用 OLS 回归方法对我国义务教育学校范围经济规律进行了研究。

二、基于多层线性模型方法的研究

为了克服 OLS 回归方法的局限性，一些学者开始从学生个体、班级以及学校等多个层面考虑学生成绩的影响因素，并逐渐将多层线性模型引入教育生产函数的研究。李琼、倪玉菁（2006）采用多层线性模型探讨了教师变量对小学生数学学习成绩的影响，但是该研究未能控制住学校和学生家庭社会经济背景等因素的影响，可能会存在估计误差问题。之后，薛海平等采用多层线性模型分别对我国甘肃省农村初中、江苏和湖北两省中小学校以及西部 5 省农村小学和初中的教育生产效率问题进行了实证研究。（薛海平，闵维方，2008）马晓强等（2006）利用保定市 90 所普通高中数据，采用增值评价方法和多水平模型分析方法，分析了个人高考成绩的影响因素。丁延庆、薛海平（2009a；2009b）使用 2006 年昆明市高中调查数据，采用多层线性模型对高三学生的高考成绩的影响因素进行了教育生产函数实证研究。杨钋（2009）采用多层线性模型研究了北京市 3 所初中同伴能力对学生成绩的影响。

三、基于结构方程模型方法的研究

到目前为止，由于结构方程模型比较复杂，且对数据质量要求较高，只有极少数学者采用结构方程模型方法来研究基础教育生产效率问题。雷浩等（2012）采用结构方程模型研究了家庭环境、班级环境与高中学生学业成绩的关系。研究结果发现，家庭氛围、班级学风和班级氛围对学业成绩具有直接作用，并且还通过学业勤奋度的中介作用对学业成绩产生间接影响，城乡来源则只通过学业勤奋度的中介作用对学业成绩产生间接作用。薛海平（2013）基于大规模义务教育学校基线调查数据，采用结构方程模型探讨了学校、家庭、教育制度与学生成绩的关系。研究结论显示：家庭和学校在学生培养过程中存在联合生产机制；竞争制度、分权制度对学生成绩均有直接显著正影响，而竞争制度、问责制度、分权制度均通过学校和教师中介变量对学生成绩产生了间接显著影响。

四、基于数据包络分析（DEA）方法的研究

数据包络分析方法首先由美国著名运筹学家查恩斯（Charnes）、库珀（Cooper）和罗兹（Rhodes）于 1978 年提出，并用以分析多投入多产出系统的效率。我国只有少数学者运用此方法研究基础教育生产效率问题。胡咏梅、梁文艳（2007a）进行了初步尝试，她们运用 DEA 方法对北京市 8 个区的 61 所初中学校的教育生产效率进行了评估。之后，胡咏梅和杜育红（2008b；2009a）梁文艳和杜育红（2009）、郭俞宏和薛海平（2009）运用 DEA 方法分别对我国西部 5 省和中东部地区的义务教育生产效率问题进行了实证研究，他们还采用了多元线性回归、Logist 回归和 Tobit 回归等计量方法分析了学校效率的影响因素。李玲、陶蕾（2015）采用 DEA 分析方法，对国内 31 个省（自治区、直辖市）义务教育资源配置效率进行评价与比较。赵琦（2015）利用 DEA 分析方法对东部某市 1019 所小学的教育资源配置的投入产出效率进行评价。总之，目前我国学者运用此方法研究基础教育生产效率的文献还很少，需要同类研究进行数量上和方法上的补充与完善。

第四节　我国基础教育生产效率研究不足

我国基础教育生产效率研究还处于发展阶段，因此不可避免地存在许多缺陷和不足，主要表现在以下几个方面。

一、我国基础教育生产效率实证研究比较薄弱

国外基础教育生产效率理论与实证研究非常丰富，研究的成果早已构成教育经济学理论体系的一个重要部分，实证研究的结论也指导了提高基础教育资源的生产效率和配置效率的改革。与之相比，国内基础教育生产效率的实证研

究比较薄弱。非常有限的基础教育生产效率实证研究结果还无法为提高我国基础教育资源的生产效率提供充分的科学依据。当前，我国基础教育日益重视内涵发展，如何利用好有限的教育资源已成为全社会共同关心的问题，我国基础教育生产效率研究任重而道远。

二、我国基础教育生产效率研究范围比较狭窄

目前，我国基础教育生产效率研究仅仅集中探讨了学校人力、财务和物力投入以及家庭社会经济背景对学生成绩的影响，其他的一些重要因素，如同伴特征、教育组织因素、教育制度因素对学生成绩的影响等均较少被研究，这些因素对学生成绩的影响亟须未来的研究给予证明。

一般来说，高固定成本、低可变成本的学校教育服务存在着较大的规模经济（economy of scale），尤其是学校在行政管制下无法按照最优化的方式配置资源时，探讨学校生产过程中的规模收益规律对于提高教育生产效率具有重要的意义，但目前国内外学者对基础教育阶段学校生产过程中的规模经济问题探讨还远不够深入。此外，为了提高生产效率，我国农村中小学在 20 世纪 90 年代中后期开始实行新一轮大规模的布局调整，这项调整政策是否产生了预期的效果？迄今为止，鲜有国内学者对此进行相关的实证研究。

范围经济（economy of scope）是指"单个企业联合生产两种产品或两种以上的产品时，其成本要比将它们分别放在不同的企业生产要节省"（Panzar et al.，1981）。这种生产方式也被称为联合生产。范围经济是同所谓的多产出组织（Multi-product Organization）紧密联系在一起的。我国基础教育阶段学校存在教学和科研以及学生培养与教师培养等多产出活动，因此基础教育阶段学校在本质上也具有了范围经济的特性，但目前为止很少有研究探讨基础教育阶段学校范围经济规律。在基础教育资源稀缺的现实背景下，研究基础教育阶段学校范围经济对于提高我国基础教育生产效率意义重大。

三、我国大多数基础教育生产效率研究所采用的数据质量不高

已有大多数研究所采用的数据质量有待提高，这体现在以下几个方面。一是缺乏重要的投入变量。按照经典的教育生产函数理论框架，一项高质量的教

育生产函数研究至少需要学校、教师、家庭三个方面比较丰富的变量，否则就会存在遗漏变量导致的估计偏差问题。目前，现有的大多数国内基础教育生产效率研究不能满足上述要求。二是样本规模偏小。除极少数研究样本规模较大外，现有的大多数基础教育生产效率研究样本规模都偏小，只限于几个省份或少量的学校。目前，全国性样本的基础教育生产效率实证研究还没有。三是分析基础教育生产效率动态变化的研究基本没有。由于面板数据的获取难度较大和对指标体系的筛选较为严格，我国绝大多数学者都从单一时点利用横截面数据进行基础教育生产效率研究，而利用时间序列数据或面板数据分析基础教育生产效率动态变化的研究基本没有。

四、我国关注教育制度影响的基础教育生产效率实证研究非常缺乏

传统的教育生产效率研究重点关注的是教育人财物各项投入与学生成绩的关系，但世界范围内许多研究表明，在当前教育体制下仅仅增加投入并不能大幅提高学习成绩。（Hanushek et al.，1994；Gundlach et al.，2001；Hanushek et al.，2004）为此，部分学者开始关注教育制度因素在教育生产过程中的作用，这些研究结论大都显示学校管理制度特征对学习成绩有重要的影响，教育的投入必须与以激励为导向的学校管理制度结合起来才能大幅提高学生成绩。以激励为导向的学校管理制度主要包括三个特征：学校选择带来的竞争、分权以提高学校自主权、包括统考在内的学校问责制度。与国外教育生产效率研究发展过程类似，当前我国教育生产效率研究关注的中心还是人财物各项投入与学生成绩的关系，只有极少数学者关注了教育制度因素对学生成绩的影响，这些研究结论也大多显示教育制度对学生成绩有重要影响。

五、我国针对发达地区、城市学校的基础教育生产效率研究十分薄弱

目前，我国基础教育生产效率研究样本大多来自西部欠发达地区的农村学校，这些学校的教育资源比较稀缺，教育质量水平也较低。而发达地区和城市学校教育资源比较充足，教育质量也较高，其教育生产过程可能与西部欠发达地区农村学校不同，其教育生产效率结果可能也不一样。并且，从基础教育发展重心来看，发达地区和城市学校的教育投入不足问题基本解决，而教育投资

公平和效率问题正日益凸显。因此，增加发达地区、城市学校的基础教育生产效率研究将有助于我们更加全面、准确地理解我国基础教育的生产过程以及教育投入与教育质量的关系。

总之，基础教育生产效率研究对完善我国教育经济学学科建设、提高有限的基础教育资源使用效率、解决基础教育投入长期不足问题均具有重要的意义。现阶段我国基础教育生产效率研究才处于发展阶段，面对我国基础教育生产效率研究十分薄弱的局面，开展基础教育生产效率研究将是我国教育研究人员面临的紧迫而又艰巨的任务。

第五节　我国未来基础教育生产效率研究展望

针对上述研究的不足和缺陷，我国基础教育生产效率研究要想取得进一步的发展，必须在以下方面取得突破。

一、重视并大规模开展基础教育生产效率实证研究

基础教育投入研究主要关注三个方面：一是充足性，二是公平性，三是效率性。近年来，我国各级政府加大了对基础教育尤其是农村基础教育投入力度，我国基础教育投入不足问题正在缓解，而基础教育投入的公平性和效率性问题正日益凸显。我国基础教育发展政策重心正在由外延式发展向内涵式发展转变，政府和公众也由关注基础教育数量规模扩展向关注基础教育公平和质量效益发展转变。当前，我国基础教育投入公平性问题受到了政府和研究人员的极大关注，随之相关研究也增长迅速，相比而言，基础教育生产效率问题则没有得到应有的关注。这就需要我国学者重视基础教育生产效率的实证研究，能在现有研究上进行数量和质量上的补充与完善，为我国提高有限的基础教育资源利用效率和基本解决基础教育投入不足问题提供有价值的政策建议。

二、扩展基础教育生产效率研究范围

尽管现今基础教育生产效率的研究范围较早期研究已有了很大扩展，但随着研究的深入，未来有关基础教育生产效率的研究还应关注学生自身学习行为特征、父母心理和行为特征、同伴因素的影响，更应关注分权制度、竞争制度、问责制度等教育制度因素对生产效率的影响。在已有研究基础上，深化基础教育阶段学校规模经济研究，开展基础教育阶段学校范围经济问题研究。

成本—效益分析原本是经济学中的一个概念，是效率研究的一种延伸。该方法是通过成本和效益的综合比较，帮助决策者对诸多选择方案进行抉择的一种工具。成本—效益分析最早是在 20 世纪 30 年代由美国陆军工兵部队提出，主要用于对大规模的公共投资项目进行评估，以提高资金的使用效率。20 世纪 60 年代后，特别是 70 年代以来，教育经济学家开始将它引入教育领域，利用它来确定用哪种方式来最为高效地达到特定教育目标。建立在学校投入与产出的关系研究基础上的教育投入成本—效益分析，将为旨在提高教育生产效率的教育财政改革提供明确指导。如果缺乏教育投入的成本—效益分析，单纯的学校投入与产出关系研究将无法为既定预算约束下提高教育生产效率提供明确指导，教育生产函数研究的实践意义也将大打折扣。然而迄今为止，我国基础教育投资的成本—效益实证分析几乎没有。因此，未来的基础教育生产效率研究需要在教育生产函数分析基础上进一步推进研究各类投入的成本—效益问题。

三、获得更高质量的基础教育生产效率研究数据

国外许多教育生产函数研究所采用的数据质量都不高，经常缺少某些重要的投入变量，结果是这些研究都不可避免地在不同程度上存在内生性和遗漏变量估计偏差问题，这也是许多研究遭受批评指责的重要原因。后来，一些学者采用了新的更加复杂的计量方法，如工具变量法、固定效应模型、随机实验法等来试图解决内生性和遗漏变量估计偏差问题，然而效果并不是很理想。一些研究就发现，运用这些方法的结果和普通的 OLS 分析结果没有明显差异，由于

这些新的方法的运用需要满足许多限制性条件，所以其自身的有效性遭到怀疑。从这个角度上说，解决内生性和遗漏变量估计偏差问题的根本出路还在于获得更高质量的数据，争取尽可能控制住学校、教师和家庭等方面重要的变量。

我国基础教育生产效率实证研究之所以比较缺乏，一个重要的原因是没有可用的数据，巧妇难为无米之炊，数据缺乏问题已成为制约我国基础教育生产效率研究发展的瓶颈。未来，我国基础教育生产效率研究的顺利开展首先必须解决数据的获得问题。为了提高研究的质量，未来的研究数据必须满足如下基本条件：一是数据至少包括学校、教师、家庭、学生个体四个方面的变量；二是这些变量之间能够相互匹配；三是在学生个体、班级、学校等各层次上的样本规模足够大。满足了上述基本条件的数据将可以使研究者能更精确地估计各种投入变量对教育质量的影响。

四、改进基础教育生产效率研究的计量方法

如上所述，因为缺乏高质量的数据，国外很多学者采用了许多新的精细的计量方法来克服内生性和遗漏变量问题。这些计量方法的改进提高了基础教育生产效率研究的水平，然而这些计量方法的应用也存在许多问题，如工具变量法中要找到一个合适的工具变量是很难的，随机实验成本比较高且很难实施，固定效应模型需要时间序列数据。我国学者可以在未来的基础教育生产效率研究中应用这些计量方法并做进一步改进。除了这些方法外，未来的基础教育生产效率研究还应考虑采用结构方程模型。结构方程模型不仅能刻画出各种投入的直接影响和间接影响，还能够比较容易地解决困扰大多数教育生产效率研究的内生性问题，将各种投入之间的相互影响过程直观反映出来。到目前为止，极少有学者在教育生产效率研究中运用结构方程模型。相信结构方程模型将是未来教育生产效率研究方法发展的一个方向。

五、加强教育组织和管理制度对教育产出影响研究

学校作为一种行政性组织，有其自身的目标和特征，这种目标和特征对学校内的每个人的思想和行为都可能产生深刻影响，进而影响教育投入产出关

系。例如，有的学校把提高学生的考试成绩作为主要目标，在此目标指引下，教师和学生都会努力去提高考试成绩。相反，有的学校可能把发展学生的能力以及培养健全人格作为主要目标，相应地，教师和学生就会努力去培养能力和人格而不是去提高考试成绩。这两种学校目标对学生成绩的影响是很不相同的。同样，不同的学校组织特征对学生成绩的影响也会有很大差异。例如，有的学校学习风气可能比较好，受此风气影响，学生学习比较认真，学习成绩也会较好。相反，有的学校学习风气可能比较差，结果是学生学习不认真，学习成绩也会较差。我国已有的教育生产效率研究基本没考虑学校组织因素的影响，未来的研究应该关注学校组织因素对教育产出的影响。

20 世纪 90 年代以来，国外部分学者开始扩展教育生产函数研究以分析教育制度的作用，先是分析教育中的选择和竞争制度的影响，后来扩展到分权制度和问责制度，结果发现创设一种激励的教育管理制度似乎比简单地增加一般性投入更能提高教育产出。值得一提的是，在研究教育管理制度的影响时，由于一国内的教育管理制度差异不大，这导致教育管理制度所造成的教育产出差异较小。国外学者研究教育管理制度影响时，大多采用跨国数据进行国际比较研究，这是因为不同国家的教育管理制度差异很大，教育管理制度所造成的不同国家教育产出的差异也会较大，这有助于确认教育管理制度的影响。我国基础教育实行地方管理，不同地区间基础教育管理制度存在较大差异，这为研究教育管理制度的影响提供了良好的条件，未来我国基础教育生产效率研究应加强教育管理制度对教育产出影响的研究。近年来，我国基础教育管理制度改革如火如荼，如中小学教师绩效工资制度、校本管理制度、分层教学制度、"走班"制度、学区制度、集团化办学制度在各地陆续展开，这些教育管理制度对教育产出究竟产生了何种影响？这是未来我国基础教育生产效率研究应该关注的重大问题。

六、增加发达地区和城市基础教育阶段学校生产效率研究

我国已有的基础教育生产效率实证研究样本大多来自西部欠发达地区的农村学校，这些学校的教育资源比较稀缺，教育质量也较低。然而，无论是西部省份内农村与城市，还是西部省份与中东部省份之间，在经济、文化和教育发

展水平上均存在巨大差距，这种差距可能会造成它们内部的教育生产过程的不同，结果是基础教育生产效率水平及其影响因素也会不同。因此，未来应开展发达地区和城市基础教育阶段学校生产效率研究，这些研究不但能为提高这些地区的基础教育资源生产效率提供理论指导，也可以为我们更加全面地理解我国的基础教育生产过程和规律提供更宽广的视角。

中　篇

基础教育区域生产效率研究

　　我国不同区域经济和教育发展水平差距较大以及我国不同区域基础教育生产过程不同将会导致我国基础教育区域生产效率存在较大差异。中篇是从区域层面研究我国基础教育生产效率问题，包括：第四章中东部义务教育投入与学生成绩关系分析、第五章西部义务教育投入与学生成绩关系分析、第六章西部高中教育投入与学生成绩关系分析、第七章中东部义务教育教师绩效奖金对学生成绩影响研究、第八章西部农村初中教师素质对学生成绩影响研究、第九章高中教育投入对学生科学素质影响研究。本篇研究内容既关注整体教育投入与学生产出关系，也聚焦教师绩效奖金和教师素质等具体投入与学生产出关系。学生产出的测量也力图多元化，既包括学生数学和语文成绩，也包括学生科学素质测评得分。本篇研究可以为我们从区域层面理解我国的基础教育生产过程和规律提供广泛的视角。

第四章

中东部义务教育投入与学生成绩关系分析

本章利用我国中东部地区义务教育学校基线调查大样本数据，采用教育基尼系数、多水平模型等统计方法对我国义务教育投入与数学教育质量关系问题进行了实证研究。教育质量和教育投入的统计描述和基尼系数分析结果显示：义务教育阶段城乡、地区和校际的数学教育质量水平存在很大的差异，义务教育阶段学校教育资源配置也非常不均衡。教育生产函数多水平模型分析表明：城乡、地区和校际教育资源配置的不均衡在很大程度上决定了城乡、地区和校际数学教育质量的差异；学校生均公用经费对小学数学教育质量有显著正影响；学校教师质量对中小学数学教育质量有显著正影响；教师人事分权制度和教育财政分权制度对农村中小学数学教育质量有重要影响。

第一节　问题的提出

本章要探讨我国义务教育各项投入与学生成绩的关系，具体来说，本章的研究问题主要有两个。

一是探讨义务教育各项投入对教育质量的影响。影响义务教育质量的因素有很多，但人们普遍认为教育投入不足是影响义务教育质量的关键因素。近年来，随着国家经济的强势发展和政府对农村教育的极度重视，各级政府明显加大了对农村义务教育的投入，特别是随着 2007 年义务教育经费保障机制改革的全面实施和义务教育投入"公共财政"机制的确立，义务教育投入不足的局面得到了极大的改善。然而，义务教育投入的增长能否促进教育质量的提升？哪些教育投入真正影响义务教育质量？投入义务教育的有限资源应该如何科学分配才能最大限度地提高教育质量？迄今为止，由于缺乏相关的实证研究支持，国内教育研究人员尚不足以对这些重要而又亟须回答的问题给出令人信服的答案。为了解决上述重要问题，本研究将探讨我国义务教育各项投入对教育质量的影响，希望能为我国制定提高义务教育质量以及科学配置义务教育资源的相关政策提供必要的参考依据。

二是探讨义务教育资源非均衡配置对教育结果公平的影响。在义务教育阶段，实现教育公平，进而通过教育公平改善和促进社会公平是最重要的政策目标。然而在我国的义务教育公平实践中，由于社会、经济、历史等原因，我们长期以来只是单纯强调接受义务教育的起点公平，而忽视了义务教育的过程公平和结果公平。起点公平只是初级的、低层次的公平，并没有真正体现义务教育公平的本质内涵。（邬志辉，王海英，2008）在这种单纯的起点公平观念指导下，我国当前城乡义务教育水平差距进一步扩大，不均衡程度进一步加深，这已经成为制约我国教育健康发展的根本性障碍。为此，2006年修订的《中华人民共和国义务教育法》和2007年党的十七大报告均提出了保障教育公平和促进义务教育均衡发展的重要思想。这一系列方针政策的出台，标志着我国已经进入了一个关注义务教育过程和结果公平的新阶段。与我国义务教育公平实践相对应的是，义务教育起点公平问题一直是我国学者研究的重心，而针对义务教育过程公平问题和结果公平问题的实证研究则比较薄弱。本章将对我国义务教育过程公平问题和结果公平问题进行实证研究。具体来说，本章将采用实证研究的方法分析我国义务教育阶段学校教育资源配置非均衡现状和教育质量公平现状，在此基础上探讨学校教育资源非均衡配置对教育结果公平的影响。希望本研究能为我国制定义务教育公平的相关政策提供参考依据。

第二节　相关实证研究回顾

一、国外相关实证研究回顾

国外关于义务教育投入与教育质量关系的实证研究非常丰富，其中大多数研究采用了教育生产函数的分析框架。国外相关实证研究主要探讨了教育支出、班级规模和教师素质三类学校投入与教育质量的关系，绝大多数研究以学生成绩代替教育质量。

（一）教育支出与教育质量关系研究

许多学者对教育支出与教育质量的关系进行了研究。一些采用普通最小二乘法（OLS）的研究表明，仅仅增加教育设施、生均支出等物质投入通常并不能促使学生能力和学习成就的大幅提升。（Hanushek et al., 2004）传统的 OLS 回归方法容易受到内生性和遗漏变量的影响从而出现估计的偏差，因此，部分学者采用了新的计量方法来估计教育支出的影响。杜威等（Dewey et al., 2000）采用工具变量后的研究和格林沃尔德等（Greenwald et al., 1996）采用元分析方法后的研究均发现教育支出对学生成绩有显著正影响。

（二）班级规模与教育质量关系研究

班级规模与教育质量的关系是一个公众和教育研究者经常讨论的问题。早期一些采用 OLS 回归方法的研究表明小班并不必然提高学生的成绩。（Hanushek, 1997）后来，霍克斯比（Hoxby, 1998）采用随机实验方法进行研究，结果显示班级规模的影响不显著，但安格瑞斯特和拉维（Angrist, Lavy, 1999）采用工具变量的方法发现班级规模的下降有助于提高学生的成绩。希莱克福德等（Blatchford et al., 2002）采用分层线性模型的研究结果显示小学班级规模对学生成绩有显著影响，且班级规模对不同学习成绩的学生影响不一样。

（三）教师素质与教育质量关系研究

教师素质与教育质量的关系的相关研究主要探讨了教师工作年限、教师学历、教师资格考试、教师工资和教师培训五个方面的因素对教育质量的影响。

①教师工作年限的影响。汉纳谢克等（Hanushek et al., 2005）发现，在得克萨斯州，与没有工作年限的教师相比，有两年左右工作年限的教师对学生成绩有显著正影响（4、5年级数学除外）。然而，他们也发现更高工作年限的教师对学生成绩没有影响。与此形成对比的是，克鲁格（Krueger, 1999）发现教师工作年限的影响大小不到汉纳谢克等人研究结果的一半。而且，使用一个二次方模型，克鲁格发现在20年顶点后的工作年限对学生成绩有正影响。杜

威等（Dewey et al., 2000）分别使用传统的 OLS 回归和工具变量的方法比较教师工作年限的影响，结果表明教师工作年限具有显著正影响。

②教师学历的影响。库珀和科恩（Cooper, Cohn, 1997）使用随机边界估计技术发现，在美国南卡罗来纳州，有硕士学位的教师对学生的成绩有显著正影响，有其他学位的教师影响不显著。戈德哈贝尔和布鲁尔（Goldhaber, Brewer, 1997）采用固定效应模型发现有数学学位的教师对学生的数学成绩有正影响。然而，与此相反的是，汉纳谢克等（Hanushek et al., 2005）采用固定效应模型发现高学历的教师似乎对 4 年级的学生数学成绩有负的影响，教师学历和学生其他科目成绩之间没有任何明确关系。克鲁格（Krueger, 1999）与杜威等（Dewey et al., 2000）也发现教师学历影响不显著。

③教师资格考试的影响。汉纳谢克等（Hanushek et al., 1999）的研究发现，在教师聘用过程中推广教师资格证书考试不太可能提高教育质量。但是，克洛费尔特等（Clotfelter et al., 2006）发现教师资格考试分数对北卡罗来纳州的学生成绩有正影响。

④教师工资的影响。巴罗和李（Barro, Lee, 1996）以及戈德哈贝尔等（Goldhaber et al., 1999）均没有发现教师工资和学生成绩之间存在显著关系。汉纳谢克等（Hanushek et al., 1999）的研究发现，当考虑到学生的固定效应和教师的流动性时，较高的工资会对学生的成绩产生正影响。杜威等（Dewey et al., 2000）采用随机变量的方法发现相对工资的差异在决定学生成绩时起重要作用。

⑤教师培训的影响。布雷苏（Bressoux, 1996）使用准实验的研究方法发现教师培训提高了学生成绩。威利和尹（Wiley, Yoon, 1995）与科恩和希尔（Cohen, Hill, 2000）也都发现了教师发展项目对学生成绩的提高至少有一定的作用。但是，雅各伯和莱弗格伦（Jacob, Lefgren, 2004）发现在职培训对小学生数学或阅读成绩都没有显著影响，因此，他们认为在高度贫困的学校中投资于教师发展的策略将不能够有效提高学生的成绩。

（四）教育管理制度与教育质量关系研究

许多研究表明在当前教育体制下仅仅增加投入并不能大幅提高学习成绩。（Hanushek, Raymond, 2004）为此，部分学者开始把目光投向教育管理制度并展开了一系列研究，这些研究结论大都显示学校管理制度特征对学习成绩有重要的影响，教育的投入必须与以激励为导向的学校管理制度结合起来才能大幅提高学习成绩。（Woessmann，West，2006）以激励为导向的学校管理制度主要包括三个特征：学校选择带来的竞争、分权以提高学校自主权、包括统考在内的学校问责制度。（Woessmann，2004；2006）采用国际数学和科学测评的数据研究表明，给予学校自主权对学生的成绩的影响是复杂的，给予学校设定自己的预算、绩效目标和教学标准方面的自主权将对学生的成绩产生负影响，因此这方面的权力应该被集中。相反，在一个有效的评估和监控机制下给予学校达到目标和标准的自主权，如自主选择教学方法和招聘教师，这将有助于提高学生成绩。汉纳谢克和雷蒙德（Hanushek，Raymond，2004）对美国 20 世纪 90 年代以来所推行的问责制度进行了研究，结论表明，在控制住其他的投入和政策因素下，问责制度的引入对学生成绩有显著正影响，尤其是早期引入的结果导向问责制度更快地促进了学生成绩的提高。人们认为增加家长和学生对学校的选择权将把竞争机制引入教育领域，这有助于提高教育质量。为此，许多学者对学校选择、竞争与教育质量的关系进行了实证研究。这些研究中大部分都表明，较高程度的竞争对于提高学生成绩有显著正影响。（Hoxby，2003）

二、国内相关实证研究回顾

与国外丰富的研究相比，我国内地关于义务教育投入与教育质量关系的实证研究十分薄弱。蒋鸣和（2000）发现教育的各种投入，如教师学历、校舍及设备条件均与学业成绩显著相关，但生均经费和公用经费与学业成绩之间相关关系较弱。帕克和汉纳姆（Park，Hannum，2001）采用甘肃基础教育调查研究项目 2000 年的调查数据研究发现，甘肃农村小学教师的学历水平和教龄均对数学成绩有显著正影响，但对语文成绩影响不显著，而教师职称对数学和语文成绩均有显著正影响。邓业涛（2005）利用中英甘肃基础教育项目 1999 年的基线调查数据探讨了甘肃四个县小学师资状况与教育质量的关系，研究结论表明教师的学历水平和教龄对数学和语文教育质量都有显著影响。薛海平、闵维方（2008）采用多水平模型的研究结果表明，甘肃农村初中教育质量在个体、班级和学校三个水平上均存在显著差异，教师质量对教育质量有重要影响，班级规模对教育质量有显著负影响，但生均公用经费与教育质量相关关系较弱。胡咏梅、杜育红（2008a）利用两层线性模型对西部 5 省农村初中教育资源配置与教育质量关系的分析表明，校际教育质量存在显著差异，人力资源和物力资源的配置对教育质量有重要影响，财力资源配置对教育质量影响不显著。

三、已有研究评价

综上所述，国内外相关实证研究的结果常常是混合的，并没有在义务教育投入与教育质量关系上达成一致的结论。义务教育投入与教育质量的关系需要未来更多和更深入的实证研究予以证实。已有的义务教育投入与教育质量关系的实证研究存在如下不足。

首先，大多数研究主要集中在宏观层次，以学生个体为分析单位的微观研究很少。宏观层次研究隐含的假设是每个学生平均地接受学校教育资源，因此这类研究很可能严重错误地反映了有效资源的分配，产生总量数据偏差问题。（Hanushek et al.，1996）

其次，大多数研究存在遗漏变量导致的估计偏差问题。在利用教育生产函数方法估计义务教育投入对教育质量的影响时，需要控制家庭、同伴、学校三方面的影响，否则就会产生遗漏变量所导致的估计偏差问题。（Altonji，Dunn，1996）然而，由于获得完备的数据非常难，大部分已有的研究经常缺少某些方面的控制变量，结果是这些研究都不可避免地在不同程度上出现了遗漏变量估计偏差问题，这也是这些研究遭受批评指责的重要原因。

再次，由于教育投入在多个层面上对学生成绩产生影响，引起学生成绩差异的因素既来自学生个体，也来自班级和学校，因此，需要采用多层次数据分析的方法估计不同层次的教育投入的影响。

最后，教育管理制度对教育质量的影响缺乏深入评估。早期的教育生产函数研究一直忽视教育制度的影响，直到近几年才有少数国外学者在教育生产函数分析中考察了问责制度、分权制度、竞争制度等教育管理制度对教育质量的影响，研究结论大都显示教育管理制度对教育质量有重要的影响。然而，由于教育管理制度具有复杂性，教育管理制度对教育质量的影响仍需要未来更广泛、深入的研究予以评估。尤其需要指出的是，由于中外国情不同，中国教育管理制度对教育质量的影响需要来自中国的研究予以证明，但迄今为止，这方面的实证研究几乎没有。

针对上述研究不足，本研究将采用学生个体层面的数据来估计义务教育投入对教育质量的影响，这将避免总量数据偏差问题。为了解决数据的层次性问题，本研究将采用多水平模型分析方法。本研究采集了学生家庭、同伴和学校三方面的数据，这使得本研究在估计过程中能尽量控制住学生家庭、同伴和学校三方面的影响，本研究因此将在较大程度上避免遗漏变量导致的估计偏差问题。由于克服了总量数据偏差、遗漏变量估计偏差、数据层次性等问题，相信本研究结论将更加精确。此外，本研究还将在教育生产函数的分析框架内重点考察我国义务教育中的教师人事分权管理制度和教育财政分权管理制度对教育质量的影响，这将有助于我们更加全面、准确地理解教育投入与教育质量的关系。

第三节　理论模型与研究设计

一、理论模型

本研究根据汉纳谢克建立的经典教育生产函数理论分析框架建立了如下的教育生产函数扩展模型，以分析学校教育投入和教育管理制度对教育质量的影响。

$$A_t = f(F_t, \ T_t, \ OS_t, \ S_t)$$

式中，A_t 代表 t 时间的教育质量，用学生数学考试成绩衡量；F_t 代表累积到时间 t 为止来自家庭方面对学生学业成绩有影响的各种因素，如父母受教育程度、家庭经济收入等；T_t 代表累积到时间 t 为止教师投在一个学生身上的各种因素，如教师学历、教师资格、教师培训、教师工资等；OS_t 则代表学校的其他投入要素，包括学校生均公用经费、生均人员经费、班级规模等；S_t 代表教育管理制度因素，本研究中指教师人事管理分权制度和教育财政管理分权制度。

二、研究方法

（一）问卷调查法

北京大学中国教育财政科学研究所于 2007 年在我国中部湖北省和东部江苏省开展了"中国农村义务教育状况调查"，本研究的数据来源于此次调查。调查人员采取多阶段、等距抽样的方法对两省的义务教育阶段农村和城市学校进行了抽样调查，向抽样学校的校长以及抽样班的全体学生和老师发放了问卷，从不同的角度考察了影响教育质量的因素。调查内容包括学生个体特征、学生家庭社会经济背景、学生所在班级的教师素质背景、学校投入背景等。为了度量教育质量，项目研究人员还分别对接受调查的 4 年级学生和初二年级学生进行了标准化的数学考试，试卷由考试专家参照 TIMSS（国际数学和科学测评）试卷内容制订。

（二）统计描述和教育基尼系数分析

本研究采用统计描述的方法分析了中东部地区义务教育质量差异和教育资源均衡配置现状。基尼系数是 20 世纪初意大利经济学家基尼根据洛伦茨曲线设计的判断收入分配平等程度的指标。收入分配越是趋向平等，基尼系数就越小，反之，收入分配越是趋向不平等，那么基尼系数也就越大。联合国有关组织规定：基尼系数若低于 0.2 表示收入绝对平均，在 0.2—0.3 表示比较平均，在 0.3—0.4 表示相对合理，在 0.4—0.5 表示收入差距较大，在 0.6 以上表示收入差距悬殊。本文运用这一方法计算了中东部地区农村义务教育支出和投入基尼系数，以此进一步分析了我国义务教育阶段学校教育资源非均衡配置状况。需要指出的是，在现有的文献中，教育指标的基尼系数还没有一致的划分标准以反映平均或差异的程度，但是，我们可以借鉴收入分配指标的基尼系数划分思想进行比较。

（三）多水平模型分析

在上述理论模型基础上，本研究将采用多水平模型（Multilevel Model）方法来估计学校投入因素对教育质量的影响，所采用的统计软件为 HLM6.0 版本。考虑到每所学校内部只抽取了一个班级，故不适合构建学生个体、班级、学校的三层模型。因此，本研究构建了学生个体和学校两个层面的估计模型，具体的教育生产函数二层估计模型如下。

层 1 模型：将学生个体的考试成绩表示为学生层面特征变量的函数与一个

误差项的和，即：

$$Y_{ij} = \beta_{0j} + \beta_{1j}\alpha_{1ij} + \beta_{2j}\alpha_{2ij} + \cdots + \beta_{pj}\alpha_{pij} + r_{ij} = \beta_{0j} + \sum_{p=1}^{p}\beta_{pj}\alpha_{pij} + r_{ij}$$

式中：Y_{ij} 表示第 j 个学校第 i 个学生的考试成绩，β_{0j} 为回归截距。

α_{pij}（$p=1,2,\cdots,p$）表示学生层面的预测变量，主要包括学生家庭社会经济背景。

β_{pj}（$p=1,2,\cdots,p$）表示学生层面的预测变量 α_{pij} 对因变量的回归系数，可以在学校层面随机变化。

r_{ij} 为学生层面的随机变异，表示学生的考试成绩与预测变量的差异，假设服从正态分布，平均值为 0，方差为 σ^2。

层 2 模型：学生层面中的每一个回归截距 β_{0j} 和回归系数 β_{pj} 可以看作固定的和随机的，每一个学生层面的系数 β_{0j} 和 β_{pj} 可以由层 2（学校层面）的预测变量预测或解释，因此可将 β_{0j} 和 β_{pj} 表示为学校层面预测变量的函数。

$$\beta_{pj} = \gamma_{p0} + \gamma_{p1}x_{1j} + \gamma_{p2}x_{2j} + \cdots + \gamma_{pq}x_{qj} + \varepsilon_{pj} = \gamma_{p0} + \sum_{q=1}^{q_p}\gamma_{pq}x_{qi} + \varepsilon_{pj}$$
$$p = 0, 1, \cdots, p$$

式中：γ_{p0} 表示第 j 个学校变量对 β_{pj} 回归的截距；γ_{pq} 表示第 j 个学校变量对 β_{pj} 回归的斜率；x_{qj} 表示学校层面的预测变量，主要包括学校生均公用经费、生均人员经费、班级规模、教师质量、教师人事管理制度、教育财政管理制度等；ε_{pj} 表示学校层面的随机误差，描述 β_{pj} 与预测值之间的差异。

三、数据介绍

本研究采用的数据是中国教育财政科学研究所于 2007 年 5—7 月在湖北和江苏两省进行的"中国农村义务教育状况调查"数据。本人全程参与了这次调查，并承担了前期的学校和学生问卷的制订工作以及后期的学校问卷数据处理工作。这次调查采取了等距抽样（Equal-Distance Sampling）的方法。等距抽样又称机械抽样或系统抽样，是指先将总体各单位按一定标志有序排列，然后依一定顺序和间隔来抽取样本单位的一种抽样组织形式。具体的抽样过程如下。

①在每个省内，按照 2005 年的人均 GDP，对县、市、区进行排序，但是不包括城区（即不享受县级待遇的区）。湖北省一共有 76 个县、市、区进入排序，

江苏省一共有 74 个。按照人均 GDP 的水平从低到高，等距离抽出 10 个县。

②对每个样本县的所有乡镇按照人均 GDP 排序，等距离抽出 3 个乡镇。

③每个乡镇随机抽取一所初中（如果有多所初中）、一所中心小学（如果乡镇有多所乡镇中心小学）、一所村级小学。

④在县城直属的学校中，随机抽取一所县直初中和县直小学。

⑤在武汉市和南京市随机抽取一个城区，在每个城区按照学校的规模排序，随机抽取 4 所初中和 7 所小学。

⑥每一所初中，随机抽取初二年级的一个班。每一所小学，随机抽取 4 年级的一个班。

接受此次调查的最终有效学校数是 229 所，抽样学校的具体分布见表 4-1。

表 4-1　学校样本分布

全体学校		样本量	占全体学校样本的比例
		229	100.00%
学校类别	城市小学或县直小学	30	13.10%
	乡镇中心小学	63	27.50%
	村完小	55	24.00%
	九年一贯制学校	9	3.90%
	市、区（县）直属独立初中	20	8.70%
	乡镇属独立初中	52	22.70%
学校所在地	农村（包括乡、镇）	173	75.50%
	城市	56	24.50%
学校所有制性质	公办	216	94.30%
	民办	9	3.90%
	其他	4	1.70%
学校所在省份	江苏	111	48.50%
	湖北	118	51.50%

本次调查分别对抽样学校的校长以及抽样班的全体学生和老师发放了问卷，调查内容包括学生个体特征、学生家庭社会经济背景、学生所在班级的教师素质背景、学校投入背景等。为了度量教育质量，调查还分别对接受调查的

4 年级学生和初二年级学生进行了标准化的数学考试，试卷由考试专家参照 TIMSS（国际数学和科学测评）试卷内容制订。接受此次调查的最终学生数是 11869 名，其中，农村中小学学生是 8023 名，农村中小学教师为 1029 名。具体的农村学校的学生样本分布见表 4-2。由于样本中的学校经费收入和支出类数据缺失值较多，故学校经费收入和支出类数据的缺失值用该学校所在县的同类学校的指标平均值代替。如江苏省徐州市铜山县柳新镇柳新中心中学 2006 年的公用经费支出值如果缺失，就用样本中的铜山县所有农村中学 2006 年的公用经费支出均值代替。

表 4-2　农村学校学生样本分布

省份	4 年级		初二年级	
	学生样本数	所占比例	学生样本数	所占比例
湖北	2361	29.43%	1771	22.07%
江苏	2340	29.17%	1551	19.33%

第四节　中小学数学教育质量差异分析

　　表 4-3 统计了调查样本中的城乡间小学和初中数学教育质量差异状况。城市和农村小学学生数学成绩平均值 t 检验结果表明城市小学数学教育质量显著高于农村小学（t=17.33，sig=0.000）。城市和农村初中学生数学成绩平均值 t 检验结果表明城市初中数学教育质量显著高于农村初中（t=8.72，sig=0.000）。

表 4-3　城乡间数学教育质量差异

城乡	小学		初中	
	数学成绩均值	学生样本量	数学成绩均值	学生样本量
城市	81.46	1350	81.74	1237
农村	74.17	4440	76.46	3028

表 4-4 统计了调查样本中的地区间小学和初中数学教育质量差异状况。湖北省和江苏省小学学生数学成绩平均值 t 检验结果表明江苏省小学数学教育质量显著高于湖北省小学数学教育质量（t=16.34，sig=0.00）。湖北省和江苏省初中学生数学成绩平均值 t 检验结果表明江苏省初中数学教育质量显著高于湖北省初中数学教育质量（t=14.74，sig=0.00）。

表 4-4　地区间数学教育质量差异

城乡	小学		初中	
	数学成绩均值	学生样本量	数学成绩均值	学生样本量
湖北	72.70	2931	74.03	2209
江苏	79.13	2859	82.24	2056

表 4-5 统计了调查样本中的不同类型小学和初中校际数学教育质量差异状况。公办和民办小学数学教育质量学生数学成绩平均值 t 检验结果表明公办小学数学教育质量显著高于民办小学数学教育质量（t=2.59，sig=0.01）。公办和民办初中学生数学成绩平均值 t 检验结果表明公办初中数学教育质量显著高于民办初中数学教育质量（t=30.47，sig=0.00）。按照 2006 年小学和初中生均公用经费支出水平从低到高将小学和初中各自分为 5 组，各组小学之间学生数学平均成绩方差检验结果显示各组小学数学教育质量之间存在显著差异（F=48.47，sig=0.00），各组初中之间学生数学平均成绩方差检验结果显示各组初中数学教育质量之间存在显著差异（F=44.71，sig=0.000）。总体而言，生均公用经费支出水平较高的小学和初中，其数学教育质量也都较高。

表 4-5　学校间数学教育质量差异

学校类型		小学		初中	
		数学成绩均值	学生样本量	数学成绩均值	学生样本量
学校性质	民办学校	73.15	263	94.25	214
	公办学校	76.00	5527	77.13	4051

续表

学校类型		小学		初中	
		数学成绩均值	学生样本量	数学成绩均值	学生样本量
生均公用经费支出水平	低支出组	73.00	1190	72.89	890
	中等偏低支出组	73.34	1171	75.81	875
	中等支出组	73.97	904	77.25	396
	中等偏上支出组	78.45	1330	79.24	1274
	高支出组	79.54	1195	84.11	830

　　表4-6统计了调查样本中的班级间数学教育质量差异状况。从教师因素看，初始学历较高的数学教师所教班级数学教育质量也较高；拥有高级职称的数学教师所教班级数学教育质量明显高于非高级职称教师；公办数学教师所教班级数学教育质量明显高于代课教师；有教师资格证的数学教师所教班级数学教育质量明显高于无教师资格证的数学教师。从班级规模因素看，总体上规模较大的小学班级数学教育质量较高，初中班级规模与数学教育质量之间没有明显规律。

表4-6　班级间数学教育质量差异

班级因素		小学		初中	
		数学成绩均值	学生样本量	数学成绩均值	学生样本量
数学教师初始学历	初中	72.84	151	—	—
	高中	75.04	4702	74.06	1989
	中师	80.06	825	81.35	2019
	中专和中技	84.02	112	81.91	257
数学教师职称	高级以下职称	74.61	2188	77.28	3873
	高级职称	76.03	3602	84.98	392
数学教师类别	代课老师	72.86	200	87.58	149
	公办老师	76.04	5417	77.68	4036
数学教师资格	有教师资格	76.91	5307	79.08	3610
	无教师资格	75.36	483	71.96	655

续表

班级因素		小学		初中	
		数学成绩均值	学生样本量	数学成绩均值	学生样本量
班级规模	30 人及以下	67.99	405	—	—
	31—40 人	74.64	1109	73.77	305
	41—50 人	77.42	1849	79.77	999
	51—60 人	75.51	1672	74.47	955
	60 人以上	78.92	755	79.41	2006

表 4-7 统计了调查样本中不同社会经济背景家庭间数学教育质量差异状况。小学和初中学生父亲受教育程度越高，其数学成绩也越高。由于精确统计学生家庭特别是农村学生家庭收入很难，所以我们在实际调查中统计了学生家庭电器设备状况，根据实际调查经验将家中无电话的家庭划为收入水平较低家庭，家中有电话但无电脑家庭划为收入水平中等家庭，将家中有电脑家庭划为收入水平较高家庭，结果发现小学和初中学生的数学成绩均随着其家庭收入水平的上升而提高。

表 4-7 家庭间数学教育质量差异

家庭社会经济背景		小学		初中	
		数学成绩均值	学生样本量	数学成绩均值	学生样本量
学生父亲受教育水平	未上过小学	72.55	130	72.84	85
	小学毕业	72.24	1074	73.93	635
	初中毕业	75.99	1994	77.38	2114
	高中毕业	78.38	1294	81.19	927
	大学毕业	79.25	742	86.60	305
学生家庭经济情况	低收入（家中无电话）	71.34	1296	73.96	711
	中等收入（家中有电话无电脑）	75.60	3247	77.80	2762
	高收入（家中有电脑）	80.99	1332	82.08	828

综上所述，由于城乡、地区、学校、教师和家庭背景差异的存在，我国中

东部义务教育阶段数学教学质量也存在明显的差异。

第五节　中小学教育资源配置非均衡分析

为了分析义务教育阶段城乡学校教育财政资源不均衡配置状况，本研究统计了两省城乡小学和初中教育经费投入差异状况（见表4-8和表4-9）。由表4-8可知，2006年和2007年春季学期，城市小学生均收入、生均上级拨款、生均支出、生均人员经费和生均公用经费均远高于农村小学。值得注意的是，两省绝大部分地区在2007年春季学期开始实施农村义务教育经费保障机制改革（后文简称"新机制"改革），如果比较2007年春季学期和2006年城乡小学教育经费投入差距，我们会发现城乡小学教育经费投入差距在"新机制"改革后有较明显的缩小。尽管2006年全年包括了春季和秋季两个学期，而2007年春季学期只有一个学期，两者的时间跨度不一样，严格地说这种比较不科学，但是作为一种替代办法，我们可以认为2007年全年的各项收入和支出值约等于对应的2007年春季学期各项收入和支出值的两倍。这样，我们就可以分析城乡小学教育经费投入差距在"新机制"改革前后的变化了。

表4-8　城乡小学教育经费投入差异

（单位：元）

教育经费投入	2006年		2007年春季学期	
	城市小学	农村小学	城市小学	农村小学
生均收入	2247	1116	987	647
生均上级拨款	1370	757	652	372
生均支出	3285.45	1501	1326.82	981
生均人员经费支出	2382.78	1272	1078	776
生均公用经费支出	439.92	180.98	205.96	120.35

由表4-9可知，2006年和2007年春季学期，城市初中生均收入、生均上级拨款、生均支出、生均人员经费和生均公用经费均远高于农村初中。比较

2007 年春季学期和 2006 年城乡初中教育经费投入差距，我们会发现城乡初中教育经费投入差距在"新机制"改革后同样有较明显的缩小。

表 4-9 城乡初中教育经费投入差异

（单位：元）

教育经费投入	2006 年		2007 年春季学期	
	城市初中	农村初中	城市初中	农村初中
生均收入	3041.67	1695.68	1113.67	818.75
生均上级拨款	1787.45	1281.27	722.49	659.02
生均支出	2960.57	2028.59	1224.39	1106.25
生均人员经费支出	1959.71	1262.09	1012.73	742.55
生均公用经费支出	523.71	385.96	213.74	151.13

表 4-10 统计了湖北省和江苏省省际小学和初中教育经费投入差异状况。结果显示，2006 年和 2007 年春季学期，江苏省小学和初中生均收入、生均上级拨款、生均支出、生均人员经费和生均公用经费均远高于湖北省。

表 4-10 地区间教育经费投入差异

（单位：元）

教育经费投入	2006 年				2007 年春季学期			
	小学		初中		小学		初中	
	湖北	江苏	湖北	江苏	湖北	江苏	湖北	江苏
生均收入	664	2159	1110	3848	355	1148	394	1701
生均上级拨款	289	1659	569	2051	177	789	292	1081
生均支出	1158	2755	1371	3855	538	1659	666	1881
生均人员经费支出	1086	2106	1065	2565	577	1150	520	1203
生均公用经费支出	187.72	301.63	315.50	562.68	95.87	173.68	165.25	217.83

按照学校样本中的 2006 年小学生均上级拨款水平，由低到高将小学分为 10 组，计算这 10 组学校生均上级拨款基尼系数为 0.7456。同理，可以计算出

小学和初中各种教育收入和支出的基尼系数，具体结果见表4-11。从表4-11可知，在2006年和2007年春季学期，两省小学和初中校际生均上级拨款的基尼系数均超过了0.6，这表明两省中小学接受的来自上级生均拨款收入校际差距都很悬殊。而且，与初中相比，小学校际生均上级拨款收入差距明显更大。从经费支出差异来看，小学和初中的2006年和2007年春季学期生均支出、生均公用经费支出、生均人员经费支出基尼系数均在0.4以上，这表明两省中小学校际教育支出差距都较大。而且，小学间生均教育经费拨款和支出差距高于初中间生均教育经费拨款和支出差距。值得一提的是，除生均支出外，小学和初中的各项教育投入和支出的2007年春季学期基尼系数均明显低于2006年基尼系数，这表明我国中东部义务教育阶段校际教育财政资源配置不均衡程度在"新机制"改革后有较明显的降低。

表4-11　校际义务教育投入和支出基尼系数

教育经费投入	小学		初中	
	2006年	2007年春季学期	2006年	2007年春季学期
生均上级拨款	0.7456	0.6854	0.6655	0.6402
生均支出	0.5644	0.5868	0.4686	0.4813
生均公用经费支出	0.5192	0.4725	0.4213	0.4170
生均人员经费支出	0.5536	0.5313	0.4875	0.4804

为了分析义务教育阶段城乡学校教师资源不均衡配置状况，基于已有研究和可得数据，本研究选取了教师初始学历合格率、高级职称教师占专任教师比重、初始学历为师范专业的教师占专任教师比重、接收过省级及以上教育培训的教师占专任教师比重、人均教师进修和培训费用支出五项指标来衡量教师质量，并比较了两省2006年城乡间小学和初中教师质量差异状况（见表4-12），结果显示城市小学和初中教师质量均明显高于农村小学和初中教师质量。

表 4-12　城乡间教师质量差异

教师质量	小学		初中	
	城市小学	农村小学	城市初中	农村初中
教师初始学历合格率	0.91	0.88	0.77	0.47
高级职称教师占专任教师比重	0.59	0.49	0.17	0.04
初始学历为师范专业的教师占专任教师比重	0.57	0.56	0.71	0.63
接收过省级及以上教育培训的教师占专任教师比重	0.11	0.07	0.06	0.05
人均教师进修和培训费用支出（元）	352.56	171.90	391.57	329.65

表 4-13 比较了样本中 2006 年省际小学和初中教师质量差异状况。湖北省小学和初中的教师初始学历合格率、初始学历为师范专业的教师占专任教师比重、人均教师进修和培训费用支出均明显低于江苏省，湖北省高级职称教师占专任教师比重、接收过省级及以上教育培训的教师占专任教师比重却明显高于江苏省。

表 4-13　地区间教师质量差异

教师质量	小学		初中	
	湖北省	江苏省	湖北省	江苏省
教师初始学历合格率	0.88	0.90	0.47	0.65
高级职称教师占专任教师比重	0.54	0.47	0.09	0.07
初始学历为师范专业的教师占专任教师比重	0.51	0.61	0.58	0.73
接收过省级及以上教育培训的教师占专任教师比重	0.10	0.05	0.07	0.05
人均教师进修和培训费用支出（元）	179.54	240.77	310.20	381.39

按照学校样本中的 2006 年小学教师初始学历合格率水平，由低到高将小学分为 10 组，计算这 10 组学校教师初始学历合格率基尼系数为 0.0921。同理，可以计算出小学和初中各类教师质量指标的基尼系数，具体结果见表 4-14。小学和初中接收过省级及以上教育培训的教师占专任教师比重以及人均教

师进修和培训费用支出两项指标的基尼系数均在 0.6 以上，这表明在这两项标准上两省小学和初中校际差距悬殊。初中高级职称教师占专任教师比重的基尼系数在 0.5—0.6，这表明在这项指标上两省初中校际差距较大。小学和初中其他衡量教师质量的指标基尼系数均在 0.4 以下，显示两省小学和初中在其他教师质量指标上校际差距不大。

表 4-14　校际教师质量差异

	小学	初中
教师初始学历合格率	0.0921	0.3035
高级职称教师占专任教师比重	0.2538	0.5544
初始学历为师范专业的教师占专任教师比重	0.2561	0.1906
接收过省级及以上教育培训的教师占专任教师比重	0.7014	0.6283
人均教师进修和培训费用支出（元）	0.6808	0.6204

第六节　义务教育投入与教育质量关系
多层线性模型分析

前文的分析表明我国义务教育阶段学校教育资源配置严重不均衡，同时校际数学教育质量也存在很大的差异。为了探讨义务教育学校资源配置不均衡与教育质量差异之间的关系，本研究将根据教育生产函数理论，采用多层线性模型方法分析义务教育阶段各类学校教育投入对教育质量的影响。

一、学生成绩方差分析模型结果

在进行两层模型分析之前需要研究方差分析模型。该模型中，第一层和第二层模型里都没有预测变量，它只注重区别被研究对象的个体差异和背景差异的比较，而暂时不考虑控制相关变量对因变量的影响。方差分析模型的主要目的是将学生数学成绩的总方差分解为学生个人和学校两个层次，以检验各层方差的比例是否显著，它决定了本研究是否有必要建立两层模型。

表4-15是小学学生数学成绩方差分析模型带有稳健标准误（with robust standard error）的方差成分估计结果。

表4-15　小学数学方差分析模型层际方差成分表

随机效应	标准差	方差成分	组内相关	自由度	χ^2	p 值
层2随机项	7.591	57.624	22.55%	95	1056.672	0.000
层1随机项	14.07	197.965				

从表4-15可知，层2随机项方差估计的卡方检验 p 值小于0.01，这表明湖北、江苏两省小学学生的数学成绩在第二层（学校层面）存在非常显著的差异，也就是说学校背景因素对学生成绩的变异有很大影响，为此，需要在第二层模型中增加一些解释数学成绩的预测变量。

利用劳登布什和布里克（Raudenbush，Bryk，1992）提出的组内相关公式可计算出第一层、第二层方差占总方差的比例分别为77.45%和22.55%，这说明了湖北、江苏两省小学学生的数学成绩约77%的差异来源于个体和家庭间的差异，约23%的差异来源于校际差异，而当前校际差异主要表现为教育资源配置的不均衡。

表4-16是初中学生数学成绩方差分析模型带有稳健标准误的方差成分估计结果。

表4-16　初中数学方差分析模型层际方差成分表

随机效应	标准差	方差成分	组内相关	自由度	χ^2	p 值
层2随机项	9.26	85.763	23.75%	53	997.773	0.000
层1随机项	16.595	275.404				

从表4-16可知，层2随机项方差估计的卡方检验 p 值小于0.01，这表明湖北、江苏两省初中学生的数学成绩在第二层（学校层面）也存在非常显著的差异，为此，需要在第二层模型中增加一些解释初中学生数学成绩的预测变量。

同样利用组内相关公式可计算出第一层、第二层方差占总方差的比例分别为76.25%和23.75%，这说明了湖北、江苏两省初中学生的数学成绩约76%的差异来源于个体和家庭间的差异，约24%的差异来源于校际差异。

二、层2（学校层面）变量的探索性分析

在分层线性模型中，零模型中高层子模型的自变量往往是通过探索分析（Exploratory Analysis）在被选变量集合中选择的，这样可以最大限度地找出那些真正对因变量的变化起影响作用的自变量。所以在分层线性模型中，利用零模型分析了层际方差比例后，就会对零模型的二层做探索分析，以便找到那些潜在的自变量。探索分析在选择适合的潜在变量时，是依据"t-to-enter"的t值进行判断的，并在分析结果里选出｜t｜较大值所对应的变量，从大到小依次选取。但如果｜t｜值接近1或者小于1，这样的变量就不是好的潜在变量。（Raudenbush，Bryk，1992；张雷 等，2003）由于 HLM 在探索分析时一次只能对12个变量进行分析，所以在第二层上的探索分析将分多次进行，结果不会受到分次的影响。

此外，通过 HLM 的探索分析，分析哪些潜在的变量是可以被层2所接受的，然后进一步利用似然比检验，看看零模型的离差统计量 D_0 与被选模型离差统计量 D_1 组成的偏差统计量 $H(H = D_0 - D_1)$ 是否足够大。如果 H 足够大，说明零模型对真实数据的拟合较差，被选的模型就比较好。H 服从于自由度为 $L_1 - L_0$ 的卡方分布。可以在计算出 H 值后查卡方分位表确定它究竟是否接受零假设 H_0，如果拒绝了 H_0，就可以说零模型对于数据的描述过于简单。（Raudenbush，Bryk，1992）

层2潜在变量的探索分析结果见表4-17。通过对湖北和江苏两省农村小学学生数学成绩的零模型的探索分析，会发现 t 值在3.0以上的有6个变量：月进修时间、教师初始学历、教龄、2006年生均公用经费、2006年生均人员经费、班级规模。t 值如此之大，说明了这些变量对小学学生的数学成绩有极大的影响。t 值介于2.0和3.0之间的有4个变量：2006年下半年奖金、是否为公办教师、只有校长才能决定教师调动、学校能否决定经费使用，说明这些变量对小学学生的数学成绩有很大的影响。t 值介于1.0和2.0之间的有以下变量：教师初始学历是否为师范专业、学校能否决定教师的绩效工资，这些层2变量对小学学生的数学成绩有较大的影响。

表 4-17　层 2 潜在变量的探索分析结果

变量名	变量	小学数学成绩		初中数学成绩	
		t 值	系数	t 值	系数
jinxiu	月进修时间	3.347	0.099 ***	0.690	0.026
gongzi	实发月工资	0.577	0.001	4.341	0.014 ***
reward	06 年下半年奖金	2.729	0.004 **	1.296	0.003 *
train1	非学历培训学分	0.566	0.015	0.898	0.030
train2	是否参加了学历提高培训（1=是，0=否）	0.392	0.607	−0.528	−3.919
jsedu	教师初始学历	3.598	5.442 ***	3.032	6.483 ***
shifan	教师初始学历是否为师范专业（1=是，0=否）	0.375	2.037 *	0.258	1.014
jiaoling	教龄	−3.644	−0.273 ***	0.365	0.056
pzige	是否有小学及以上资格（1=有，0=无）	−0.129	−0.329	—	—
mzige	是否有初中及以上资格（1=有，0=无）	—	—	2.085	6.372 **
zhichen	是否具有高级职称（1=有，0=无）	−0.560	−0.845	1.164	10.535 *
gongban	是否为公办教师（1=是，0=否）	2.317	6.079 **	0.116	0.627
agy06	06 年生均公用经费	3.836	0.011 ***	1.531	0.005 *
ary06	06 年生均人员经费	3.128	17.597 ***	2.133	18.577 **
csize	班级规模	4.318	0.234 ***	0.062	0.007
tmove	只有校长才能决定教师调动（1=是，0=否）	2.680	5.167 **	1.026	9.317 *
tongkao	统考成绩对教师职称评定影响程度	0.779	0.963	0.346	0.661
compet	校际竞争程度	−0.702	−1.116	0.773	2.674
schjf	学校能否决定经费使用（1=能，0=不能）	−2.557	−3.707 **	−1.056	−2.599 *

续表

变量名	变量	小学数学成绩		初中数学成绩	
		t 值	系数	t 值	系数
schtgz	学校能否决定教师的绩效工资 （1＝能，0＝不能）	1.334	2.089*	0.996	2.441

注：t 值的绝对值大于 3，说明非常显著（在系数值右上角标有***），其对应的变量极应该
　　纳入层 2 模型当中。t 值的绝对值介于 2 与 3 之间，说明很显著（在系数值右上角标
　　有**），其对应的变量也应该纳入层 2 模型中来。t 值的绝对值介于 1 与 2 之间，说明也
　　是比较显著的（在系数值右上角标有*），其对应的变量同样应该纳入层 2 模型中。

　　通过对湖北和江苏两省农村初中学生数学成绩的零模型的探索分析，发现 t 值在 3.0 以上的有两个变量：实发月工资、教师初始学历，说明了这两个变量对初中学生的数学成绩有极大的影响。t 值介于 2.0 和 3.0 之间的有两个变量：是否有初中及以上资格、2006 年生均人员经费，这两个层 2 变量对农村初中学生的数学成绩有很大的影响。t 值介于 1.0 和 2.0 之间的有以下变量：2006 年下半年奖金、是否具有高级职称、2006 年生均公用经费、只有校长才能决定教师流动、学校能否决定经费使用，这些层 2 变量对农村初中学生的数学成绩有较大的影响。

三、小学学生数学成绩随机截距模型分析结果

　　根据以前相关研究选择的第一层模型自变量和小学数学成绩探索分析选择的第二层模型自变量，本研究建立了无教育管理制度变量的小学数学成绩随机截距模型（模型 1）和有教育管理制度变量的小学数学成绩随机截距模型（模型 2）。

　　模型 1 如下：

Level−1 Model

$Y = B_0 + B_1 * (xingbie) + B_2 * (fedu) + B_3 * (diannao) + B_4 * (tel) + B_5 * (book) + R$

Level−2 Model

$B_0 = G_{00} + G_{01} * (jinxiu) + G_{02} * (reward) + G_{03} * (jsedu) + G_{04} * (shifan) +$

$G_{05} * (jiaoling) + G_{06} * (pzige) + G_{07} * (zhichen) + G_{08} * (gongban) + G_{09} * (ary_{06}) + G_{10} * (agy06) + G_{11} * (bansize) + U_0$

$B_1 = G_{10} + U_1$

$B_2 = G_{20} + U_2$

$B_3 = G_{30} + U_3$

$B_4 = G_{40} + U_4$

$B_5 = G_{50} + U_5$

模型 2 如下：

Level-1 Model

$Y = B_0 + B_1 * (xingbie) + B_2 * (fedu) + B_3 * (diannao) + B_4 * (tel) + B_5 * (book) + R$

Level-2 Model

$B_0 = G_{00} + G_{01} * (jinxiu) + G_{02} * (reward) + G_{03} * (jsedu) + G_{04} * (shifan) + G_{05} * (jiaoling) + G_{06} * (pzige) + G_{07} * (zhichen) + G_{08} * (gongban) + G_{09} * (ary06) + G_{10} * (agy06) + G_{11} * (bansize) + G_{12} * (tmove) + G_{13} * (schjf) + G_{14} * (schtgz) + U_0$

$B_1 = G_{10} + U_1$

$B_2 = G_{20} + U_2$

$B_3 = G_{30} + U_3$

$B_4 = G_{40} + U_4$

$B_5 = G_{50} + U_5$

两个模型固定效应部分主要统计结果见表 4-18。首先看模型 1 的统计结果，在层 2（学校层面）变量中：①小学学校生均公用经费对学生数学成绩有极显著正影响，生均公用经费增加 1 元，小学学生数学成绩就提高 0.008 分，小学生均人员经费对学生数学成绩有负影响，但没有通过显著性检验；②小学数学教师初始学历对学生数学成绩有显著正影响，具体说，小学数学教师初始学历每提高一个层级（如从专科到本科，从本科到研究生），学生数学成绩提高 2.27 分；③小学数学教师每学期用于业务进修和培训的时间对学生数学成绩有显著正影响；④具有高级职称小学数学教师所教学生数学成绩显著高于其他教师所教学生数学成绩 2.734 分；⑤小学数学教师教龄对学生数学成绩有显著负影响；⑥抽样班班级规模对小学学生数学成绩有显著正影响。在层 1（学生个体和家庭层面）变量中，男生数学成绩显著高于女生数学成绩，中等收入家庭（家中有电话但无电脑）和高收入家庭（家中有电脑）小学生数学成绩显著高于低收入家庭（家中无电话家庭）小学生数学成绩，这表明家庭经济背景对小学生数学成绩有显著正影响。小学数学成绩模型 1 的拟合优度统计结果见表 4-19，拟合优度卡方检验的 p 值小于 0.01，表明小学数学成绩模型 1 对数学成绩的解释度显著优于小学数学成绩零模型，这也表明层 2 在加入学校经费和教师质量系列变量后，小学数学成绩模型的解释力得到了显著提高。

看模型 2 的统计结果，在层 2（学校层面）变量中：①加入的 3 个教育管理制度变量均对小学学生数学成绩有显著影响——只有校长才能决定教师调动的学校学生数学成绩显著高于其他学校（如县教育局、乡镇政府决定教师调动）学生数学成绩 3.85 分，能决定经费使用的学校学生数学成绩显著低于不能决定经费使用的学校学生数学成绩 2.787 分，能决定教师绩效工资的学校学生数学成绩显著高于不能决定教师绩效工资的学校学生数学成绩 2.843 分，②在引入 3 个教育管理制度变量后，抽样班班级规模对小学学生数学成绩仍有显著正影响，但之前在模型 1 中一些对学生数学成绩有显著影响的变量（如生均公用经费、教师初始学历、教师职称等）均变得不显著了。在层 1（学生个体和家庭层面）变量中，男生数学成绩显著高于女生数学成绩，中等收入家庭（家中有电话但无电脑）小学生数学成绩显著高于低收入家庭（家中无电话家庭）小学学生数学成绩，这表明家庭经济背景对小学生数学成绩有显著正影响。小学数学成绩模型 2 的拟合优度统计结果见表 4-20，拟合优度卡方检验的 P 值小于 0.05，表明小学数学成绩模型 2 对数学成绩的解释度显著优于小学数学成绩模型 1，这也表明层 2 在引入教育管理制度系列变量后，小学数学成绩模型的解释力得到了显著提高。

表 4-18　小学数学随机截距模型固定效应结果

	变量名	模型 1	模型 2
学校层面	2006 年生均公用经费（元）	0.008**	0.004
	2006 年生均人员经费（元）	−1.874	0.029
	数学教师初始学历	2.270*	1.047
	数学教师初始学历是否获得于师范院校（1＝"是"，0＝"否"）	−1.123	−1.299
	数学教师教龄	−0.151*	−0.116
	数学教师每学期用于业务进修和培训的时间	0.063*	0.040
	数学教师是否具有小学及以上教师资格（1＝"是"，0＝"否"）	−4.130	−2.268
	数学教师是否具有高级职称（1＝"是"，0＝"否"）	2.734*	1.887
	数学教师是否为公办教师（1＝"是"，0＝"否"）	2.198	2.794
	抽样班班级规模	0.179**	0.162**
	数学教师 2006 年下半年获得的总奖金（元）	0.0005	0.002**
	只有校长才能决定教师调动（1＝是，0＝否）		3.850**
	学校能否决定经费使用（1＝能，0＝不能）		−2.787**
	学校能否决定教师的绩效工资（1＝能，0＝不能）		2.843*
个体层面	性别（1＝男，0＝女）	1.449***	1.435***
	父亲学历	0.114	0.123
	家中有电脑（以家中无电话为基准）	1.614*	1.572
	家中有电话但无电脑（以家中无电话为基准）	1.626**	1.574**
	家中除课本外的藏书量	0.0005	0.0005

注：本表中的结果是基于稳健估计标准误得到的；*** 表示 $p<0.001$，** 表示 $p<0.05$，* 表示 $p<0.1$。

表 4-19　小学数学成绩模型 1 的拟合优度统计结果

小学数学成绩模型	离差统计量	估计参数	偏差统计量	自由度	p 值
小学数学成绩零模型	33436.643	2	5462.721	20	0.000
小学数学成绩模型 1	27973.922	22			

表 4-20　小学数学成绩模型 2 的拟合优度统计结果

小学数学成绩模型	离差统计量	估计参数	偏差统计量	自由度	p 值
小学数学成绩模型 1	27973.922	22	14.568	6	0.024
小学数学成绩模型 2	27959.354	16			

四、初中学生数学成绩随机截距模型分析结果

同理，根据以前相关研究选择的第一层模型自变量和初中数学成绩探索分析选择的第二层模型自变量，本研究建立了无教育管理制度变量的初中数学成绩随机截距模型（模型 1）和有教育管理制度变量的初中数学成绩随机截距模型（模型 2）。

模型 1 如下：

Level-1 Model

$Y = B_0 + B_1 * (xingbie) + B_2 * (fedu) + B_3 * (diannao) + B_4 * (tel) + B_5 * (book) + R$

Level-2 Model

$B_0 = G_{00} + G_{01} * (gongzi) + G_{02} * (reward) + G_{03} * (jsedu) + G_{04} * (mzige) + G_{05} * (zhichen) + G_{06} * (ary06) + G_{07} * (agy06) + U_0$

$B_1 = G_{10} + U_1$

$B_2 = G_{20} + U_2$

$B_3 = G_{30} + U_3$

$B_4 = G_{40} + U_4$

$B_5 = G_{50} + U_5$

模型 2 如下：

Level-1 Model

$Y = B_0 + B_1 * (xingbie) + B_2 * (fedu) + B_3 * (diannao) + B_4 * (tel) + B_5 * (book) + R$

Level-2 Model

$B_0 = G_{00} + G_{01} * (gongzi) + G_{02} * (jsedu) + G_{03} * (mzige) + G_{04} * (zhichen) +$

$$G_{05} * (ary_{06}) + G_{06} * (agy_{06}) + G_{07} * (tmove) + G_{08} * (schjf) + U_0$$

$$B_1 = G_{10} + U_1$$

$$B_2 = G_{20} + U_2$$

$$B_3 = G_{30} + U_3$$

$$B_4 = G_{40} + U_4$$

$$B_5 = G_{50} + U_5$$

两个模型固定效应部分主要统计结果见表 4-21。首先看模型 1 的统计结果，在层 2（学校层面）变量中：①初中数学教师实发月工资对学生数学成绩有极显著正影响，教师实发月工资增加 1 元，初中学生数学成绩就提高 0.014 分；②初中数学教师初始学历对学生数学成绩有显著正影响，具体说，初中数学教师初始学历每提高一个层级（如从专科到本科，从本科到研究生），学生数学成绩提高 7.228 分；③初中学校生均公用经费和生均人员经费对学生数学成绩的影响均没有通过统计显著性检验。在层 1（学生个体和家庭层面）变量中，父亲学历对初中学生数学成绩有显著正影响，高收入家庭（家中有电脑）初中学生数学成绩显著低于低收入家庭（家中无电话家庭）初中学生数学成绩，这表明家庭社会经济背景对初中学生数学成绩有显著影响。初中数学成绩模型 1 的拟合优度统计结果见表 4-22，拟合优度卡方检验的 p 值小于 0.01，表明初中数学成绩模型 1 对数学成绩的解释度显著优于初中数学成绩零模型，这也表明层 2 在加入学校经费和教师质量系列变量后，初中数学成绩模型的解释力得到了显著提高。

看模型 2 的统计结果，在层 2（学校层面）变量中：①学校能否决定经费使用对初中学生数学成绩具有显著负影响，具体来说，能决定经费使用的学校学生数学成绩显著低于不能决定经费使用的学校学生数学成绩 2.249 分，只有校长才能决定教师调动对初中学生数学成绩的影响没有通过统计显著性水平检验；②在引入两个教育管理制度变量后，初中数学教师实发月工资和初始学历对初中学生数学成绩仍有显著正影响。在层 1（学生个体和家庭层面）变量中，父亲学历对初中学生数学成绩仍有显著正影响，高等收入家庭（家中有电脑）初中学生数学成绩显著低于低收入家庭（家中无电话家庭）初中学生数学成绩。初中数学成绩模型 2 的拟合优度统计结果见表 4-23，拟合优度卡方检验

的 p 值小于 0.05，表明初中数学成绩模型 2 对数学成绩的解释度显著优于初中数学成绩模型 1，这也表明层 2 在引入教育管理制度系列变量后，初中数学成绩模型的解释力得到了显著提高。

表 4-21 初中数学随机截距模型固定效应结果

	变量名	模型 1	模型 2
学校层面	2006 年生均公用经费（元）	0.002	0.0005
	2006 年生均人员经费（元）	-1.323	4.872
	数学教师实发月工资	0.014***	0.014***
	数学教师 2006 年下半年获得的总奖金（元）	0.001	
	数学教师初始学历	7.228***	5.410**
	数学教师是否具有初中及以上教师资格（1="是"，0="否"）	1.719	1.808
	数学教师是否具有高级职称（1="是"，0="否"）	3.341	6.390
	只有校长才能决定教师调动（1="是"，0="否"）		-2.431
	学校能否决定经费使用（1="能"，0="不能"）		-2.249*
个体层面	性别（1="男"，0="女"）	1.005	1.066
	父亲学历	1.508**	1.524**
	家中有电脑（以家中无电话为基准）	-2.567*	-2.678*
	家中有电话但无电脑（以家中无电话为基准）	-0.459	-0.339
	家中除课本外的藏书量	0.00002	0.0003

注：*** 表示 $p<0.001$，** 表示 $p<0.05$，* 表示 $p<0.1$。

表 4-22 初中数学成绩模型 1 的拟合优度统计结果

初中数学成绩模型	离差统计量	估计参数	偏差统计量	自由度	p 值
初中数学成绩零模型	25756.347	2	3177.817	20	0.000
初中数学成绩模型 1	22578.529	22			

表 4-23　初中数学成绩模型 2 的拟合优度统计结果

初中数学成绩模型	离差统计量	估计参数	偏差统计量	自由度	p 值
初中数学成绩模型 1	22578.529	22	15.505	6	0.017
初中数学成绩模型 2	22563.023	16			

五、与 OLS 分析结果的比较

多层次分析最大的优点在于它强调教育系统内在的层次性，这可以使研究者在不同层次上讨论不同因素的影响。一般来说，当同一班级或学校的学生成绩相关较低时，多层次分析与 OLS 分析结论相似。当单位内相关增大时，OLS 估计会低估标准误，这可能会导致对零假设的错误拒绝。因此，当没有考虑到数据结构问题时，研究者可能会发现解释变量与学生产出之间存在正向的关系，但实际上这种关系并不存在。汉纳谢克等（Hanushek et al.，1996）的调查就表明如果没有考虑到数据的层次结构而使用了总量数据的研究更可能显示出学校投入和产出之间存在显著关系。表 4-24 和表 4-25 分别计算了小学和初中数学成绩 OLS 回归结果，对比小学和初中数学成绩多层次分析结果（见表 4-18 和表 4-21）可发现，OLS 回归结果总体更加显著，许多变量的回归系数在多层次分析方法下没有通过统计显著性水平检验，但在 OLS 回归方法下均通过了统计显著性水平检验。由此可见，忽略层次的 OLS 回归结果存在较严重的估计偏差，多层次分析方法的结果更加精确。

表 4-24　小学数学成绩 OLS 回归结果

类别	变量名	模型 1	模型 2
学校层面	2006 年生均公用经费（元）	0.005 ***	0.003 *
	2006 年生均人员经费（元）	1.007	2.067
	数学教师初始学历	1.933 ***	1.163 *
	数学教师初始学历是否获得于师范院校（1 = "是"，0 = "否"）	-1.453 ***	-1.413 ***
	数学教师教龄	-0.185 ***	-0.169 ***

续表

类别	变量名	模型 1	模型 2
学校层面	数学教师每学期用于业务进修和培训的时间	0.053 ***	0.044 ***
	数学教师是否具有小学及以上教师资格（1="是"，0="否"）	−2.547 ***	−1.341
	数学教师是否具有高级职称（1="是"，0="否"）	1.720 ***	1.229 *
	数学教师是否为公办教师（1="是"，0="否"）	2.998 ***	3.458 ***
	抽样班班级规模	0.135 ***	0.124 ***
	数学教师 2006 年下半年获得的总奖金（元）	0.001	0.002 **
	只有校长才能决定教师调动（1="是"，0="否"）		2.290 ***
	学校能否决定经费使用（1="能"，0="不能"）		−1.818 ***
	学校能否决定教师的绩效工资（1="能"，0="不能"）		2.356 ***
个体层面	性别（1="男"，0="女"）	1.467 ***	1.443 ***
	父亲学历	0.434 *	0.302
	家中有电脑（以家中无电话为基准）	3.98 ***	3.425 ***
	家中有电话但无电脑（以家中无电话为基准）	2.465 ***	2.274 ***
	家中除课本外的藏书量	0.0001	0.0001

注：*** 表示 $p<0.001$，** $p<0.05$，* $p<0.1$。

表 4-25 初中数学成绩 OLS 回归结果

类别	变量名	模型 1	模型 2
学校层面	2006 年生均公用经费（元）	−0.001	0.0005
	2006 年生均人员经费（元）	7.488	6.347
	数学教师实发月工资	0.012 ***	0.012 ***
	数学教师 2006 年下半年获得的总奖金（元）	0.001	−0.0004
	数学教师初始学历	5.876 ***	5.281 ***
	数学教师是否具有初中及以上教师资格（1="是"，0="否"）	1.613 *	1.948 **
	数学教师是否具有高级职称（1="是"，0="否"）	7.218 **	7.505 **
	只有校长才能决定教师调动（1="是"，0="否"）		−1.988
	学校能否决定经费使用（1="能"，0="不能"）		−2.217 ***

续表

类别	变量名	模型 1	模型 2
个 体 层 面	性别（1 = "男"，0 = "女"）	0.809	0.766
	父亲学历	2.242***	2.243***
	家中有电脑（以家中无电话为基准）	−1.209	−1.026
	家中有电话但无电脑（以家中无电话为基准）	0.709	0.776
	家中除课本外的藏书量	0.0001	0.0001

注: *** 表示 $p<0.001$，** 表示 $p<0.05$，* 表示 $p<0.1$。

第七节 研究结论与政策建议

一、主要结论与讨论

根据上述对湖北和江苏两省义务教育阶段教育投入和教育质量关系的实证分析结果，本文得出如下主要结论。

一是我国城乡、地区、校际义务教育阶段学校数学教育质量水平存在很大差异。城市学校数学教育质量远高于农村学校，东部地区学校数学教育质量远高于中部地区学校，不同类型学校间教育质量差异也比较大。

二是我国城乡、地区、校际义务教育阶段学校教育财政资源和教师资源配置非常不均衡。城市学校教育经费投入、支出水平和教师质量远高于农村学校，东部地区学校教育经费投入、支出水平和教师质量明显高于中部地区学校，校际教育经费投入、支出水平和教师质量差异也比较大，且与初中相比，小学校际差距明显更大。但值得注意的是，城乡小学和初中教育经费投入差距在"新机制"改革后均有较明显的缩小。

三是方差分析模型结果表明，我国中东部地区义务教育数学教育质量在学生个体和学校两个层面均存在显著差异。湖北和江苏两省小学学生的数学成绩约77%的差异来源于个体和家庭间的差异，约23%的差异来源于校际差异；初中学生的数学成绩约76%的差异来源于个体和家庭间的差异，约24%的差异来源于校际差异。综合上述结论，我国中东部地区义务教育阶段校际数学教育质量的差异在较大程度上来源于校际教育资源配置的不均衡。薛海平、闵维方（2008）的研究显示，甘肃农村初中学生的数学成绩大约 21% 的差异来源于班级间的差异，约 21% 的差异来源于校际差异。如果将班级因素也归为学校因素，实际上甘肃农村初中学生数学成绩大约 42% 的差异来源于校际差异。因此，与西部农村初中相比，我国中东部地区农村初中数学教育质量受学校因素的影响似乎更小些，而受学生个体和家庭因素的影响似乎更大些，其原因可能在于与西部地区农村相比，我国中东部地区农村学生父母文化程度和家庭收入普遍较高，因此中东部地区农村学生父母对孩子的教育辅导和教育投入较多，结果是家庭对学生成绩的贡献也会较大。

四是生均公用经费对中东部地区小学数学教育质量有显著正影响。层 2 变量的探索分析结果显示，在不考虑教师素质和班级规模因素的情况下，生均公用经费支出和生均人员经费支出对农村小学和初中教育质量均有显著正影响。在考虑教师素质和班级规模因素对教育质量的影响后，生均公用经费支出对小学教育质量仍有显著正影响，但生均人员经费支出对小学教育质量影响不显著，生均公用经费和生均人员经费支出对初中教育质量影响均不显著。进一步的分析显示，在小学数学成绩随机截距模型 2 中，当引入学校能否决定教师的绩效工资这一变量后，学校能否决定教师的绩效工资对小学教育质量具有显著正影响，而生均公用经费支出对小学教育质量影响变得不显著了，生均公用经费支出对小学教育质量的影响在很大程度上被学校能否决定教师的绩效工资这一变量带走了，原因可能在于生均公用经费对教师的绩效工资有重要影响。以 2006 年小学教师下半年奖金为因变量、2006 年小学公用经费拨款为自变量的普通线性回归结果显示，学校公用经费拨款对教师奖金有极显著影响，2006 年小学公用经费拨款每增加 1 万元，2006 年下半年小学人均教师奖金就增加 36.17 元，由此推断小学教师奖金在较大程度上来源于对学校公用经费的挤占，由于这种人头经费挤占公用经费现象的存在，真正流入教学过程的公用经费大量减少，最终导致小学生均公用经费对教育质量影响不显著。

五是教师因素对中东部地区中小学数学教育质量有重要影响。具体来说，数学教师初始学历对中小学数学教育质量均有显著正影响；初中数学教师实发月工资对数学教育质量有极显著正影响；小学数学教师职称以及学期中每月用于业务进修和培训的时间对数学教育质量都有显著正影响，但小学数学教师教龄对数学教育质量有显著负影响，其原因可能在于由于缺乏有效激励，小学教师随着教龄的增加，其职业倦怠的程度也在增加，表现为一定程度的得过且过，不愿意努力工作，结果导致教育质量下降。（桑青松，黄卫明，2007；梁芸芳，刘丽，2007）

六是班级规模对中东部地区小学数学教育质量有显著正影响，但对中东部地区初中数学教育质量影响不显著。薛海平、闵维方（2008）的研究发现，甘肃农村初中班级规模对数学教育质量有显著负影响，其原因在于甘肃农村初中班级规模普遍偏大，降低了课堂教学效果。本研究样本中的中东部地区农村小学平均班级规模为42人，规模比较合理，没有对课堂教学效果造成较大的负面影响。

七是教师人事分权制度对中东部地区小学数学教育质量有显著正影响。只有校长才能决定教师调动的小学教育质量显著高于教育局或乡镇政府决定教师调动的小学教育质量，显示教师人事权下放到学校而非集中于教育局或乡镇政府有助于提高教育质量，这与李小土等（2010）对甘肃农村中小学人事与教师激励机制的研究结论保持了一致。在农村中小学尤其是偏远的农村学校，将教师调到乡镇或交通便利的学校，无疑是一项重要的激励手段。这种激励手段掌握在校长手中的制度设计要优于掌握在教育局或乡镇政府等制度设计，其主要原因在于校长是学校教学业务的直接管理者，最熟悉本校教师和学校的情况。业务管理者同时掌握人事权力，有利于建立合理的教师激励制度和有效配置教育资源；教师人事权力如果集中于县教育局或乡镇政府所产生的结果是，权力的掌控方与教育管理方完全分离，拥有支配权的领导往往对教学业务和教学第一线的工作者并不熟悉。换言之，教育绩效评估者无法掌握教师激励权力，结果可能会逐渐不再愿意进行严格的管理。教师人事权集中，也会导致教师调配更不合理，对于差的教师难以管理，这都可能引起教学质量下滑。（李小土等，2010）

八是教育财政分权制度对中东部地区中小学数学教育质量的影响比较复杂。能决定教师绩效工资的小学学生数学成绩显著高于不能决定教师绩效工资的小学学生数学成绩，表明中东部地区小学拥有教师绩效工资分配权有助于提高数学教育质量。教师绩效工资也是一项重要的激励手段。这种激励手段下放到学校的制度设计要优于掌握在教育局或乡镇政府等制度设计，其主要原因同样在于校长是学校教学业务的直接管理者，最熟悉本校教师的情况。业务管理者同时掌握教师绩效工资分配权力，就直接掌握了对教师激励的权力，有利于建立合理的教师激励制度和有效配置教育资源。

能决定经费使用的中小学学生数学成绩均显著低于不能决定经费使用的中小学学生数学成绩，这表明中东部地区中小学拥有经费使用自主权会对教育质量产生负影响。其中一个可能的原因是在中小学拥有经费使用自主权而学校经费使用过程监督机制又不健全的情况下，学校会挤占公用经费给教师发一些福利（含保险）、津贴、奖金或偿还学校债务。笔者于 2006 年曾跟随王蓉教授在湖北和陕西调研，发现义务教育阶段学校的公用经费普遍受到严重挤占。挤占公用经费的支出包括分发教师福利、津贴，支付代课教师与教职工工资，偿还债务等。为了证实学校是否挤占了公用经费给教师发一些福利（含保险）、津贴、奖金或偿还学校债务，本研究以 2006 年生均公用经费支出为自变量，分别对小学和初中 2006 年教师奖金和津贴、福利（含保险）、归还贷（借）款本息支出进行了回归，每一个模型均通过了 0.05 的统计显著性水平检验，具体结果见表 4-26。从中可以看到，中东部地区小学和初中生均公用经费支出均对教师奖金和津贴、福利（含保险）、归还贷（借）款本息支出产生了显著正影响，其中对教师奖金、津贴和归还贷（借）款本息支出的影响较大。小学生均公用经费支出每增加 1 元，学校归还贷（借）款本息支出就增加 233.85 元，学校教师奖金、津贴支出就增加 213.22 元，学校教师福利（含保险）就增加 194.31 元，样本中小学 2006 年平均学生数约为 780 人，如果小学生均公用经费支出增加 1 元，小学公用经费支出约平均增加 780 元，其中约 641.38 元被挤占用于给教师发一些福利（含保险）、津贴、奖金或偿还学校债务，约占学校公用经费支出增加值的 82.23%。初中生均公用经费支出每增加 1 元，学校教师奖金、津贴支出就增加 510.57 元，学校归还贷（借）款本息支出就增加 397.42 元，学校教师福利（含保险）就增加 211.38 元，样本中初中 2006 年平均学生数约为 1635 人，如果初中生均公用经费支出增加 1 元，初中公用经费支出平均增加约 1635 元，其中约 1119.37 元被挤占用于给教师发一些福利（含保险）、津贴、奖金或偿还学校债务，约占学校公用经费支出增加值的 68.46%。上述结论证实了中东部地区中小学可能存在挤占公用经费给教师发福利（含保险）、津贴、奖金或偿还学校债务的推论。值得一提的是，一些国际比较研究也得出了与本研究类似的结论，沃斯曼因（Woessmann，2001；2006）采用 TIMSS 的数据研究表明，给予学校自主权对学生成绩的影响是复杂的。给予学校设定自己的预算、绩效目标和教学标准方面的自主权将对学生的成绩产生负的影响，因此这方面的权力应该被集中；相反，在一个有效的评估和监控机制下给予学校达到目标和标准的自主权，将有助于提高学生的成绩。

表 4-26 2006 年生均公用经费支出（元）与教师奖金、津贴、福利（含保险）和学校债务偿还

因变量	自变量			
	农村小学		农村初中	
	回归系数	调整后 R^2	回归系数	调整后 R^2
2006 年教师奖金、津贴	213.22***	0.062	510.57***	0.321
2006 年教师福利（含保险）	194.31***	0.160	211.38***	0.146
2006 年归还贷（借）款本息支出	233.85*	0.118	397.42*	0.132

注：*** 表示 $p<0.001$，** 表示 $p<0.05$，* 表示 $p<0.1$。

二、相关政策建议

根据实证研究结论，本研究对提高我国中东部地区义务教育质量以及保障义务教育质量公平提出以下几点政策建议。

一是提高中小学教师素质。本研究表明中东部地区中小学数学教师素质对数学教育质量具有重要影响。为了提高中东部地区义务教育质量，本研究建议采取以下措施提高中小学教师素质。

首先，中小学在招聘教师时提高应聘教师的初始学历标准。由于历史的原因，现在的中东部地区农村中小学教师中有许多教师的初始学历为高中及以下，这些教师中虽然有许多人通过继续教育的形式提升了学历水平，但由于我

国继续教育办学质量普遍不高，学历水平的提高并不意味着教师的教育知识和能力也得到了有效提高。今后中东部地区农村中小学应按照小学教师必须具有大专初始学历，初中教师必须具有本科初始学历的要求招聘教师。有条件的地区，农村中小学可以进一步提高应聘教师的初始学历标准。

其次，加大城镇高级职称教师去农村小学支教力度。本研究表明，具有高级职称小学数学教师教育质量显著高于其他职称数学教师教育质量，因此，增加高级职称教师的数量将有助于提高中东部地区农村小学教育质量。目前，我国许多地方教育管理部门都规定城镇中小学教师晋升高级职称需到农村中小学支教一年，但针对晋升高级职称后的教师去农村中小学支教的政策规定基本没有，城镇高级职称教师援助农村中小学的力度较小。为了更有效地提高中东部地区农村义务教育质量，促进高水平教师资源的均衡配置，地方教育管理部门有必要出台相关的政策以加大城镇高级职称教师去农村小学支教的力度。

再次，增加小学教师每月业务进修和培训时间。本研究显示，小学数学教师学期中每月用于业务进修和培训的时间对学生数学教育质量有显著正影响，小学数学教师学期中每月的业务进修和培训时间主要由下列活动的时间构成：教研组活动、学校安排的进修或培训、为提高学历而进行的自我学习、为提高教学能力而自我阅读与教学相关的材料。对教师样本的统计描述显示，小学数学教师学期中每月用于业务进修和培训的时间平均约为 21 小时，每天平均不足 1 小时，因此中东部地区小学可以采取一些措施增加教师每月业务进修和培训的时间以提升教师的素质。

最后，采取有效措施对小学教师进行激励，消除他们职业倦怠，本研究和其他一些研究发现，由于缺乏有效激励，小学教师随着教龄的增加，其职业倦怠的程度也在增加，结果导致教育质量下降。因此，教育管理部门和学校管理人员应重视小学教师职业倦怠现象并采取有效措施对他们进行激励以消除他们的职业倦怠，可采取的一些激励措施有：改革工资结构并提高绩效工资比重、赋予教师更多的专业自主权、扩大教师参与学校管理的权力、增加业务进修和培训的时间、培育良好的人际关系等。

二是提高中小学生均公用经费拨款标准。学校公用经费是教育事业费中用于保证和改善办学条件的公共开支部分，它是学校行政和教学活动的基本保证，本研究表明学校生均公用经费支出对小学数学教育质量有显著正影响，对初中数学教育质量也有正向影响，但没有通过统计显著性水平检验，其原因可能在于公用经费被大量挤占用于给教师发福利（含保险）、津贴、奖金或偿还学校债务，结果导致真正流入教学过程的公用经费较少。基于上述分析，增加学校生均公用经费支出有助于提高中小学教育质量。本研究样本中，村小生均公用经费支出为 124.65 元，乡镇中心小学生均公用经费支出为 228.46 元，农村初中生均公用经费支出为 385.96 元，我国中东部地区在 2007 年春季学期开始实施农村义务教育经费保障机制改革，改革要求提高农村义务教育阶段中小学公用经费保障水平，农村小学和农村初中生均公用经费基准定额到 2009 年分别要达到 300 元/年和 500 元/年。2006 年中东部地区农村小学（尤其是村小）和农村初中生均公用经费支出水平离政策规定的基准定额还有较大的差距。一些研究也表明，改革后中东部农村中小学生均公用经费财政拨款标准仍然偏低，不能满足学校发展要求。（财政部驻安徽专员办课题组，2007）为此，政府需要提高农村中小学生均公用经费的财政拨款标准，加强中东部地区农村中小学公用经费保障水平。

三是给予中小学一定的经费使用自主权，同时完善和强化对学校公用经费使用过程的监控机制。前文分析表明，校长是学校教学业务的直接管理者，最熟悉本校教师的情况，因此，校长同时掌握教师绩效工资分配权力，有利于建立合理的教师激励制度和有效配置教育资源，最终有助于提高教育质量。2007年中东部地区开始实施农村义务教育经费保障机制改革后，伴随着中小学接受的教育财政拨款的增加，为了强化对学校经费使用过程的监控，很多地方实行了"校财局管"的学校财政管理模式，中小学基本失去了经费使用自主权，这虽然可以在一定程度上规范中小学经费使用过程，但同时也取消了校长对教师的绩效工资分配权，不利于建立合理的教师激励制度和有效配置教育资源，最终不利于教育质量的提高。因此，应实行教育财政分权制度，给予中小学一定的经费使用自主权，赋予校长对教师绩效工资的分配权，推动学校真正实施教师结构工资制度改革，提高绩效工资比重，利用经济手段加大对中小学教师的激励力度。与此同时，为了防止中小学挤占公用经费影响教育质量，需要完善和强化对学校公用经费使用过程的监控机制。尽管"校财局管"的学校财政管理模式可以在一定程度上规范中小学经费使用过程，但仍很难对学校公用经费使用去向和效益进行监督与评估，为此需要采取以下一些措施完善对学校公用经费使用过程的监控机制。第一，监督地方政府切实承担起对中小学教师保险、津贴的财政拨款责任，将绩效工资、代课教师工资、学校债务偿还支出纳入政府财政拨款范围。由于许多地区的地方政府没有承担起对中小学教师保险、津贴的财政拨款责任，为了稳定教师队伍，一些中小学不得不挤占公用经费以给教师补发保险、津贴，地方政府应切实承担起对中小学教师保险、津贴的财政拨款责任，不得将此负担转嫁给学校。此外，各级政府还应努力将教师绩效工资、代课教师工资、学校债务偿还支出纳入政府财政拨款范围，消除中小学挤占公用经费的客观原因。第二，建立对学校经费的审计制度。每一学期结束后，可以从县审计局、财政局、教育局中抽取一部分人员组成联合的工作小组，对学校各项经费尤其是公用经费的使用情况进行严格审计，一经发现违规挪用公用经费的行为，就追究相关人员的责任，并给予严厉的处罚。第三，推行学校财务公开制度。每一学期结束后，学校应将本学期经费尤其是公用经费使用情况对校内教师和校外人员进行公示，接受校内外人员的财务监督。

四是实行教师人事管理分权制度，赋予中小学校长一定的教师人事自主权。校长如果对校内人事管理有一定的自主权，就会更积极地激励教师和进行教学管理，促进教育质量的提高。1985 年公布的《中共中央关于教育体制改革的决定》明确指出，中小学要逐步实行校长负责制，校长应拥有教学科研管理、行政管理、人事管理、后勤和经费管理等各项权力。近年来，伴随着"以县为主"改革和农村义务教育经费保障机制改革的深入，义务教育财政管理的集权趋势也导致了教师人事管理权力不断集中于县教育管理部门或人事管理部门手中，中小学校长原来掌握的人事管理和经费管理权力越来越小，结果导致他们对本校教师的激励强度受到了很大削弱。教师人事权力过度集中所产生的一个后果是，学校教学业务的直接管理者不掌握对教师激励的权力，而拥有激励支配权的县级管理部门却往往对教学业务和教学第一线的教师并不熟悉，这在一定程度上扭曲了教师人事管理的激励机制，无疑会对教育质量带来负面影响。为了建立合理的教师人事管理激励机制，可考虑真正落实校长负责制，实行教师人事管理分权制度，赋予中小学校长在教师调动、职称评定、绩效工资分配等教师人事管理方面一定的自主权。同时为了保证校长不滥用教师人事管理自主权，需要对校长的教师人事管理自主权使用过程进行监督。一方面，上级管理部门需要对校长的权力运用进行监督；另一方面，实行校长负责制的学校应建立和健全教职工代表大会制度，保证教职工代表大会对校长的权力运用进行监督。

五是从重视义务教育起点公平转向重视义务教育结果公平。义务教育起点公平强调每个适龄儿童都能享受免费接受九年义务教育的机会，而义务教育结果公平强调每个适龄儿童都能接受相同质量的义务教育。在前"普九"时期，我国实现义务教育公平政策的重心在于保障义务教育起点公平，在后"普九"时期，我国实现义务教育公平政策的重心应转向保障义务教育结果公平。本研究的调查分析表明，我国城乡、地区和校际义务教育质量水平均存在很大的差异。因此，缩小城乡、地区和校际义务教育质量差异，保障义务教育结果公平将是后"普九"阶段我国实现义务教育公平的努力方向。

六是实现义务教育阶段学校资源的均衡配置是保障义务教育结果公平的根本条件。本研究的实证分析表明，我国义务教育阶段城乡、地区和校际学校教育资源配置非常不均衡，而城乡、地区和校际学校教育资源配置的不均衡又在很大程度上造成了城乡、地区和校际数学教育质量的不公平。因此，缩小我国义务教育质量差异，保障义务教育结果公平的根本条件是推进城乡、地区和校际义务教育阶段学校教育资源的均衡配置。

七是公用经费和教师资源的均衡配置是我国义务教育阶段学校教育资源均衡配置的重心所在。学校公用经费是教育事业费中用于保证和改善办学条件的公共开支部分，它是学校行政和教学活动的基本保证，本研究表明，学校生均公用经费支出对中小学数学教育质量均有显著正影响，而我国义务教育阶段城乡、地区和校际学校生均公用经费支出水平又非常不均衡，因此，增加农村学校生均公用经费拨款，缩小校际生均公用经费支出差距是保障我国义务教育结果公平的一个重要手段。教师资源是教育生产过程中的重要资源，本研究表明，学校教师质量对中小学数学教育质量有显著正影响，而我国义务教育阶段城乡、地区和校际教师质量配置也较不均衡，因此，提高农村学校和城市薄弱学校的教师质量水平，缩小校际教师质量差距是保障我国义务教育结果公平的另一个重要手段。

第五章

西部义务教育投入与学生成绩关系分析

本章利用"西部地区基础教育发展"项目云南省基线调查数据,采用多水平模型统计方法对我国西部地区农村义务教育投入与学生数学成绩关系进行了实证研究。实证研究结果显示:云南省农村义务教育数学成绩在学生个体和学校两个层面均存在显著差异;财力因素对云南省农村义务教育数学成绩影响比较复杂;教师因素对云南省农村义务教育数学成绩有重要影响;班级规模对云南省农村义务教育数学成绩有显著负影响。基于上述研究结论,本文对提高我国西部农村义务教育质量提出以下政策建议:提升西部农村义务教育教师素质,提高西部农村义务教育学校生均公用经费拨款标准,完善和强化对西部农村义务教育学校公用经费使用过程的监控机制,缩小西部农村义务教育学校班级规模。

第一节　问题的提出

上一章研究了我国中东部地区义务教育投入与学生成绩的关系,获得了中东部地区义务教育学校生产过程的一些规律性信息。我国东中西部不同地区教育发展水平存在较大差异,不同地区义务教育投入与学生成绩关系可能有所不同,本章将利用西部地区大规模学校基线调查数据研究西部农村义务教育投入与学生成绩的关系,探讨西部地区义务教育学校生产规律。本章研究所采用的数据来自北京师范大学教育经济研究所杜育红教授主持的世界银行贷款、英国政府双边赠款"西部地区基础教育发展"项目(以下简称为"西发"项目)的影响力评价课题的基线调查,这是对甘肃、宁夏、四川、云南、广西实施"西发"项目状况的一个较为详细的摸底调查。本研究使用该课题基线调查的云南省部分调查数据，采用问卷调查法和标准化的考试法来收集研究需要的数据。设计和使用的调查工具有：学校基本情况调查表、学生及家庭基本情况调查表、教师基本情况调查表。针对学生的语言和数学技能所进行的考试，其测量工具是由相关的教学专家和教育与发展心理学专家共同编制，并经过了信度、效度检验。样本中，云南省农村小学为 56 所，农村小学学生数为 1780 名，农村初中为 30 所，农村初中学生数为 1430 名。为了探讨云南省农村义务教育投入与教育质量之间的关系，本研究将根据教育生产函数理论，采用多水平模型分析云南省农村义务教育阶段各类学校教育投入对教育质量的影响。考虑到每所学校内部只抽取了一个班级，故不适合构建学生个体、班级、学校的三层模型。因此，本研究将构建学生个体和学校两个层面的估计模型。

第二节　学生成绩方差分析模型研究

一、学生成绩方差分析模型结果

在进行两层模型分析之前需要研究方差分析模型。该模型中，第一层和第二层模型里都没有预测变量，它只注重被研究对象的个体差异和背景差异的比较，而暂时不考虑控制相关变量对因变量的影响。使用方差分析模型的主要目的是将学生数学成绩的总方差分解为学生个人和学校两个层次，以检验各层方差的比例是否显著，它决定了本研究是否有必要建立两层模型。

表 5-1 是云南省农村小学学生数学成绩方差分析模型带有稳健标准误的方差成分估计结果。

表 5-1　云南省农村小学学生数学成绩方差分析模型层际方差成分表

随机效应	标准差	方差成分	组内相关	自由度	χ^2	p 值
层 2 随机项	14.16	200.63	51.73%	48	1633.36	0
层 1 随机项	14.04	197.24				

从表 5-1 可知，层 2 随机项方差估计的卡方检验 p 值小于 0.01，这表明云南省农村小学学生的数学成绩在第二层（学校层面）存在非常显著的差异，也就是说学校背景因素对学生成绩的变异有很大影响，为此，需要在第二层模型中增加一些解释数学成绩的预测变量。

利用组内相关公式可计算出第一层、第二层方差占总方差的比例分别为 48.27% 和 51.73%，这说明了云南省农村小学学生的数学成绩约 48% 的差异来源于个体和家庭间的差异，约 52% 的差异来源于校际差异。

表 5-2 是云南省农村初中学生数学成绩方差分析模型带有稳健标准误的方差成分估计结果。

表 5-2 云南省农村初中学生数学成绩方差分析模型层际方差成分表

随机效应	标准差	方差成分	组内相关	自由度	χ^2	p 值
层 2 随机项	11.27	127.23	33.50%	31	526.87	0
层 1 随机项	15.89	252.51				

从表 5-2 可知，层 2 随机项方差估计的卡方检验 p 值小于 0.01，这表明云南省农村初中学生的数学成绩在第二层（学校层面）也存在非常显著的差异，为此，需要在第二层模型中增加一些解释数学成绩的预测变量。

同样利用组内相关公式可计算出第一层、第二层方差占总方差的比例分别为 66.50% 和 33.50%，这说明了云南省农村初中学生的数学成绩 66.50% 的差异来源于个体和家庭间的差异，33.50% 的差异来源于校际差异。

二、层 2（学校层面）变量的探索分析

层 2（学校层面）潜在变量的探索分析结果见表 5-3。通过对云南省农村小学学生数学成绩的零模型的探索分析，发现 t 值介于 2.0 和 3.0 之间的有 3 个变量——班级规模、是否具有高级职称、教龄，这些变量对小学学生的数学成绩有很大的影响。t 值介于 1.0 和 2.0 之间的有两个变量——2006 年生均公用经费、2006 年生均人员经费，这些层 2 变量对小学学生的数学成绩有较大的影响。同样，通过对云南省农村初中学生数学成绩的零模型的探索分析，发现 t 值介于 1.0 和 2.0 之间的有 6 个变量——2006 年生均公用经费、2006 年生均

人员经费、班级规模、是否具有高级职称、教龄、教师初始学历，这些层 2 变量对初中学生的数学成绩有较大的影响。

表 5-3　层 2 潜在变量的探索分析结果

变量名	变量	小学数学成绩		初中数学成绩	
		t 值	系数	t 值	系数
agy	2006 年生均公用经费	1.177	0.012*	1.544	0.020*
ary	2006 年生均人员经费	1.627	0.007*	−1.251	−0.001*
classize	班级规模	−2.056	−0.289**	1.627	0.102*
zhichen	是否具有高级职称（1 = "有"，0 = "无"）	2.174	3.180**	−1.253	−0.807*
jiaoling	教龄	2.364	0.623**	−1.381	−0.514*
tbedu	教师初始学历	0.964	2.865	1.46	4.853*
tfedu	教师最后学历	0.871	2.298	−0.32	−1.039
pzige	是否有小学及以上资格（1 = "有"，0 = "无"）	0.449	6.369	—	—
mzige	是否有初中及以上资格（1 = "有"，0 = "无"）	—	—	−0.319	−6.748
btrain	2004 年以来是否参加过"西发"项目培训（1 = "是"，0 = "否"）	0.51	2.145	0.626	3.296
xtrain	2004 以来是否参加了"西发"项目外的县级及以上培训（1 = "是"，0 = "否"）	−0.448	−2.033	0.387	2.048
income	2007 年总收入	0.072	0.0001	0.041	0.0001
jbgz	2007 年月基本工资	0.233	0.001	−0.635	−0.004

注：t 值的绝对值大于 3，说明非常显著（在系数值右上角标有***），其对应的变量应该纳入层 2 模型。t 值的绝对值介于 2 与 3 之间，说明很显著（在系数值右上角标有**），其对应的变量也应该纳入层 2 模型。t 值的绝对值介于 1 与 2 之间，说明也是比较显著的（在系数值右上角标有*），其对应的变量同样应该纳入层 2 模型。

第三节 学生数学成绩随机截距模型分析结果

一、小学学生数学成绩随机截距模型分析结果

根据以前相关研究选择的第一层模型自变量和小学数学成绩探索分析选择的第二层模型自变量，本研究建立了如下的小学数学成绩随机截距模型。

Level-1 Model

$$Y = B_0 + B_1 * (zexpect) + B_2 * (fexpect) + B_3 * (ses) + B_4 * (gender) + B_5 * (ethnic) + B_6 * (boarding) + R$$

Level-2 Model

$$B_0 = G_{00} + G_{01} * (ary) + G_{02} * (agy) + G_{03} * (classize) + G_{04} * (zhichen) + G_{05} * (jiaoling) + U_0$$

$$B_1 = G_{10} + U_1$$

$$B_2 = G_{20} + U_2$$

$$B_3 = G_{30} + U_3$$

$$B_4 = G_{40} + U_4$$

$$B_5 = G_{50} + U_5$$

$$B_6 = G_{60} + U_6$$

小学数学成绩随机截距模型固定效应部分主要统计结果见表5-4。在层2（学校层面）变量中：①学校生均公用经费和生均人员经费对学生数学成绩的影响均没有通过统计显著性水平检验；②班级规模对学生数学成绩有显著负影响，具体说，小学班级规模每增加1人，学生数学成绩就下降0.27分；③拥有高级职称的小学数学教师所教学生成绩也显著高出无高级职称数学教师所教学生成绩0.993分。教师教龄对学生数学成绩影响不显著。在层1（学生个体和家庭层面）变量中，学生自己的教育期望对其数学成绩有显著正影响，学生的教育期望水平越高，其数学成绩也越高。家长的教育期望和家庭社会经济地位指数对学生数学成绩影响均不显著。

表 5-4　小学数学成绩随机截距模型固定效应结果

类别	变量名	系数	p 值
学校层面	2006 年生均公用经费（元）	0.001	0.901
	2006 年生均人员经费（元）	−0.00003	0.991
	抽样班班级规模	−0.270**	0.02
	数学教师是否具有高级职称（1 = "是"，0 = "否"）	0.993**	0.046
	数学教师教龄	0.553	0.122
个体层面	自己的教育期望	1.851***	0.001
	家长的教育期望	−0.064	0.877
	家庭社会经济地位指数	0.027	0.765
	性别（1= "男"，0= "女"）	0.479	0.554
	民族（1= "汉族"，0= "少数民族"）	−0.718	0.51
	是否住校（1= "是"，0= "否"）	0.723	0.491

小学数学成绩随机截距模型的拟合优度统计结果见表 5-5，拟合优度卡方检验的 p 值小于 0.01，表明小学数学成绩随机截距模型对数学成绩的解释度显著优于小学数学成绩零模型，这也表明层 2 在加入学校经费和教师质量系列变量后，小学数学成绩模型的解释力得到了显著提高。

表 5-5　小学数学成绩随机截距模型的拟合优度统计结果

小学数学成绩模型	离差统计量	估计参数	偏差统计量	自由度	p 值
小学数学成绩零模型	12940.315	2	2792.715	27	0
小学数学成绩截距模型	10147.599	29			

二、初中学生数学成绩随机截距模型分析结果

根据以前相关研究选择的第一层模型自变量和初中数学成绩探索分析选择的第二层模型自变量，本研究建立了如下的初中数学成绩随机截距模型。

Level-1 Model

$$Y = B_0 + B_1 * (zexpect) + B_2 * (fexpect) + B_3 * (ses) + B_4 * (gender) +$$
$$B_5 * (ethnic) + B_6 * (boarding) + R$$

Level-2 Model

$$B_0 = G_{00} + G_{01} * (ary) + G_{02} * (agy) + G_{03} * (classize) + G_{04} * (zhichen) +$$
$$G_{05} * (jiaoling) + G_{06} * (tbedu) + U_0$$

$$B_1 = G_{10} + U_1$$

$$B_2 = G_{20} + U_2$$

$$B_3 = G_{30} + U_3$$

$$B_4 = G_{40} + U_4$$

$$B_5 = G_{50} + U_5$$

$$B_6 = G_{60} + U_6$$

初中数学成绩随机截距模型固定效应部分主要统计结果见表 5-6。在层 2（学校层面）变量中：①学校生均公用经费对学生数学成绩有显著正影响，学校生均公用经费每增加 1 元，学生数学成绩就提高 0.035 分，但学校生均人员经费对学生数学成绩有弱的负影响，且这种影响通过了统计显著性水平检验，生均人员经费每增加 1 元，学生数学成绩就下降 0.005 分；②班级规模对学生数学成绩有显著负影响，具体说，初中班级规模每增加 1 人，学生数学成绩就下降 0.202 分；③数学教师初始学历和教龄对学生数学成绩分别有显著正影响和显著负影响，数学教师职称对学生数学成绩的影响则不显著。在层 1（学生个体和家庭层面）变量中，学生自己的教育期望和家长的教育期望对其数学成绩均有显著正影响，但家庭社会经济地位指数对学生数学成绩影响不显著。

表 5-6　初中数学成绩随机截距模型固定效应结果

类别	变量名	系数	p 值
学校层面	2006 年生均公用经费（元）	0.035 ***	0.001
	2006 年生均人员经费（元）	−0.005 **	0.025
	抽样班班级规模	−0.202 **	0.041
	数学教师是否具有高级职称（1="是"，0="否"）	3.769	0.123
	数学教师教龄	−0.606 ***	0.007
	数学教师初始学历	8.570 ***	0.004

续表

类别	变量名	系数	p 值
个体层面	自己的教育期望	2.360***	0.007
	家长的教育期望	1.198**	0.043
	家庭社会经济地位指数	0.004	0.963
	性别（1="男"，0="女"）	1.299	0.256
	民族（1="汉族"，0="少数民族"）	1.183	0.338
	是否住校（1="是"，0="否"）	2.271	0.272

初中数学成绩随机截距模型的拟合优度统计结果见表5-7，拟合优度卡方检验的 p 值小于 0.01，表明初中数学成绩随机截距模型对数学成绩的解释度显著优于初中数学成绩零模型，这也表明层2在加入学校经费和教师质量系列变量后，初中数学成绩模型的解释力得到了显著提高。

表 5-7　初中数学成绩随机截距模型的拟合优度统计结果

初中数学成绩模型	离差统计量	估计参数	偏差统计量	自由度	p 值
初中数学成绩零模型	9436.566	2	1405.679	27	0
初中数学成绩截距模型	8030.886	29			

第四节　研究结论与政策建议

一、主要结论与讨论

根据上述对云南省农村义务教育阶段教育投入和学生数学成绩关系的实证分析结果，本研究得出如下主要结论。

一是方差分析模型结果表明，云南省农村义务教育数学成绩在学生个体和学校两个层面均存在显著差异。云南省农村小学学生的数学成绩约48%的差异来源于个体和家庭间的差异，约52%的差异来源于校际差异；云南省农村初中学生的数学成绩 66.5% 的差异来源于个体和家庭间的差异，33.5% 的差异来源于校际差异。本研究对湖北和江苏两省的数据分析表明，湖北和江苏两省农村小学学生的数学成绩约 77% 的差异来源于个体和家庭间的差异，约 23% 的差异来源于校际差异；农村初中学生的数学成绩约 76% 的差异来源于个体和家庭间的差异，约 24% 的差异来源于校际差异。因此，与中东部地区相比，西部地区义务教育学校因素对学生数学成绩的影响更大，而学生个体和家庭因素对学生数学成绩影响更小，其原因可能在于与中东部地区农村相比，我国西部地区农村学生父母文化程度和家庭收入普遍较低，因此，西部地区农村学生父母对孩子的教育辅导和教育投入较少，结果是家庭对学生成绩的贡献也会较小。

二是财力因素对云南省农村义务教育数学成绩影响比较复杂。层 2 变量的探索分析结果显示，在不考虑教师素质和班级规模因素情况下，生均公用经费支出和生均人员经费支出对云南省农村小学数学成绩均有显著正影响，在考虑教师素质和班级规模因素的影响后，两者对小学数学成绩的影响均不显著。生均公用经费支出对云南省农村初中数学成绩有显著正影响，而生均人员经费支出对云南省农村初中数学成绩有显著负影响，其原因可能在于教师奖金、福利（含保险）、津贴、代课教师工资等学校人员经费支出挤占了学校公用经费支出，结果导致对数学成绩带来负面影响（详细可见对湖北和江苏两省数据分析结果的相关讨论）。

三是教师因素对云南省农村义务教育数学成绩有重要影响。具体来说，拥有高级职称的小学数学教师所教学生成绩显著高于无高级职称数学教师所教学生成绩。初中数学教师初始学历对学生数学成绩有显著正影响，但教龄对学生数学成绩则有显著负影响。湖北和江苏两省农村小学教师教龄对学生数学成绩也有显著负影响。其原因可能在于由于缺乏有效激励，农村中小学教师随着教龄的增加，其职业倦怠的程度也在增加，表现为一定程度的得过且过，不愿意努力工作，结果导致教育质量下降。（桑青松，黄卫明，2007；梁芸芳，刘丽，2007）

四是班级规模对云南省农村小学和初中数学成绩均有显著负影响。此外，薛海平、闵维方（2008）的研究也发现，甘肃农村初中班级规模对数学教育质量有显著负影响。教育部于 1982 年 4 月 16 日颁发试行的《中等师范学校及城市一般中小学校舍规划面积定额》规定：初级中学为 18—24 个班，每班学生名额近期为 50 人，远期为 45 人；小学为 18—24 个班，每班学生名额近期为 45 人，远期为 40 人。本研究样本中，云南省农村初中平均班级规模为 59 人，最大班级规模为 104 人，远超初中班级规模为 45 人的国家远期目标；小学平均班级规模为 37 人，最大班级规模为 63 人，部分学校班级规模也超过了国家规定要求。班级规模偏大，在一定程度上限制了师生与生生之间的交往，限制了学生参与课堂活动的机会，并可能阻碍了教师对学生的个别指导，从而影响学生的学业成绩。

二、相关政策建议

云南省是我国一个典型的西部省份，云南省农村地区社会经济水平代表性地反映了我国西部农村地区社会经济发展的水平和特征，云南省农村地区的义务教育发展现状也是我国西部农村地区义务教育发展现状的一个缩影。因此，本研究对云南省农村义务教育投入与数学成绩关系的研究结论在很大程度上也适用于我国西部其他地区农村义务教育。根据上述对云南省农村义务教育投入与数学成绩关系研究的主要结论及其讨论，本研究对提高我国西部农村义务教育质量提出以下几点政策建议。

一是提升西部农村义务教育学校教师素质。本研究表明，云南省农村小学和初中数学教师素质对数学教育质量具有重要影响，为了提高西部地区农村义务教育质量，建议采取以下措施提高农村义务教育学校教师素质。第一，农村初中在招聘教师时提高应聘教师的初始学历标准。由于历史的原因，现在的西部地区农村初中教师中有许多教师的初始学历为大专及以下学历，这些教师中虽然有许多人通过继续教育的形式提升了学历水平，但由于我国继续教育办学质量普遍不高，学历水平的提高并不意味着教师的教育知识和能力也得到了有效提高。今后西部地区农村初中应按照教师必须具有本科初始学历的要求招聘教师。有条件的地区，农村初中可以进一步提高应聘教师的初始学历标准。第二，加大城镇高级职称教师去农村小学支教力度。本研究表明，具有高级职称的小学数学教师的教育质量显著高于具有其他职称的数学教师的教育质量，因此，增加高级职称教师的数量将有助于提高西部地区农村小学教育质量。目前，我国许多地方教育管理部门都规定城镇中小学教师晋升高级职称需到农村中小学支教一年，但针对晋升高级职称后的教师去农村中小学支教的政策规定基本没有，城镇高级职称教师援助农村中小学的力度较小。为了更有效地提高中东部地区农村义务教育质量，促进高水平教师资源的均衡配置，地方教育管理部门有必要出台相关的政策以加大城镇高级职称教师去农村中小学支教的力度。第三，采取有效措施对农村初中教师进行激励，消除职业倦怠。本研究和其他一些研究发现，由于缺乏有效激励，农村初中教师随着教龄的增加，其职业倦怠的程度也在增加，结果导致教育质量下降。因此，教育管理部门和学校管理人员应重视农村初中教师职业倦怠现象并采取有效措施对他们进行激励以消除他们的职业倦怠，可采取的一些激励措施包括改革工资结构并提高绩效工资比重、赋予教师更多的专业自主权、扩大教师参与学校管理的权力、增加业务进修和培训的时间、培育良好的人际关系等。

二是提高西部农村义务教育学校生均公用经费拨款标准。本研究表明，学校生均公用经费支出对农村初中数学教育质量有显著正影响，对农村小学数学教育质量也有正向影响，但没有通过统计显著性水平检验，其原因可能在于公用经费被大量挤占用于给教师发福利（含保险）、奖金、津贴或偿还学校债务，结果导致真正流入教学过程的公用经费较少。基于上述分析，增加学校生均公用经费支出有助于提高西部农村中小学教育质量。本研究样本中，农村小学生均公用经费支出为170.59元，农村初中生均公用经费支出为258.31元，我国西部地区在2006年春季学期开始实施农村义务教育经费保障机制改革，改革要求提高农村义务教育阶段中小学公用经费保障水平，农村小学和农村初中生均公用经费基准定额到2009年分别要达到300元/年和500元/年。2016年国务院发布《关于进一步完善城乡义务教育经费保障机制的通知》，确定2016年中西部地区普通小学生均公用经费基准定额为每生每年600元、普通初中生均公用经费基准定额为每生每年800元。为了保障西部农村义务教育学校公用经费达到基准定额，政府需要提高西部农村义务教育学校生均公用经费的财政拨款标准。

三是完善和强化对西部农村义务教育学校公用经费使用过程的监控机制。为了防止农村义务教育学校挤占公用经费影响教育质量，需要完善和强化对学校公用经费使用过程的监控机制。尽管目前西部农村义务教育学校在"新机制"后普遍实行的"校财局管"的学校财政管理模式可以在一定程度上规范农村学校经费使用过程，但仍很难对学校公用经费使用去向和效益进行监督与评估，为此需要采取以下一些措施完善对学校公用经费使用过程的监控机制。第一，监督地方政府切实承担起对农村义务教育学校教师保险、津贴财政拨款责任，将绩效工资、代课教师工资、学校债务偿还支出纳入政府财政拨款范围。由于许多地区的地方政府没有承担起对农村义务教育学校教师保险、津贴的财政拨款责任，为了稳定教师队伍，一些农村义务教育学校不得不挤占公用经费以给教师补发保险、津贴，地方政府应切实承担起对农村义务教育学校教师保险、津贴的财政拨款责任，不得将此负担转嫁给学校。此外，各级政府还应努力将教师绩效工资、代课教师工资、学校债务偿还支出纳入政府财政拨款范围，消除农村义务教育学校挤占公用经费的客观原因。第二，建立对学校经费的审计制度。每一学期结束后，可以从县审计局、财政局、教育局中抽取一部分人员组成联合工作小组，对学校各项经费尤其是公用经费的使用情况进行严格审计，一经发现违规挪用公用经费的行为，就追究相关人员的责任，并给予严厉的处罚。第三，推行学校财务公开制度。每一学期结束后，学校应将本学期经费尤其是公用经费使用情况对校内教师和校外人员进行公示，接受校内外人员的财务监督。

四是缩小西部农村义务教育学校班级规模。班级规模缩小后，教师与学生、学生与学生之间接触与交往的机会随之增加，每个学生更有可能得到教师的个别辅导和帮助，每个学生有更多的积极参与的机会。这些会提高学生的学习兴趣，使学生有更积极的学习态度和学习行为，有助于提高学生的学习成绩。参照教育部《中等师范学校及城市一般中小学校舍规划面积定额》规定的目标，可将西部农村初中班级规模控制在45人以内，农村小学班级规模控制在40人以内。为了达到缩小班级规模的目标，建议采取以下两个方面的措施。一方面，增加经费投入。缩小班级规模后，将需要招聘更多的教师、扩建更多的校舍、购买更多的教学仪器、大幅增加公用经费等，这些都需要增加西部农村义务教育经费投入。另一方面，停止一些地方政府在西部农村义务教育学校布局调整的过程中片面追求办学的集中和学校规模扩大的做法，应在保证教学质量的前提下，根据各地的实际情况因地制宜地进行农村义务教育学校布局调整。

第六章

西部高中教育投入与学生成绩关系分析

本章使用云南省昆明市高中学校基线调查数据，采用多层线性模型对高三学生的高考成绩的影响因素进行教育生产函数实证研究。研究发现，学生高考成绩的最重要决定因素是学生的认知能力和高中前的学习基础（以中考成绩为代理变量）；学校变量对学生高考成绩的影响作用相对较小；学生及其同伴的家庭社会经济背景对高考成绩没有重要影响。本研究认为，教育生产单元对可控的教育资源的配置和使用在整体上是缺乏效率的，存在体制性问题。

第一节　问题的提出

1966 年，美国发布了著名的"科尔曼报告"（Coleman Report），随后英国的"布劳登报告"（Plowden Report）问世。这两个研究的结果都发现，公立学校的资源性投入对学生的学业差异几乎没什么影响。这样的研究结果在西方社会引起了很大震动，也掀起了旷日持久的在公立教育机构"花钱是否管用"的大讨论。可以看出，社会首先关注的是教育系统的整体生产效率。如果对某个公共部门的投入不能得到可以被社会普遍接受或被大多数人接受的产出（效用）水平，则应该停止或暂时停止对这些部门追加投入，继而进行问责和改革。这应该是"科尔曼报告"和"布劳登报告"的一个重要的社会政治经济背景。其次是公立教育系统内的教育生产单元的相对效率。如果社会用效率原则在不同部门之间进行资源分配，则教育系统就有了提高自身生产效率的动力，很可能也会利用效率原则来分配资源，追求有限资源的产出最大化，因此也要投向边际产出相对较大的生产单元。最后是微观层面的教育生产单位（学校）的技术效率。如果教育系统利用效率原则进行资源分配，则学校也要追求生产效率的最大化。但学校作为最微观的生产单元，在追求效率最大化的过程中，对更下级的单位（如班级）分配资源的问题往往不是主要问题，更重要的是考察不同的要素组合的产出差异，目的是通过把资源投向边际产出最大的生产要素，实现给定的资源水平之下的产出最大化。在持续投入的情况下，要素的边际产出也会下降，因此，学校的教育生产的技术效率最大化的标志就是要素投入的边际替代率为 1，即一个单位价值的新增投入，投放在不同的生产要素上，得到的产出数量相等。

教育生产函数，是考察教育投入与产出数量关系的一种方法，研究的是教育投入与产出之间的统计关系。教育生产函数研究通常是要建立教育投入与产出关系模型，利用实测数据估计各种投入变量对教育产出的边际影响。这种方法可以用来对上述教育生产效率问题进行分析。首先是教育系统的整体效率状况，即可控的教育投入变量对产出是否有显著正影响，亦即"whether money matters"问题；其次是不同的变量对产出的影响效应有多大的问题。在考察教育生产函数关系的过程中，人们实际上主要关注的是可控的学校投入变量如物资和教师培训等对教育产出的边际影响，一个重要目的就是期望再结合各种投入的成本数据进行成本—效益分析，从而找出在既定的资源水平下生产力更高的要素组合。但由于影响教育产出的因素很多，在考察可控的学校投入变量的影响时也要控制其他因素的影响，否则对学校投入变量的影响和效应的估计就会有偏差。教育经济学认为，影响教育产出的因素多数可归入三个大的范畴：学生个人特质、家庭社会经济背景和学校投入变量。在研究实践中一般要用教育生产函数的扩展理论模型。

$$A_t = f(T_{t-1}, R_{t-1}, F_{t-1}, P_{t-1}, Z_{t-1}, S_{t-1})$$

式中，A_t 代表当期教育产出；T_{t-1} 代表前期与教师素质有关的自变量矩阵，如教师教龄、学历、教师培训等；R_{t-1} 代表前期教师以外的其他学校投入自变量矩阵，如生均公用经费、班级规模等；F_{t-1} 代表前期与学生家庭社会经济背景有关的自变量矩阵，如父母受教育程度、家庭经济收入、父母对子女的教育期望等；P_{t-1} 代表前期与学生的学校同伴特征有关的自变量矩阵，如同伴的认知水平和家庭社会经济背景等；Z_{t-1} 代表前期与学生自身特征有关的自变量矩阵，如学生的性别、民族、认知水平和学习努力程度等；S_{t-1} 代表前期教育的系统特征变量，如管理的分权或集权等。

第二节　相关实证研究回顾

作为教育生产函数研究，本研究关注的首要问题也是教育系统的整体生产效率问题，即学校的教育投入变量的影响效应是否显著为正以及效应有多大。学校投入变量对学业成绩的总体影响和效应通常是通过分项学校投入变量的影响和效应来体现的。除总体影响和效应外，本研究也将对教育生产函数研究普遍关注的一些个体投入变量进行考察（如家庭社会经济背景的影响）。对分项投入（不同生产要素）的效应的考察是进行成本—效益分析的基础，但这对数据的要求较高（简单的成本—效益分析也需要进行要素成本的货币化），本研究不进行深入的研究和探讨。

在美国，有关学校投入变量对学业成绩的影响的研究非常之多。在教育经济学领域，20 世纪 90 年代前期汉纳谢克和赫奇斯关于学校的教育投入变量对教育产出是否有正的显著效应的争论很有名，二者的研究利用的是"元分析"（meta-analysis）方法，即对已有的实证研究进行统计研究，可见已有的实证研究的数量之大。本研究对文献分析发现，已有研究（包括对教育生产函数研究的再研究）中的多数认为学校投入变量是有正的显著效应的，也有研究发现学校投入变量对学生学业差异的影响不大，如克里默斯（Creemers）等人根据英国和其他西方国家的数据分析认为，10%—20% 的学生成绩差异受到了学校因素的影响。到目前为止，我国利用教育生产函数方法进行的实证研究还非常少。比较早的是蒋鸣和（2000）的一项研究，发现教育的各种投入，如教师学历、校舍及设备条件均与学业成绩显著相关，但生均经费和公用经费与学业成绩之间相关关系较弱。该研究利用的是县级数据，实际进行的是对升学率的方差分析（自变量是分组变量），模型里没有关于学生个人特质和家庭社会经济背景的控制变量，严格地说并非教育生产函数方法。安雪慧（2005）利用甘肃调查数据研究了农村小学生学业成绩的影响因素，该研究的学校投入变量中，在 0.05 显著性水平之下显著的是教师收入（取自然对数，效应为正）和教师学历（虚拟变量，效应为正）；不显著的是教师性别、教师是否本村出生和教师工作年限（效应为负）。安雪慧的研究是利用最小二乘法进行的简单多元回归分析，没有控制学生能力和学习基础，也缺乏班级或同龄群体层次变量。到目前为止，利用我国数据进行的比较成熟的一项教育生产函数研究是马晓强等利用保定市高中数据进行的学校效能增值评价研究。与安雪慧的研究相比，该研究在模型设定和计量方法方面都有所改善，用中考成绩控制了学生能力和学习基础，并针对影响学生成绩的自变量层次不同的问题，采用了多层线性模型分析技术。马晓强等（2006）的研究发现：学校的教育教学差异大约能解释20%的高考校际差异；其他影响因素中，中考成绩一项能解释掉的学校高考分数差异即高达 60%。该研究中的学校投入变量较为粗疏，90 所高中学校中只有27 个有包含 19 个变量的学校背景调查数据，学校层面的数据实际只是生成的学校等级变量；研究也没有班级和同龄群体层次的变量，只是一个学校—学生的两水平分析模型。

薛海平、闵维方（2008）也利用甘肃农村调查数据进行了初中的教育生产函数研究，建立了学校—班级—学生三层线性模型。该研究模型的学业成绩的影响变量相对比较完备。该研究发现，学校投入变量对学生学业成绩的影响比较大，可能超过 30%，一个重要发现是学校生均公用经费变量的回归系数是负的（虽然在 0.05 水平上不显著）。该研究的一个重要问题是变量的分层可能有问题。由于研究的班级（同伴群体）包含的学生个体样本平均数量比较少，如果放入层 2（班级层）会扩大这一层的有关变量在进行统计推断过程中的置信区间，可能使得一些影响效应不能足够彰显，甚至出现与实际情况相反的效应（但显著的可能性比较小），所以把一些同伴变量放入了层 3（学校层）。这样做的结果使得学校投入变量对学业成绩的影响效应很难独立分离出来。该研究把教师变量放在了层 2，与一些非学校可控的变量放在了一起，这也使分离出学校投入变量的总体影响和效应变得更加困难。

教育生产函数的一些控制变量对学生学业成绩的影响也很重要。首先是学生的家庭社会经济背景和同伴特征。自从"科尔曼报告"发布以来,大量的研究发现家庭社会经济背景对学业成绩有正的显著影响,也发现同伴特征对学生的学业成绩有显著正影响。这些发现的教育公平含义自不待言:公立学校的班级内学生构成不能单一阶层化。在我国已有的几个研究中,安雪慧的研究发现儿童的家庭社会经济背景对学业成绩有一定的影响(没有测量同伴的家庭社会经济背景的影响),而薛海平和闵维方的研究中,多数有关儿童及其同伴的家庭社会经济背景的变量对学业成绩有显著的正影响。

学生的认知能力和学习基础是教育生产函数的重要控制变量。几乎所有教育生产函数研究都发现学生认知能力和学习基础对学业的影响是显著为正的。这是很自然的结果。由于办学条件比较好的学校通常能招到更好的学生,所以如果缺失了这一重要控制变量,可能会对学校投入变量和影响效应的估计严重偏误(通常是高估)。

第三节　教育投入与学生成绩关系
多层线性模型分析结果

一、本研究的模型设定、数据项和样本

对学生成绩的影响因素明显具有层次性,本研究建立了三层线性回归模型,从学生个体、班级和学校三个层面对 2006 年昆明市高三学生的高考成绩的决定因素进行了教育生产函数分析。研究采用的是 HLM 随机截距模型(而非斜率模型),使用了 HLM6.0 软件进行分析。针对薛海平和闵维方研究存在的问题,本研究在变量分层的过程中,将教师有关变量进行了学校层面的汇总,而同龄群体(同伴)有关变量全部利用各班级内的学生个体数据生成,成为第二层的变量。这样做的结果是使学校投入变量全部处于第三层,而第二层和第一层不包含学校投入变量,学校投入变量的影响和效应就可以直接通过对第三层变量的影响和效应的考察测量出来。学校层面的数据项主要包括生均公用经费(元)、普通教育本科及以上学历教师占专任教师比例、过去两年接受过市级及以上非学历培训教师占专任教师比例、高三教师平均教龄(年)、高

三教师平均初任职受教育年限（年）、高三教师平均现在任职受教育年限（年）和高三教师平均月收入（元）等。班级层面的数据项主要包括班级规模（班级人数）、班级同伴中考平均分、班级同伴父亲平均受教育年限（年）、班级同伴家庭平均人均月收入等。学生个体层面的数据项主要包括学生性别、学生民族、学生户籍、学生中考分数（原始分，用来作为认知能力和学习基础的代理变量）、学生父亲受教育年限（年）、学生家庭人均月收入、家中学习用书数量（本）、家中其他书籍数量（本）、学生每周自主学习时间（小时）、学生高三期间每天睡眠时间（小时）、父母期望等。因变量为学生 2006 年"高考总分"。

　　本章研究数据来源于项目组对云南省昆明市高中学校大样本基线调查数据。作为项目研究团队重要成员的北京大学教育学院丁延庆副教授于 2006 年高考填报志愿期间对云南省昆明市下属 14 个区（县）的 62 所学校、379 个班级、1253 名高三专任教师和 8792 名学生进行了问卷调查，问卷调查采取了班级整群抽样的方法。具体的样本统计描述见附表 1。需要指出的是，附表 1 的统计描述是数据清洗前的分析，可以看出，至少在学生个体层面，从一些奇异值（极值）可以看出来数据存在质量问题：在学生自报的高考分数中，有 40 多人是高于当年高考的实际最高分或低于实际最低分的。

二、多层线性模型数据分析结果

　　表 6-1 是多层线性模型方差分析结果，用以检验各层方差（特别是第二层和第三层方差）的比例是否显著，它决定了本研究是否有必要建立三层模型。根据方差分析结果，利用组内相关公式计算出第一层、第二层、第三层方差占总方差的比例，作为各层变量对总分差异的贡献率的估计。

表 6-1　学生高考成绩方差分析模型层际方差成分表

随机效应	标准差	方差成分	组内相关	自由度	χ^2	p 值
层 3 随机项	47.3608	2243.0458	26.27%	43	331.1269	0
层 2 随机项	41.167	1694.721	20.28%	251	2554.726	0
层 1 随机项	67.8194	4599.4709	53.45%			

　　从表6-1可知，层3和层2随机项方差估计的卡方检验 p 值均小于0.01，这表明云南省昆明市高中学生高考成绩在第二层（班级层面）和第三层（学校层面）存在显著的差异，也就是说班级背景因素和学校背景因素对学生高考成绩的变异有很大影响，应该采用多层次模型进行分析。同时可以看到，第一层、第二层、第三层方差占总方差的比例分别为53.45%、20.28%和26.27%，这说明云南省昆明市高中学生的高考成绩大约53%的差异来源于个体和家庭间的差异，约20%的差异来源于班级间的差异，约26%的差异来源于校际差异。

　　云南省昆明市高中学生高考成绩的完全模型主要统计结果见表6-2。

表6-2　高考成绩的完全模型主要统计结果

类别	变量名	系数	p 值
学校层面	截距	414.16	0
	生均公用经费（元）	0.03***	0.001
	普通教育本科及以上学历教师占专任教师比例	81.27***	0
	过去两年接受过市级及以上非学历培训教师占专任教师比例	2.49	0.617
	高三教师平均教龄（年）	2.63**	0.038
	高三教师平均初任职受教育年限（年）	15.58	0.195
	高三教师平均现在任职受教育年限（年）	0.42	0.981
	高三教师平均月收入（元）	0.0005	0.928
班级层面	班级规模	-0.69***	0
	班级同伴中考平均分	1.36***	0
	班级同伴父亲平均受教育年限（年）	-0.52	0.779
	班级同伴家庭平均人均月收入（九级定序变量）	-5.13	0.114
个体层面	学生性别（0="女"，1="男"）	3.06	0.14
	学生民族（0="少数民族"，1="汉族"）	-3.90**	0.019
	学生类别（0="理科"，1="文科"）	36.07***	0
	学生户籍（0="农村"，1="城镇"）	-0.31	0.92
	学生中考分数	0.82***	0
	学生父亲受教育年限（年）	0.079	0.814

续表

类别	变量名	系数	p 值
个体层面	学生家庭人均月收入（九级定序变量）	−2.12***	0
	家中学习用书数量（本）	0.01	0.098
	家中其他书籍数量（本）	−0.0008	0.843
	学生每周自主学习时间（小时）	0.31***	0.001
	学生高三期间每天睡眠时间（小时）	0.33**	0.034
	父母期望（五级定序变量）	2.08	0.181

注：本表中的结果是基于稳健估计标准误得到的；*** 表示 $p<0.001$，** 表示 $p<0.05$。

表6-2的完全模型分析结果有一些很有意思的发现。在层3（学校层面）变量中：①学校生均公用经费对学生高考成绩有显著正影响，学校生均公用经费每提高100元，学生高考成绩提高大约3分；②学校教师学历水平对学生高考成绩有显著正影响，学校中获得普通教育本科及以上学历教师占专任教师比例提高1个百分点，学生高考成绩就上升大约0.81分（自变量是用小数表示的），效应应该说是比较大的；③教师教龄对学生高考成绩也有显著正影响，学校高三教师平均教龄每提高1年，学生高考成绩就上升2.63分；④教师培训和教师月收入对学生高考成绩影响均不显著。

在层2（班级层面）变量中：①班级规模对学生高考成绩有显著负影响，班级规模多增加1人，学生高考成绩就下降0.69分；②班级同伴学习成绩对学生高考成绩有显著正影响，班级同伴中考平均分每提高1分，学生高考成绩就上升1.36分；③班级同伴家庭社会经济背景对学生高考成绩影响不显著，班级同伴和班级规模对高考成绩的影响效应（或者说相关程度）都比较大。

在层1（个体层面）变量中：①汉族学生高考成绩显著低于少数民族学生高考成绩，这是一个出人意料的结果；②学生中考成绩对其高考成绩有显著正影响，中考分数增加1分，高考成绩增加超过0.8分，应该说效应极其惊人；③学生高考成绩与其家庭人均月收入存在显著负相关，而与其父亲受教育水平相关关系不显著；④学生高考成绩与每周自主学习时间（指课堂面授、考试、测验和课后完成作业以外的学习时间）存在显著正相关关系，也与高三期间每天睡眠时间存在显著正相关关系。

第四节　主要结论与讨论

从以上结果不难看出，高考分数最重要的决定因素其实是学生自身的认知能力和高中以前的学习基础。而对学校来说，高考成绩优秀与否主要取决于生源质量。由表 6-1 可知，个体层面的变量可解释超过 50% 的高考成绩变异。这些变量中，除了学生中考成绩外，学生学习的主动性和努力程度以及睡眠时间的安排也都是学生个人特质变量。在层 2 中，决定分数高低的最重要因素是能否有一群认知能力较强、学习基础较好的同学。由此可见，生源质量对高考成绩差异的贡献，保守估计也应该在 70% 以上（注意高考成绩与层 1 的家庭收入是显著负相关的，因此学生中考成绩和其他统计上显著的个人特质变量实际上的作用可能更突出）。相比较而言，教育生产函数研究最关注的学校投入变量的作用应该说是小得多。

实际上，教育行政部门和学校凭借经验也知道优质生源对学校绩效表现的极端重要性。这从每一年中考招生、高考招生中激烈的"生源大战"就可以看出来。结合已有的教育生产函数研究进行分析，发现仅有的几个利用我国数据进行的教育生产函数研究的主要研究结论是比较一致的，即学校的作用相对比较小。马晓强等人的研究对学校的作用的估计是大约 20%；薛海平、闵维方的研究的估计是 20%—40%，或者更高一点（薛海平和闵维方研究的是农村初中学校，一般认为较低学段学生的"可塑性"要强一些）；而本研究的估计是 20%—30%。当然这些结果还是高于很多国外教育生产函数研究对学校作用的估计的（见前文）。由于我国高中普遍通过考试招生，学校内甚至也按学业表现分班（进行所谓的"分层教学"，很多学校都有"理科试验班"和"文科试验班"这样的尖子班），因此班级同伴分数差别通常不大。层 2 的班级同伴中考平均分和层 1 的中考平均分相关度很高，实际上层 2 的同伴效应很可能是高估的：这个变量提取了部分个人的中考分数的变量效应。因此本研究对学生个人中考总分对高考总分的作用的估计实际上应该会更接近马晓强等人研究的结果。

　　学校投入变量的分析结果显示，公用经费支出对学生高考成绩具有显著的正效应，但教师的月平均收入对高考成绩没有显著的影响，而且影响效应非常之低：每增加一元投入的边际产出只是公用经费支出的几十分之一。教师的学历和经验是有显著正影响的，但由于我国公立学校的教师聘任和流动有很多限制因素，教师学历和教学经验实际上并不是严格意义的可控变量。另外教师培训变量的回归结果也不显著，反映出教师培训的效率也可能存在问题。

　　在薛海平、闵维方的研究中，学校的教师基本工资对学生成绩的影响不显著，而教师的月奖金和学校的生均公用经费支出的影响显著为负。本研究的结果虽然显示出生均公用经费支出对学生高考成绩有一定的作用（显著正相关），但这也只是"整体上"的情形。事实上，样本中的生均公用经费的差异性比教师收入的差异性大得多：根据表6-3的描述性统计结果计算的变异系数（标准差除以均值）分别是0.67和0.36。前者较大的主要原因是少数几个学校的生均公用经费支出水平过高，其中一个学校仅生均招待费支出就超过了其他一些学校的生均总公用经费支出。在此种情况下，如果多数学校在生均公用经费不宽裕的情况下尽力把资金用好（用于教学），回归分析也可能显示出正的显著效应，但这并不代表整个系统的资源配置是有效率的，更不是效率最大化的。

　　以上分析有助于对我国基础教育阶段学校的整体效能形成定性判断，但要形成具体的资源配置建议仍非易事。如果根据本研究的结果进行资源配置调整，不需进行成本—效益分析即可得知应该是加大对公用经费的投入（因为对其他的学校可控变量的投入根本没有显著正效应），减少对教师培训和人员性经费的投入。但是必须指出，这种分析比较表面化。层2的一个重要变量"班级规模"的回归结果显著为负，而层3的教师收入的影响不显著。但如果要调小班额，可能就要增加人员性支出，如果二者一同出现在回归分析中，教师收入提高对高考分数的效应可能会被班额变小的效应所取代。当然，本研究进行的是静态的利用横断面数据的分析，教师收入效应不显著的结果基本可以看作在控制了班额的前提下（即班额一样的前提下）得到的结果，因此仍然可以做出教育生产单元对可控的资源的配置和使用在整体上缺乏效率的推断（至少理论上是）。

　　对于学生及其同伴的家庭社会经济背景对高考成绩的影响，本研究得到的结论是没有重要的影响。家庭的月平均收入对高考成绩的影响甚至是负的。这一结果只能说明社会经济背景较差的学生在高中阶段的学业表现（至少）并不比家庭社会经济背景较好的学生差。一个关键的问题是家境贫寒的学生是否能和家境较好的学生得到相同的高中入学机会，这显然从教育生产函数研究的结果是无法看出来的。

表6-3　主要变量的描述性统计

类别	变量名	有效样本数	平均值	标准差	最小值	最大值
学校层面	生均公用经费（元）	45	761.61	506.65	90.69	2990.22
	普通教育本科及以上学历教师占专任教师比例	45	0.64	0.22	0.29	1
	过去两年接受过市级及以上非学历培训教师占专任教师比例	45	0.84	0.64	0.01	3.72
	高三教师平均教龄（年）	45	14.14	3.25	8	23
	高三教师平均初任职受教育年限（年）	45	15.22	0.56	13	16
	高三教师平均现在任职受教育年限（年）	45	16.19	0.38	16	17
	高三教师平均月收入（元）	45	1937.14	690.29	1382.50	5931.67
班级层面	班级规模	297	47	13.43	10	100
	班级同伴中考平均分	297	492.76	42.91	217.60	594.14
	班级同伴父亲平均受教育年限（年）	297	10.59	1.92	4.50	15.33
个体层面	学生高考分数	7258	435.51	90.74	0	780
	学生中考分数	7352	492.42	60.07	0	900
	学生父亲受教育年限（年）	7607	10.50	3.40	0	22
	家中学习用书数量（本）	7023	84.78	265.27	0	3000
	家中其他书籍数量（本）	6950	97.56	344.54	0	5000

续表

类别	变量名	有效样本数	平均值	标准差	最小值	最大值
个体层面	学生每周自主学习时间（小时）	7225	9.43	47.35	0	100
	学生高三期间每天睡眠时间（小时）	7388	7.55	5.43	0	90

第五节　研究的不足与展望

本研究在研究设计、研究的方法和技术以及数据等方面依然存在很多问题，需要提醒研究者进一步研究时注意以下几点。

从研究设计上来说，首先是缺乏对体制性因素的控制。其中非常重要的一点是我国高中阶段也是以县级属地管理为主，对高中学校的投入相当程度上依赖于高中学校所属的财政本级单位的财力和地方的经济发展水平。昆明市下辖14个县、市、区，市本级分别负责在地高中学校的经费供给，这样就容易出现一种情况：尽管有的高中学校绩效并不好，但由于地方财力和经济状况好，就能够得到与这些学校绩效水平接近但只是处于财力和经济较差地区的高中更多的拨款和学费、赞助费（择校费）收入，这种情况很容易导致经费投入对高考成绩的影响不显著，甚至是负效应的结果，进而形成高中阶段的资源配置缺乏效率的判断。（当然，这种情况换一种说法可能就是正确的，即缺乏效率的一个原因就是高中经费的属地供给。）目前多数高中学校所隶属的行政区划单位下辖的高中数量比较少，而小样本不适合进行统计研究，解决的办法可以是在更大范围内抽样，进而进行配对样本（所属单位相同的样本）的比较，或选择一些高中数量足够多的经费供给单位进行研究。除此以外，研究在设计和概念操作化过程中还有其他一些问题。例如，研究的因变量在学生问卷中只是一个"高考总分"，并没有明确界定为"原始分，不含加分"。本研究的统计结果中，有一个结果是"出人意料"的，即少数民族学生的成绩明显高于汉族学生，这极可能就是这个失误导致的（云南省的少数民族学生均享受加分）。

在研究方法和技术方面：多层线性模型（HLM）和利用最小二乘法（OLS）的简单多元回归分析一样，都非实验方法，并不能确认因果关系。表6-4是HLM与OLS简单多元回归分析结果的比较。可以看出，特别在层2和层3，使用OLS方法，结果相差很大，很多变量的效应变小，甚至方向相反。因此，使用OLS方法对教育投入产出进行简单多元回归分析，结果可能完全不可靠。但是HLM存在计量问题。例如，就克服变量分层带来的问题来说，HLM虽然优于OLS，但前者的分层无法避免主观因素，因此无法彻底解决此问题。在本研究中，教师变量是作为学校层次的变量来处理的（一个原因是为了将学校效应全部置于同一层），但它们同时也具有班级层次变量的特征。特别是在一些按学习成绩和能力分班的学校，所谓"试验班"或"快班"与普通班的教师配备可能不同。另外，班级变量主要是用来测量同伴特征的，但学生的同伴不一定来自本班，同伴特征的测量效度是有问题的。再如自变量之间的相关性问题（如学生中考总分与班级中考平均分、生均公用经费与教师收入等），虽然HLM能够较好地识别和排除，但作为多元回归分析固有的问题，很难彻底解决。

数据的质量和代表性也是一个不能回避的大问题。本研究在调查实施中存在一些组织问题，这导致一些学校没有成功实施调查并返回问卷，如市本级下属的4所"一级一等学校"中有两所没有返回问卷。数据质量也不甚理想，乱填、错填比较多。如高考分数，一些学生并没有填写真实的分数。因为无法一一核实，在数据清洗过程中，只能把高于最高分及低于最低分的样本删除，介于两者之间的分数，即使是故意错填的，也没有办法识别和排除。仅从这些就可以看出数据存在质量问题。

前文提到，即使学校投入变量都有正的显著效应，也不能据此而确认系统是有效率的，更不能认为是效率最大化的。事实上效率最大化只是一个理想状态。教育生产函数研究在多数情况下只能为确认总体效率状况提供一些线索，其分析和判断往往也具有模糊性。若要更好地指导教育资源配置实践，更多的应该是进行教育生产单元的相对效率的研究。当然，目前我国使用教育生产函数方法的实证研究也太过于稀少，也非常需要有更多数量的同类研究，积累更多的实证研究结果，同时不断以先前研究为基础，改进研究方法和技术。

表 6-4　HLM 和 OLS 简单多元回归分析结果的比较

类别	变量名	HLM	OLS
学校因素	生均公用经费（元）	0.03***	0.01***
	普通教育本科及以上学历教师占专任教师比例	81.27***	68.75***
	过去两年接受过市级及以上非学历培训教师占专任教师比例	2.49	0.63
	高三教师平均教龄（年）	2.63**	−1.64***
	高三教师平均初任职受教育年限（年）	15.58	−6.9
	高三教师平均现在任职受教育年限（年）	0.42	−16.06***
	高三教师平均月收入（元）	0.0005	−0.001
班级因素	班级规模	−0.69***	0.01
	班级同伴中考平均分	1.36***	0.62***
	班级同伴父亲平均受教育年限（年）	−0.52	1.99
	班级同伴家庭平均人均月收入	−5.13	−6.51***
个体和家庭因素	学生性别（0="女"，1="男"）	3.06	4.13**
	学生民族（0="少数民族"，1="汉族"）	−3.90**	−4.57
	学生类别（0="理科"，1="文科"）	36.07***	33.27***
	学生户籍（0="农村"，1="城镇"）	−0.31	1.91
	学生中考分数	0.82***	0.677***
	学生父亲受教育年限（年）	0.079	0.11
	学生家庭人均月收入	−2.12***	−2.41***
	家中学习用书数量（本）	0.01	0.001
	家中其他书籍数量（本）	−0.0008	0.002
	学生每周自主学习时间（小时）	0.31***	0.298**
	学生高三期间每天睡眠时间（小时）	0.33**	0.312
	父母期望	2.08	1.35

注：*** 表示 $p<0.001$，** 表示 $p<0.05$。

第七章

中东部义务教育教师绩效奖金对学生成绩影响研究

　　教师工作绩效奖金的分配体现了绩效工资的分配导向，是充分发挥绩效工资激励效应的关键，可能对教育质量产生重要影响。为此，本研究利用我国义务教育大规模学校基线调查数据主要探讨了教师工作绩效奖金及其分配方式对学生成绩的影响。研究结论表明：个人绩效奖金与集体绩效奖金对学生成绩均有显著正影响，但集体绩效奖金对学生成绩影响更大；集体绩效奖金中，班级绩效奖金对学生成绩影响最大；学校掌握教师绩效奖金分配自主权对学生成绩具有显著正影响；教师个人资历因素与工作业绩因素对教师获得绩效奖金数量均有重要影响，但教师个人资历因素影响更大。基于上述研究结论，政府和学校应深化教师绩效工资结构改革，完善从以教师个人资历为导向转向以工作业绩为导向的教师绩效工资制度；坚持个人与集体绩效奖励相结合，注重班级层面教师集体绩效奖励；赋予学校教师绩效工资分配自主权，同时加强民主监督。

第一节　问题提出与相关实证研究回顾

一、问题提出

　　1985 年我国机关和事业单位工资制度改革后，义务教育学校逐步实施了结构工资制，教师工资主要包括固定的专业技术职务工资和浮动的津贴两部分，国家规定公立中小学教师工资构成中津贴比例为 30%，与工作数量和质量挂钩。进入 20 世纪 90 年代中后期后，随着结构工资制改革的深入，教师工资构成中奖金津贴比重逐渐增加，且与教师工作绩效联系更加紧密，义务教育学校教师绩效工资制度逐渐形成。2008 年 12 月，国务院常务会议审议并原则通过《关于义务教育学校实施绩效工资的指导意见》，决定于 2009 年 1 月起在全国义务教育学校实施绩效工资制度，义务教育学校教师绩效工资制度正式确立。国家实施义务教育学校绩效工资制度的主要目的在于，将教师的收入同其本人的工作绩效直接挂钩，建立校内激励和竞争机制，打破平均主义的分配办法，建立多劳多得、优质优酬的分配原则，以调动教师的工作积极性，全面提高教育质量。然而，需要探讨的关键问题是义务教育学校教师绩效工资制度的实施能否对教师产生有效激励进而提升教育质量。迄今为止，国内针对此问题的实证研究非常少见，本研究将对此问题进行实证研究。当前，我国义务教育学校教师绩效工资主要分为基本工资和绩效奖金两部分，而绩效奖金由于与教师工作绩效联系更加紧密，所以教师工作绩效奖金的分配是充分发挥绩效工资激励效应的关键部分，决定着绩效工资的分配导向，可能对教育质量产生重要影响。为此，本研究主要探讨教师工作绩效奖金及其分配方式对学生成绩的影响，希望研究结论能够为我国政府和学校实施和改进教师绩效工资制度提供重要的参考依据。

二、相关实证研究回顾

义务教育绩效工资制度是否能够对学生的学习成绩产生积极有效的影响？迄今为止，国内学者对义务教育绩效工资进行了大量研究，但研究问题主要集中于义务教育绩效工资制度本身及其对教师的影响，针对义务教育绩效工资制度对学生学习成绩影响的实证研究基本没有。与国内研究不同，国外学者对此问题进行了广泛讨论与研究。拉德（Ladd，1999）以美国得克萨斯州达拉斯市所实施的主要以教师绩效工资制度为主的学校激励项目为例，分析绩效工资制度对学校产出造成的影响。其中教育产出主要以 7 年级学生在 TAAS 考试中的阅读和数学考试成绩通过率为代表。通过建立教育生产函数，以考试通过率为独立变量进行大量回归分析，研究表明达拉斯市在实施以教师绩效工资制度为主的学校激励项目后，学生的阅读、数学考试通过率较基年有明显的提升，并且与得克萨斯州其他未实施绩效激励项目或者实施力度、方案不够完善的地区相比，考试通过率明显提高。迪和基斯（Dee，Keys，2004）以美国田纳西州所实施的义务教育绩效工资项目——教师职业阶梯计划为实验样本，并且运用与之同时进行的田纳西州 STAR 项目（始于 1985 年，通过缩小班级规模和降低生师比来提高学生学习成绩）所提供的丰富数据，研究义务教育绩效工资制度是否能够成功奖励那些对提高学生成绩卓有成效的教师。研究中所有的教师和学生都是随机选择的，因此克服了选择偏好所带来的偏差，参与职业阶梯计划的教师除了得到物质上的奖励之外，还会获得促进教师专业发展的非物质奖励。研究通过建立回归模型进行数据统计，分析发现当绩效工资制度拥有规范的评估体系时，高质量的教师是可以得到合理的绩效奖励的，绩效工资制度对提高学生的数学成绩有显著积极影响，但是对阅读成绩的影响不显著。菲廖和肯尼（Figlio，Kenny，2007）着重探讨了美国教师绩效工资制度对教师个体进行激励是否能对学生学习成绩产生积极影响。他们实施教师绩效工资制度的程度分为三个不同的等级——高度激励、中度激励和低度激励，然后建立教育生产函数模型回归分析教师绩效工资激励程度对学生成绩的影响。结果发现，对教师实施绩效激励的学校，学生分数要高，并且绩效激励的程度越高，提升学生成绩的效果越好，特别是教师绩效与学生成绩之间的关系在那些缺乏父母监督的学校中表现得更加明显。教师绩效激励与学生学习成绩之间存在正向关系可能是因为教师绩效激励促使了学校整体目标的提升和教师更加努力地工作。

除美国之外，其他国家学者对教师绩效工资激励效果的研究也得出了类似结论。拉维（Lavy，2009）以以色列实施的教师绩效工资制度的试点中学为案例，探寻教师绩效工资制度对教师工作努力程度以及工作产出的影响。研究发现，绩效工资制度通过激励教师提高工作努力程度，有效地提高了教师的工作产出，而工作产出增加的最直观体现就在于学生成绩的提升。阿特金森等（Atkinson et al.，2009）探寻英国基于学生考试通过率的教师绩效工资制度是否促使教师更加努力地工作。英国政府于 1999 年实施了教师绩效工资制度，评估教师绩效工资的标准是学生 GCSE 升学考试的通过率。研究发现，绩效工资制度对教师工作产生了显著影响，教师会对物质激励做出反应，从而提高自己的工作努力程度，促使学生成绩的提高。沃斯曼因（Woessmann，2011）运用更加丰富广泛的跨国数据探讨绩效工资制度对学生学习成绩的影响。数据涵盖 28 个 OECD 国家中 190000 名 15 岁的学生所参加 2003 年国际 PISA 测试的成绩，通过建立教育生产函数进行大量回归分析，发现实施绩效工资制度国家的学生在 PISA 考试中的数学成绩要比没有实施绩效工资制度国家的学生的数学成绩高出 24.84 分，从而证明实施绩效工资制度对于提升学生学习成绩有积极影响。同时研究发现，教师绩效工资的发放权在学校手中的激励效果要高于在地方教育部门和国家教育部门手中的激励效果，并且各种工资调节因素在绩效工资制度下对学生学习成绩的影响更为显著。

虽然大量研究表明实施绩效工资制度对教师产生了有效的激励，促使教师更加努力地工作，因而增加了教育产出，提高了学生的学习成绩，但是一些研究就绩效工资制度对学生学习成绩的积极影响持怀疑、否定的态度。艾伯特等（Eberts et al.，2002）研究教师绩效激励与学生产出时提出，教师绩效工资制度与学生成绩之间的关系并不显著。文章将一所实施了绩效工资制度与一所保持传统教师工资制度的学校做了对比研究，其中实施了绩效工资制度的学校将会奖励提高学生保持率的教师。研究建立了双重差分模型，发现绩效工资能够提高学生保持率，但是对年级考试平均分没有影响，甚至降低了学生的日出勤率，缩减了课容量。格莱维等（Glewwe et al.，2003）在研究教师绩效激励的时候也对其是否能对学生成绩产生影响提出质疑。研究评估了肯尼亚乡村小学教师的绩效工资计划，教师的绩效衡量标准是学生的考试成绩。研究发现，实施了绩效工资制度的学校学生成绩相对于那些没有实施绩效工资制度的学校学生成绩有了明显的提高，但是教师只是在提高学生短期考试分数上提升了工作努力程度，对学生实施了更多的短期测验，实施绩效工资制度学校的教师并没有在提高学生长期学习能力上付诸努力，教师出勤率没有上升，家庭作业没有增加，教学方法没有改变。待绩效工资制度结束以后，学生成绩上的进步就消退了。

三、数据介绍

北京大学中国教育财政科学研究所于 2007 年在中国中部湖北省和东部江苏省开展了"中国农村义务教育状况调查"，本研究的数据来源于此次调查。本研究中的有效学校样本数为 229 所，具体学校样本分布见表 7-1，学生样本数为 11523 名，教师样本数为 1338 名。

表 7-1　学校样本分布

学校特征		样本量	占全体学校样本的比例
全体学校		229	100.0%
学校类别	城市小学或县直小学	30	13.1%
	乡镇中心小学	63	27.5%
	村完小	55	24.0%
	九年一贯制学校	9	3.9%
	市、区（县）直属独立初中	20	8.7%
	乡镇属独立初中	52	22.7%
学校所在地	农村（包括乡、镇）	173	75.5%
	城市	56	24.5%
学校所有制性质	公办	216	94.3%
	民办	9	3.9%
	其他	4	1.7%
学校所在省份	中部湖北省	111	48.5%
	东部江苏省	118	51.5%

第二节　教师绩效奖金对学生成绩影响分析

一、教师绩效奖金对学生成绩影响分析理论模型

借鉴汉纳谢克建立的分析学生成绩影响因素的教育生产函数经典理论模型，本研究建立了如下的理论模型以分析绩效奖金对学生成绩的影响。

$$A_t = f(R_{t-1}, \ S_{t-1}, \ T_{t-1}, \ F_{t-1})$$

式中，A_t 代表当前学生成绩，用学生的数学测试得分衡量；R_{t-1} 代表前期与绩效奖金有关的自变量矩阵；S_{t-1} 代表前期与学校特征有关的自变量矩阵；T_{t-1}

代表前期与教师特征有关的自变量矩阵；F_{t-1} 代表前期与学生家庭社会经济背景特征有关的自变量矩阵。

二、变量定义

根据上述理论模型，本研究采用普通线性回归模型估计绩效奖金对学生成绩的影响，模型中涉及的各类变量定义见表 7-2。

表 7-2　模型中的变量定义

变量类型		变量名	变量说明
因变量		学生成绩	用学生数学测试分数衡量
自变量	绩效奖金因素	2006 年总绩效奖金	学校、班级、个人绩效奖金加总（元）
		2006 年学校绩效奖金	由于学校整体表现优秀，给本校所有教师发的奖金（元）
		2006 年班级绩效奖金	由于所教班级的优异表现，给相关任课教师发的奖金（元）
		2006 年个人绩效奖金	由于教师自身的优异表现，给教师个人发的奖金（元）
		学校能否决定教师绩效奖金分配	1 = "能"，0 = "否"
	学校因素	生均公用经费支出	2006 年生均公用经费支出（元）
		生均人员经费支出	2006 年生均人员经费支出（元）
		班级规模	班级学生人数（人）
		学校所有制类型	1 = "公办"，0 = "民办"
		学校类型	1 = "初中"，0 = "小学"
	家庭因素	父亲学历	父亲受教育年限（年）
		家中是否有电脑	1 = "是"，代表家庭经济条件较好，0 = "否"；以家中无电话为基准
		家中是否有电话但无电脑	1 = "是"，代表家庭经济条件中等，0 = 否；以家中无电话为基准
		家庭文化资本	家中除课本外的藏书量（册）

续表

变量类型		变量名	变量说明
因变量		学生成绩	用学生数学测试分数衡量
自变量	教师因素	数学教师受教育水平	教师初始受教育年限（年）
		数学教师教龄	教师从事教育事业年限（年）
		数学教师月工资	数学教师实发月工资总额（元）
		数学教师是否具有高级职称	1＝"是"，0＝"否"
		教师编制类型	1＝"公办"，0＝"非公办"

三、回归分析结果

采用普通线性模型回归分析方法，建立模型1、模型2、模型3、模型4分别分析2006年总绩效奖金、2006年学校绩效奖金、2006年班级绩效奖金、2006年个人绩效奖金对学生数学成绩的影响，具体结果见表7-3。模型1、模型2、模型3、模型4均通过了1%的统计显著性水平检验，且各自变量的共线性检验VIF值均小于10，表明自变量间不存在严重的共线性问题。由表7-3可知，2006年总绩效奖金、2006年学校绩效奖金、2006年班级绩效奖金、2006年个人绩效奖金对学生数学成绩均有显著影响。

表7-3　各类绩效奖金对学生成绩影响回归分析

自变量	模型1	模型2	模型3	模型4
	回归系数	回归系数	回归系数	回归系数
2006年总绩效奖金	0.003***			
2006年学校绩效奖金		0.003***		
2006年班级绩效奖金			0.006***	
2006年个人绩效奖金				0.002***
调整后 R^2	0.017	0.005	0.015	0.005
模型卡方检验值	0.000	0.000	0.000	0.000

注：*表示通过0.1显著性水平检验，**表示通过0.05显著性水平检验，***表示通过0.01显著性水平检验。

学生数学成绩还受到学生家庭、教师、学校等因素影响，因此为了控制住这些因素对学生成绩的影响，建立模型5、模型6分别分析2006年总绩效奖金以及2006年学校绩效奖金、2006年班级绩效奖金、2006年个人绩效奖金对学生数学成绩的影响，具体结果见表7-4。模型5、模型6均通过了1%的统计显著性水平检验，且各自变量的共线性检验VIF值均小于10，表明自变量间不存在严重的共线性问题。由模型5回归结果可知，在控制住学生家庭、教师、学校等因素影响后，2006年总绩效奖金仍然对学生成绩有显著正影响。教师的年绩效奖金每增加1000元，学生的数学成绩就提高2分。从标准化回归系数可知，与其他因素相比，2006年总绩效奖金对学生成绩的影响较大。由模型6回归结果可知，在控制住学生家庭、教师、学校等因素影响后，2006年学校绩效奖金、2006年班级绩效奖金、2006年个人绩效奖金对学生数学成绩均有显著影响。教师的学校、班级、个人绩效奖金每增加1000元，学生的数学成绩分别提高2分、4分、1分。对比学校、班级、个人绩效奖金标准化回归系数可知，班级绩效奖金对学生成绩影响最大，其次是学校绩效奖金，个人绩效奖金对学生成绩影响最小。

表7-4　绩效奖金因素对学生成绩影响回归分析

自变量	模型5		模型6	
	非标准化回归系数	标准化回归系数	非标准化回归系数	标准化回归系数
2006年总绩效奖金	0.002***	0.100		
2006年学校绩效奖金			0.002***	0.042
2006年班级绩效奖金			0.004***	0.090
2006年个人绩效奖金			0.001**	0.024
生均公用经费支出	0.004***	0.069	0.004***	0.072
班级规模	0.122***	0.135	0.120***	0.132
父亲学历	0.388***	0.076	0.384***	0.075
家中是否有电脑	4.548***	0.109	4.562***	0.110
家中是否有电话但无电脑	2.703***	0.079	2.736***	0.080
家庭文化资本	0.003***	0.031	0.003***	0.031

续表

自变量	模型 5		模型 6	
	非标准化回归系数	标准化回归系数	非标准化回归系数	标准化回归系数
数学教师受教育水平	2.757 ***	0.086	2.760 ***	0.086
数学教师教龄	0.020	0.011	0.027	0.015
数学教师月工资	0.001 ***	0.036	0.001 ***	0.035
数学教师是否具有高级职称	0.777 *	0.023	0.725	0.022
调整后 R^2	0.086		0.087	
模型卡方检验值	0.000		0.000	

注：* 表示通过 0.1 显著性水平检验，** 表示通过 0.05 显著性水平检验，*** 表示通过 0.01 显著性水平检验。

　　现实中，教育行政部门、其他政府部门、学区领导、村委会、学校都可能会影响教师绩效奖金分配。学校领导处于教育教学工作第一线，应该最了解教师工作绩效，因此学校掌握教师绩效奖金分配权有助于推动教师努力工作以提高学生成绩。为了考察教师绩效奖金分配权对学生成绩的影响，建立了模型 7、模型 8，具体结果见表 7-5。模型 7、模型 8 均通过了 1% 的统计显著性水平检验，且各自变量的共线性检验 VIF 值均小于 10，表明自变量间不存在严重的共线性问题。由模型 7 回归结果可知，在控制住其他因素影响后，2006 年总绩效奖金仍对学生成绩有显著正影响，教师绩效奖金分配权对学生成绩有显著正影响，掌握了教师绩效奖金分配权的学校学生数学成绩比没有掌握教师绩效奖金分配权的学校显著高出近 1 分。进一步分析显示，学校能否决定教师绩效奖金分配与 2006 年总绩效奖金交互项对学生成绩有显著负影响，这意味着掌握了教师绩效奖金分配权的学校，其教师绩效奖金对学生成绩正影响力度相对小于没有掌握教师绩效奖金分配权的学校。其可能的原因是掌握了教师绩效奖金分配权的学校如果对学校教师绩效奖金分配不当，更容易引起本校教师对学校领导的不满，结果会降低教师的工作积极性，最终削弱教师绩效奖金对学生成绩的积极影响。由模型 8 回归结果可知，在控制住其他因素影响后，教师绩效奖金分配权对学生成绩仍有显著正影响。

表 7-5　绩效奖金分配权对学生成绩影响回归分析

自变量	模型 7		模型 8	
	非标准化回归系数	标准化回归系数	非标准化回归系数	标准化回归系数
学校能否决定教师绩效奖金分配	0.909**	0.027	0.723*	0.022
学校能否决定教师绩效奖金分配与 2006 年总绩效奖金交互项	-0.001**	-0.049		
2006 年总绩效奖金	0.003***	0.137		
2006 年学校绩效奖金			0.002***	0.040
2006 年班级绩效奖金			0.004***	0.092
2006 年个人绩效奖金			0.001*	0.022
生均公用经费支出	0.004***	0.065	0.004***	0.066
班级规模	0.121***	0.134	0.118***	0.130
父亲学历	0.385***	0.075	0.379***	0.074
家中是否有电脑	4.504***	0.108	4.498***	0.108
家中是否有电话但无电脑	2.694***	0.079	2.725***	0.080
家庭文化资本	0.003***	0.032	0.003***	0.031
数学教师受教育水平	2.717***	0.085	2.704***	0.085
数学教师教龄	0.019	0.011	0.026	0.015
数学教师月工资	0.001***	0.035	0.001***	0.033
数学教师是否具有高级职称	0.788*	0.024	0.738	0.022
调整后 R^2	0.086		0.087	
模型卡方检验值	0.000		0.000	

注：* 表示通过 0.1 显著性水平检验，** 表示通过 0.05 显著性水平检验，*** 表示通过 0.01 显著性水平检验。

第三节　教师获得绩效奖金影响因素分析

　　长期以来，我国义务教育阶段教师工资制度维持一种以职称、教龄、学历等教师个人资历为主要发放依据的工资制度，教师工资缺乏以工作业绩为导向的激励机制设计。教师绩效奖金的分配是充分发挥教师绩效工资激励效应的关键部分，其设计应主要以工作业绩为导向，而不应以教师职称、教龄、学历等教师个人资历为主要依据。为了探讨现实中我国义务教育教师绩效奖金分配是以工作业绩为导向还是以个人资历为主要依据，本研究将考察工作业绩因素与个人资历因素对教师获得绩效奖金数量的影响。

　　表 7-6 对教师工作业绩因素、个人资历因素与教师绩效奖金关系做了统计描述。限于变量可得性，本研究将主要以教师 2006 年年终考核结果、教师执教以来获得最高荣誉、班级规模等变量来衡量教师工作业绩。本调查样本中，教师 2006 年年终考核结果分为不称职、称职、良好、优秀四个等级，不称职、称职、良好、优秀四个等级对应的绩效奖金分别为 0 元、808.12 元、908.28 元、963.35 元，教师绩效奖金随着年终考核结果等级上升而增长。教师执教以来获得最高荣誉分为无、校级、乡级、县/区级、地/市/州级、省级、国家级几种类型，由于获得国家级荣誉的教师样本量很少，故不计入分析。无、校级、乡级、县/区级、地/市/州级、省级荣誉的教师绩效奖金分别为 285.52 元、1366.18 元、540.94 元、920 元、1114.37 元、1120.75 元，除校级外，获得荣誉等级越高的教师，其绩效奖金也越高。

　　限于变量可得性，本研究将主要以教师编制类型、教师现在学历、教师职称、教师教龄、教师月工资等变量来衡量教师个人资历。在教师个人资历因素中，公办教师和代课教师 2006 年教师绩效奖金分别为 908.21 元、713.30 元，公办教师绩效奖金高于代课教师绩效奖金。本调查样本中，教师目前学历只有高中、大专、本科及以上几种类型，高中学历教师 2006 年绩效奖金为 580.75 元，大专学历教师 2006 年绩效奖金为 793.76 元，本科及以上学历教师 2006 年绩效奖金为 1038.45 元，教师绩效奖金随其学历上升增长明显。见习期教师 2006 年绩效奖金为 372.14 元，小教二级教师样本数比较少，故不计入分析，小教一级教师绩效奖金为 1531.18 元，小教高级教师绩效奖金为 525.92 元，中教二级教师绩效奖金为 1058.83 元，中教一级教师绩效奖金为 921.41 元，中教高级教师绩效奖金为 1365.52 元。总体而言，职称较高的教师绩效奖金也较高。

表 7-6 工作业绩、个人资历与教师绩效奖金统计描述

分配依据	衡量指标	指标取值	绩效奖金（元）	样本数
工作业绩因素	2006 年年终考核结果	不称职	0	100
		称职	808.12	1192
		良好	908.28	1497
		优秀	963.35	758
	执教以来获得最高荣誉	无	285.52	252
		校级	1366.18	455
		乡级	540.94	510
		县/区级	920	1577
		地/市/州级	1114.37	448
		省级	1120.75	106
个人资历因素	教师编制类型	公办	908.21	3196
		代课	713.30	203
	教师现在学历	高中	580.75	440
		大专	793.76	1392
		本科及以上	1038.45	1459
	教师职称	见习期	372.14	70
		小教一级	814.98	365
		小教高级	525.92	1245
		中教二级	1058.83	706
		中教一级	921.41	680
		中教高级	1365.52	261

本研究分别建立了回归模型 9、模型 10 以考察教师个人资历变量、工作业

绩变量对绩效奖金的影响，具体结果见表 7-7。模型 9、模型 10 均通过了 1% 的统计显著性水平检验，且各自变量的共线性检验 VIF 值均小于 10。由模型 9 回归结果可知，教师个人资历因素能解释 2.2% 的绩效奖金变异。个人资历因素中，教师目前学历、月工资、是否具有高级职称对绩效奖金具有显著正影响。由模型 10 回归结果可知，教师工作业绩因素能解释 1% 的绩效奖金变异。工作业绩因素中，2006 年年终考核等级、班级规模对绩效奖金具有显著正影响。比较回归模型 9 和模型 10 可知，教师个人资历变量对绩效奖金的影响要明显高于工作业绩变量的影响。

表 7-7　个人资历和工作业绩因素对教师绩效奖金影响分析

自变量	模型 9		模型 10	
	非标准化回归系数	标准化回归系数	非标准化回归系数	标准化回归系数
个人资历变量				
教师编制类型	0.346	0.005		
教师目前受教育水平	3.728 ***	0.160		
教师教龄	−0.037	−0.020		
教师月工资	0.0004 *	0.035		
教师是否具有高级职称	1.230 *	0.037		
工作业绩变量				
2006 年年终考核等级			1.477 ***	0.066
执教以来最高荣誉			0.345	0.025
班级规模			0.074 ***	0.065
调整后 R^2	0.022		0.010	
模型卡方检验值	0.000		0.000	

注：* 表示通过 0.1 显著性水平检验，** 表示通过 0.05 显著性水平检验，*** 表示通过 0.01 显著性水平检验。

在一所学校内部，一名教师获得的绩效奖金数量应主要受到其个人资历因素、工作业绩因素以及学校因素的影响，因此，本研究引入了教师个人资历变量、工作业绩变量、学校特征变量建立回归模型 11 以进一步系统分析教师绩效奖金的影响因素，具体结果见表 7-8。模型 11 通过了 1% 的统计显著性水平检验，且各自变量的共线性检验 VIF 值均小于 10。由模型 11 回归结果可知，在控制住其他因素影响后，2006 年生均人员经费支出对 2006 年总绩效奖金有显著正影响，生均人员经费支出每增加 1 元，教师年绩效奖金增加 0.559 元。学校能否决定教师绩效奖金分配对教师总绩效奖金有显著负影响，掌握了教师绩效奖金分配权的学校教师绩效奖金比不掌握教师绩效奖金分配权的学校少 601.45 元。其原因可能是掌握了教师绩效奖金分配权的学校从学校自身成本—效益出发，对教师绩效奖金分配更加慎重和严格，因此其教师绩效奖金相对较低。学校所有制类型对教师绩效奖金有显著负影响，公办学校教师绩效奖金比民办学校教师绩效奖金低 309.261 元。公办教师绩效奖金显著高于代课教师绩效奖金。教师受教育水平对教师绩效奖金有显著正影响。教师教龄对教师绩效奖金有显著负影响，教师教龄每增加 1 年，其绩效奖金就减少 25.887 元。其可能原因是职业倦怠导致教师的工作积极性和绩效随着教龄的增加而降低。教师月工资对教师绩效奖金有显著正影响。教师职称对教师绩效奖金有正影响，但统计不显著。2006 年年终考核等级与执教以来最高荣誉均对教师绩效奖金有显著正影响。此外，班级规模对教师绩效奖金有显著正影响，班级规模每增加 1 人，其绩效奖金就增加 6.191 元，班级规模越大，教师的工作量也越大，因此班级规模在一定程度上也可以衡量教师的工作业绩。由各自变量标准化回归系数结果可知，2006 年学校生均人员经费支出、学校能否决定教师绩效奖金、教师受教育水平、教师教龄、2006 年年终考核等级、执教以来最高荣誉等变量对教师绩效工资影响较大。综上所述，教师个人资历因素与工作业绩因素对教师获得绩效奖金数量均有重要影响。

表 7-8　2006 年教师总绩效奖金影响因素分析

自变量	模型 11	
	非标准化回归系数	标准化回归系数
学校变量		
2006 年生均人员经费支出	0.559 ***	0.621
学校能否决定教师绩效奖金分配	−601.451 ***	−0.213
学校所有制类型	−309.261 ***	−0.061

续表

自变量	模型 11	
	非标准化回归系数	标准化回归系数
学校类型	−20.243	−0.008
个人特征变量		
教师编制类型	691.337 ***	0.103
教师目前受教育水平	234.138 ***	0.126
教师教龄	−25.887 ***	−0.167
教师月工资	0.067 ***	0.084
教师是否具有高级职称	45.877	0.017
工作业绩变量		
2006 年年终考核等级	228.790 ***	0.122
执教以来最高荣誉	163.090 ***	0.143
班级规模	6.191 ***	0.066
调整后 R^2	0.469	
模型卡方检验值	0.000	

注：* 表示通过 0.1 显著性水平检验，** 表示通过 0.05 显著性水平检验，*** 表示通过 0.01 显著性水平检验。

第四节　研究结论与政策建议

一、主要结论与讨论

根据上述实证分析结果，本研究主要得出以下结论。

首先，教师绩效奖金对学生成绩有显著正影响。回归分析结果表明，在控制住学生家庭、教师、学校等因素影响后，2006 年教师总绩效奖金对学生数学成绩有显著正影响。教师的年绩效奖金每增加 1000 元，学生的数学成绩就提高 2 分。与学生家庭、教师、学校等因素相比，2006 年教师总绩效奖金对学生成绩的影响更大。

其次，不同层次的教师绩效奖金对学生成绩有不同程度的显著正影响。回归分析结果表明，在控制住学生家庭、教师、学校等因素影响后，2006 年学校绩效奖金、2006 年班级绩效奖金、2006 年个人绩效奖金对学生数学成绩均有显著影响。对比学校、班级、个人绩效奖金标准化回归系数可知，班级绩效奖金对学生成绩影响最大，其次是学校绩效奖金，个人绩效奖金对学生成绩影响最小。

再次，教师绩效奖金分配权对学生成绩具有显著影响。在控制住其他因素影响后，掌握了教师绩效奖金分配权的学校学生数学成绩比没有掌握教师绩效奖金分配权的学校显著高出近 1 分。沃斯曼因对 28 个 OECD 国家的研究也发现教师绩效工资的发放权在学校手中的激励效果要高于在地方教育部门和国家教育部门手中的激励效果。本研究结果与沃斯曼因的研究结论保持了一致。本研究进一步分析显示，掌握了教师绩效奖金分配权的学校，其教师绩效奖金对学生成绩正影响力度相对小于没有掌握教师绩效奖金分配权的学校。

最后，教师个人资历因素与工作业绩因素对教师获得绩效奖金数量均有重要影响，但教师个人资历因素影响更大。在控制住其他因素影响后，教师受教育水平、编制类型、月工资等个人资历变量对教师绩效奖金具有显著正影响；与此同时，2006 年年终考核等级、执教以来最高荣誉、班级规模等教师工作业绩变量均对教师绩效奖金有显著正影响。这表明我国大多数义务教育学校在分配教师绩效奖金时兼顾考量了教师个人资历因素和工作业绩因素，但研究显示，教师个人资历变量对绩效奖金的影响要明显高于工作业绩变量对绩效奖金的影响。

二、相关政策建议

当前，我国教育行政部门和义务教育阶段学校正在努力探索如何实施教师绩效工资制度，根据上述主要研究结论，从提升教育质量出发，提出如下几点政策建议为我国探索实施教师绩效工资制度提供参考。

首先，重视开展义务教育教师绩效工资制度对教育质量影响评估研究，为科学实施教师绩效工资制度提供理论指导。我国实施义务教育教师绩效工资制度的主要目的是激励教师努力提高教育质量，因此研究什么样的义务教育绩效工资制度设计才能够成功奖励那些对提高学生成绩卓有成效的教师非常有必要。然而，目前国内学者探讨义务教育绩效工资制度对学生学习成绩影响的实证研究非常少见。设计绩效工资方案是相当专业的工作，没有专业人员的参与和指导将很难保证方案效果。因此，在教师绩效工资方案的设计与实施中，教育行政部门和学校应重视开展义务教育教师绩效工资对学生成绩影响评估研究，注重研究数据的搜集与分析，为绩效工资改革提供重要的信息保障和技术支持。

其次，深化教师绩效工资结构改革，教师绩效工资制度从以教师个人资历为导向转向以工作业绩为导向。目前，我国实施的义务教育教师绩效工资是一种结构工资，其中岗位工资、薪级工资取决于教师的职称、职务及工作年限等个人资历因素；而绩效工资和津贴合并，其中又分为基础性绩效工资（占70%）和奖励性绩效工资（占30%）。从各地设计的绩效工资实施方案来看，基础性绩效工资大多由地方人事局或教育局确定分配方案，一般都以职称和职务为基础划分出一些等级，有些地区则完全是平均分配；奖励性绩效工资多由学校制订分配方案，经教职工代表大会讨论通过后报地方教育行政部门批准后实施，主要由教师的出勤、工作量、工作成效等因素来综合决定，一般出勤和工作量约占奖励性绩效工资总额的60%，而工作成效只占约40%。可见，我国当前的义务教育仍维持一种以教师个人资历因素为导向的教师绩效工资制度，工作业绩导向的激励机制欠缺，导致教师干多干少、干好干坏区别不大，因此教师普遍缺少工作热情与积极性，职业倦怠问题严重。本研究表明，教师绩效奖金对学生成绩有显著正影响，而相较教师工作业绩因素，教师个人资历因素对教师获得绩效奖金影响更大。绩效工资设计和实施应主要与教师工作业绩挂钩，较少以教师个人资历为依据，如此才能够有效地激发教师的工作热情与积极性，从而提升教师工作效率与教育质量。我国义务教育学校在实施教师绩效工资制度时，应改革以教师个人资历为导向的工资制度，建立起以工作业绩为导向的绩效工资制度，切实体现多劳多得、优绩优酬的原则，充分发挥绩效工资的激励功能。

再次，坚持个人与集体绩效奖励相结合，注重班级层面教师集体绩效奖励。在实施教师绩效工资制度过程中，如果一味将绩效工资与教师个人的工作绩效挂钩，绩效工资在给教师个人带来正面激励效果的同时，也可能会引发教师个体之间的过度竞争，导致教师团队精神瓦解，进而对教师工作效率与教育质量产生负面影响；然而过分注重整体的集体绩效又可能因为绩效工资分配均等化而起不到真正的激励效果。本研究表明，个人绩效奖金与集体绩效奖金对学生成绩均有显著正影响，但集体绩效奖金对学生成绩影响更大。集体绩效奖金中，班级层面教师集体绩效奖金对学生成绩的影响又优于学校层面教师集体绩效奖金对学生成绩的影响，这可能是因为班级层面教师集体规模较小，平时工作配合更加紧密，更加有利于团队精神的形成。义务教育学校在制订绩效工资方案时，应坚持个人与集体绩效奖励相结合，实施集体绩效奖励时可注重班级层面教师集体绩效奖励，因为以班级为单位的绩效奖励可以较好地结合集体激励与个人激励，对教师的工作激励效果较好。

最后，赋予学校教师绩效工资分配自主权，同时加强民主监督。近年来，随着义务教育经费保障机制改革的深入，义务教育财政管理呈现集权趋势，校长掌控的经费管理权力越来越小，教师绩效工资使用和支配在很大程度上受到上级教育行政部门或相关政府部门的控制，然而上级教育行政部门或相关政府部门往往对学校一线教师工作情况并不熟悉，很难利用绩效工资对各学校教师进行有效激励。在中小学实施校长负责制的背景下，校长作为学校的全面负责人和直接管理者，对本校教师工作情况很熟悉，赋予学校教师绩效工资分配自主权，有利于校长根据本校具体情况因地制宜地对教师进行绩效工资分配，建立合理的教师绩效工资激励制度，提高教师的工作效率和学校的教育质量。本研究结论支持了该假设，但也表明，拥有教师绩效工资分配自主权的学校如果对学校教师绩效工资分配不当，容易引起教师不满进而削弱教师绩效工资的激励效果。因此，掌握了教师绩效工资分配自主权的学校，要认真制订绩效考核和绩效工资分配办法，坚持绩效考核和绩效工资分配过程中公开、公平、公正的原则，加强民主监督，广泛听取教职工的意见并经教职工代表大会讨论认可。

第八章

西部农村初中教师素质对学生成绩影响研究

本章采用教育生产函数方法，对我国西部农村初中教师素质与教育质量的关系进行了实证研究。研究结果表明：教师学历、教师资格、教师职称、教师教龄以及教育项目专家培训对教育质量有显著正影响；代课教师的教育质量显著低于公办教师的教育质量。基于上述结论，本研究提出以下政策建议以提高西部农村初中教师素质与教育质量：进一步提高教师的学历水平，严格实施教师资格制度，加强教育项目专家培训的强度，建立代课教师权益保障制度。

第一节　问题提出与相关实证研究回顾

一、问题提出

随着我国农村义务教育的基本普及，质量提升已经成为农村义务教育在新的社会历史发展时期需要完成的新任务和需要解决的新课题。影响农村义务教育质量的因素有很多，但人们普遍认为教师是教育过程中的一个关键因素，提高农村义务教育质量的关键在教师。因此，我国各级政府近年来采取了许多措施来提高农村中小学教师队伍素质。然而，提高教师素质的措施是否能达到政策的预期效果？教师的哪些素质是真正影响教育质量的？从哪些方面改善教师队伍素质更为有效？要回答这些重要的问题就需要对我国农村中小学教师素质与教育质量的关系进行实证研究。迄今为止，由于缺乏相关的实证研究，国内已有研究尚不足以对这些重要而又亟须回答的问题给出令人信服的回答。鉴于此，本研究将利用甘肃基础教育调查研究项目 2004 年调查数据，对我国西部农村初中教师素质与教育质量的关系进行实证研究，希望能为我国制定提高西部农村初中教师素质与教育质量的相关政策提供一定的参考依据。

二、相关实证研究回顾

国外中小学教师素质与教育质量关系的实证研究比较丰富，这些研究大多采用了教育生产函数的分析框架，集中探讨了教师工作年限、教师学历、教师资格考试和教师培训四个方面的素质因素对教育质量的影响。

一是教师工作年限的影响。汉纳谢克等（Hanushek et al., 2005）和克鲁格（Krueger, 1999）均发现教师工作年限对学生成绩有显著正影响。杜威等（Dewey et al., 2000）使用传统的 OLS 回归和工具变量的方法发现，教师工作年限对学生成绩具有显著正影响。

二是教师学历的影响。库珀和科恩（Cooper, Cohn, 1997）使用随机边界估计技术发现，有硕士学位的教师对学生成绩有显著正影响，其他学位的教师影响不显著。克鲁格（Krueger, 1999）和杜威等（Dewey et al., 2000）均发现教师学历影响不显著。

三是教师资格考试的影响。克洛费尔特等（Clotfelter et al., 2006）发现教师资格考试分数对学生成绩有正的影响。

四是教师培训的影响。科恩和希尔（Cohen, Hill, 2000）发现教师发展项目对学生成绩的提高有积极作用。但是，雅各伯和莱弗格伦（Jacob, Lefgren, 2004）发现教师在职培训对小学生数学和阅读成绩都没有显著影响。

迄今为止，探讨国内中小学教师素质与教育质量关系的实证研究非常薄弱。蒋鸣和发现包括教师学历在内的各种教育投入均与学生学业成绩显著相关。帕克和汉纳姆（Park, Hannum, 2001）发现甘肃农村小学教师的学历水平和教龄均对学生数学成绩有显著正影响，但对语文成绩影响不显著，而教师职称对数学和语文成绩均有显著正影响。邓业涛利用中英甘肃基础教育项目 1999 年的基线调查数据探讨了甘肃四个县小学师资状况与教育质量的关系，研究结论表明教师的学历水平和教龄对数学和语文教育质量都有显著影响。

综上所述，国内外已有的实证研究结果常常是混合的，并没有在教师素质与教育质量关系上达成一致的结论。已有的研究存在如下不足。一方面，缺乏个体层面数据的研究。已有的研究主要集中在宏观层次，以学生个体为分析单位的微观研究很少。宏观层次研究隐含的假设是每个学生平均地接受教师资源，因此这类研究很可能严重错误地反映了有效资源的分配，产生总量数据偏差问题。另一方面，缺乏重要的控制变量。在利用教育生产函数方法估计教师素质对教育质量的影响时，需要控制家庭、同伴、学校三方面的影响，否则就会产生遗漏变量导致的估计偏差问题。然而，由于获得完备的数据非常难，大部分已有的研究经常缺少某些方面的控制变量，结果是这些研究都不可避免地在不同程度上遭受到了遗漏变量带来的估计偏差问题。

　　针对上述研究不足，本研究在估计教师素质对教育质量的影响时，将采用甘肃农村初中学生个体层面的数据，尽量控制住学生家庭、同伴和学校三方面的影响。由于避免了总量数据偏差和遗漏变量估计偏差问题，本研究结论可能会更加精确，有助于我们更加准确地理解教师素质与教育质量的关系。

第二节　研究数据与理论模型

一、数据来源

　　本研究的数据来源于美国宾夕法尼亚大学汉纳姆教授主持的甘肃基础教育调查研究项目 2004 年调查数据。调查人员采用多阶段分层抽样，在甘肃省 20 个县 100 个村获取 2000 个 9—12 岁的有效儿童样本，并对应调查儿童母亲、家庭、村长、老师、班主任、校长，分别从不同的角度考察影响儿童学业的因素。这次调查研究对每个抽样儿童还进行了语文和数学成绩测试。测试试卷由甘肃省教育科学研究所的专家制订，考试内容以国家课程标准为参照。本研究选取了 2004 年调查中的初中学生样本，学生样本量为 1674 名，教师样本量为 881 名。

二、理论模型

根据汉纳谢克建立的教育生产函数经典理论模型，本研究建立了如下的教育生产函数理论模型以估计教师素质对教育质量的影响。

$$Q_t = f(T_{t-1},\ S_{t-1},\ F_{t-1})$$

式中，Q_t 代表教育质量，用学生数学和语文考试成绩衡量；T_{t-1} 代表与教师素质有关的自变量矩阵，主要包括教师教龄、教师学历、教师职称、教师资格、教师培训等变量；S_{t-1} 代表与学校有关的自变量矩阵，主要包括班级规模变量、学校同伴认知水平等；F_{t-1} 代表与学生家庭社会经济背景有关的自变量矩阵，主要包括父母受教育程度、家庭教育支出等变量。在具体分析时，采用一般线性回归方程来估计教师素质对教育质量的影响。

三、数据描述

本次调查教师有效样本量为 881 名，其中，女教师占 28.3%，少数民族教师仅占 2%。样本中，代课教师占 9.6%，表明在 2004 年，甘肃农村初中还有相当数量的代课教师。进一步分析发现，甘肃农村初中样本中，有代课教师的学校占全部学校的比例为 54%，说明超过半数以上的甘肃农村初中学校存在代课教师。对样本中的教师资格分布统计分析发现，7% 的初中教师没有教师资格，55.3% 的初中教师只有小学资格，表明超过 60% 的甘肃农村初中教师没有获得应具备的初中教师资格。

样本中，甘肃农村初中教师的最高学历分布见表 8-1。由表 8-1 可知，2004 年甘肃农村初中拥有大专学历的教师占到了全部教师样本的 65.4%，拥有本科学历的教师占到了全部教师样本的 13.1%。尽管样本中的大部分初中教师都接受过高等教育，但仍有一定比例的初中教师没有接受过高等教育。比较教师初任职时和现在的最高学历，结果显示甘肃农村初中教师现在的学历水平比初任职时的学历水平有了明显的提升，这应得益于国家近年来大力提升中小学教师学历教育的努力。

表 8-1   教师现在与初任职时最高学历分布

教师任职时间	教师样本量	小学	初中	高中	中专	大专	本科
现在	881	0	0.8%	3.6%	17.1%	65.4%	13.1%
初任职	881	0.1%	2.6%	12.5%	41.9%	40.9%	2.0%

2003 年 6 月至 2004 年 6 月期间，样本中的甘肃农村初中教师参加县级进修学校短期培训和教育项目专家培训的频率见表 8-2。由表 8-2 可知：大多数甘肃农村初中教师接受的这两方面培训比较频繁，但也有小部分甘肃农村初中教师只参加过一次或没有参加过这些培训；甘肃农村初中代课教师接受的这两种培训的频率均要明显低于公办教师。

表 8-2   教师参加教育项目专家培训频率

（单位:%）

教师培训类别		没有	一次	一学期一两次	每月一次	每周一次
县级进修学校培训	公办	1.2	3.5	18.8	15.3	61.2
	代课	2.4	2.4	32.4	27.6	35.2
教育项目专家培训	公办	1.1	2.0	14.9	19.6	62.4
	代课	12.7	1.0	24.1	20.0	42.2
总体		1.0	2.2	16.0	28.7	52.1

第三节   教育质量影响因素分析

甘肃农村初中数学和语文教育质量影响因素的回归分析结果见表 8-3。两个模型卡方检验的显著性水平均为 0.000，均通过了 1% 的显著性水平检验。两个方程中，各自变量的共性线检验值 VIF 均小于 10，表明方程自变量间不存在严重的共线性问题。

对甘肃农村初中数学教育质量的影响因素的回归分析表明，在控制其他因素情况下，不同性别和民族的教师在教育质量上没有显著差异。教龄对数学教育质量有显著正影响，而教龄的平方项对数学教育质量有显著负影响，表明甘肃农村初中教师教龄对数学教育质量的影响是非线性的，呈现一个倒 U 型曲线。教龄对数学教育质量先是有一个递增的积极影响，但在经过一个顶点（24年）后，教龄对数学教育质量的积极影响呈现递减的趋势。公办教师的数学教育质量显著高于代课教师的数学教育质量。具有大专和本科学历的教师数学教育质量显著高于具有中专学历的教师数学教育质量。具有初中教师资格证的教师数学教育质量显著高于没有教师资格证的教师数学教育质量。具有小教高级职称和中教一级职称的教师数学教育质量显著高于处于见习期的教师数学教育质量。甘肃农村初中教师参加教育项目专家培训有助于提高其数学教育质量，而参加县级进修学校培训对其数学教育质量的影响不显著。教师月总工资对数学教育质量的影响不显著。班级规模对甘肃农村初中数学教育质量有显著负影响。学校同伴认知水平对数学教育质量有显著正影响。学生父亲受教育水平和学生本学期教育支出均对数学教育质量有显著正影响，表明学生家庭社会经济背景对数学教育质量有显著正影响。

对甘肃农村初中语文教育质量的影响因素的回归分析表明，在控制其他因素情况下，甘肃农村初中女教师的语文教育质量要显著高于男教师的语文教育质量。汉族教师的语文教育质量要显著高于少数民族教师的语文教育质量。甘肃农村初中教师教龄对语文教育质量的影响也是非线性的，呈现一个倒 U 型曲线。教龄对语文教育质量先是有一个递增的积极影响，但在经过一个顶点（20年）后，教龄对语文教育质量的积极影响呈现递减的趋势。公办教师的语文教育质量显著高于代课教师的语文教育质量。具有高中学历的教师语文教育质量显著高于具有中专学历的教师语文教育质量。具有初中教师资格证的教师语文教育质量显著高于没有教师资格证和只有小学教师资格证的教师语文教育质量。具有小教高级职称和中教一级职称的教师语文教育质量显著高于处于见习期的教师语文教育质量。甘肃农村初中教师参加教育项目专家培训有助于提高其语文教育质量，而参加县级进修学校培训对其语文教育质量的影响不显著。教师月总工资对语文教育质量的影响不显著。班级规模对甘肃农村初中语文教育质量有显著负影响。学校同伴认知水平对语文教育质量有显著正影响。学生父亲受教育水平和学生本学期教育支出均对语文教育质量有显著正影响，表明学生家庭社会经济背景对语文教育质量有显著正影响。

表8-3　甘肃农村初中教育质量的影响因素分析

解释变量	因变量：标准化的数学成绩		因变量：标准化的语文成绩	
	非标准化系数	标准化系数	非标准化系数	标准化系数
男教师（以女教师为基准）	−0.020 (0.057)	−0.009	−0.168*** (0.054)	−0.075
汉族教师（以少数民族教师为基准）	0.040 (0.169)	0.006	0.235* (0.163)	0.034
教龄	0.048*** (0.013)	0.388	0.040*** (0.012)	0.328
教龄的平方项	−0.001*** (0.000)	−0.309	−0.001*** (0.000)	−0.318
公办教师（以代课教师为基准）	0.180* (0.112)	0.051	0.130* (0.108)	0.037
初中学历（以中专为基准）	−0.216 (0.326)	−0.017	−0.128 (0.313)	−0.010
高中（以中专为基准）	−0.153 (0.159)	−0.026	0.262* (0.153)	0.044
大专（以中专为基准）	0.260*** (0.082)	0.122	0.037 (0.079)	0.017
本科（以中专为基准）	0.389*** (0.107)	0.135	0.070 (0.103)	0.024
没有资格（以初中资格为基准）	−0.033** (0.113)	−0.080	−0.020 (0.196)	0.048
小学资格（以初中资格为基准）	−0.014 (0.084)	−0.007	−0.318*** (0.085)	0.149
高中资格（以初中资格为基准）	0.124 (0.153)	0.020	0.111 (0.147)	0.018
小教二级（以见习教师为基准）	0.195 (0.134)	0.050	0.350* (0.129)	0.090

续表

解释变量	因变量：标准化的数学成绩		因变量：标准化的语文成绩	
	非标准化系数	标准化系数	非标准化系数	标准化系数
小教一级 （以见习教师为基准）	0.027 (0.133)	0.053	0.124 (0.128)	0.046
小教高级 （以见习教师为基准）	0.006** (0.171)	0.081	0.454*** (0.164)	0.101
中教三级 （以见习教师为基准）	0.023 (0.108)	0.008	0.142 (0.104)	0.048
中教二级 （以见习教师为基准）	0.139 (0.110)	0.066	−0.050 (0.106)	−0.024
中教一级 （以见习教师为基准）	0.155* (0.133)	0.053	0.164* (0.127)	0.056
教育项目专家培训频率	0.083*** (0.029)	0.076	0.045** (0.028)	0.052
县级教师进修学校 培训频率	0.039 (0.027)	0.039	0.011 (0.026)	0.011
月总工资	0.001 (0.000)	0.025	0.001 (0.000)	0.039
班级规模	−0.010*** (0.002)	−0.114	−0.012*** (0.002)	−0.146
学校同伴认知水平	0.030*** (0.006)	0.117	0.012** (0.006)	0.049
父亲受教育水平	0.014** (0.007)	0.047	0.018*** (0.007)	0.061
抽样学生本学期教育支出	0.001** (0.000)	0.060	0.001*** (0.000)	0.062
调整后的 R^2	0.065		0.130	
N	1653		1646	

注：括号内为标准误；* 表示 $p<0.1$，** 表示 $p<0.05$，*** 表示 $p<0.01$。

第四节　研究结论与政策建议

一、主要结论与讨论

本研究的主要研究结论如下。

一是在控制其他因素情况下，甘肃农村初中教师学历、教师资格、教师职称均对数学和语文教育质量有显著正影响；甘肃农村初中教师参加教育项目专家培训对数学和语文教育质量有显著正影响，而参加县级进修学校培训对数学和语文教育质量的影响则不显著。

二是在控制其他因素情况下，甘肃农村初中教师教龄对数学和语文教育质量有显著的非线性影响。具体来说，教龄对数学和语文教育质量先是有一个递增的积极影响，但在经过一个顶点后，教龄的积极影响呈现递减的趋势。

三是在 2004 年，甘肃农村初中还有相当数量的代课教师，而在控制其他因素情况下，甘肃农村初中代课教师的数学和语文教育质量均显著低于公办教师的数学和语文教育质量。

如何理解上述研究结论？教师学历、教师资格、教师职称、教师教龄是衡量教师素质的重要指标，这些因素均对数学和语文教育质量有显著正影响，表明在甘肃农村初中上述教师素质对教育质量有重要影响。甘肃农村初中教师参加教育项目专家培训对数学和语文教育质量有显著正影响，而参加县级进修学校培训的影响则不显著。县级进修学校培训存在的师资力量薄弱、培训方式单一、培训内容针对性不强等问题可能导致进修学校培训质量较低，不能有效帮助教师提高教育质量。与此相反，教育项目专家培训的师资力量较高、培训方式多样、培训内容针对性较强，能较有效地帮助教师提高教育质量。教师教龄对数学和语文教育质量有显著的非线性影响，这与教师的职业生涯发展规律是一致的。在教师职业生涯发展的成长和成熟阶段，教师对工作具有强烈的兴趣，积极探索新知识和新方法，追求专业成长，他们的教育教学能力随着教龄的增加而不断提高。在教师职业生涯发展的退缩和低落阶段，随着教龄的继续增加，教师教学的高期望遭受打击，他们不再积极追求新知识和新方法，他们的工作热情和职业满意度明显下降，这会造成教育质量的下滑。代课教师是指在中小学尤其是农村中小学中没有事业编制的临时教师。代课教师大多数没有受过系统的师范专业教育和职业培训，不具备教师资格，再加上缺乏系统的教育和培训，他们的素质很难得到提高。代课教师工资微薄，且公办教师有各种福利（如奖金、医疗、保险等），而代课教师享受不到这些福利，同工不同酬导致许多代课教师心理不平衡，工作也没有积极性。自身素质与经济待遇的双重差距，使得甘肃农村初中代课教师的教育质量低于公办教师的教育质量。

二、相关政策建议

甘肃是我国一个典型的西部省份，甘肃农村地区的义务教育发展现状也是我国西部农村地区义务教育发展现状的一个缩影。因此，本研究对甘肃农村初中教师与教育质量关系的研究结论在很大程度上也适用于我国西部农村其他地区的初中教育。根据本研究的主要结论及其讨论，提出如下政策建议以提高西部农村初中教师素质与数学和语文教育质量。

首先，坚持开展西部农村初中教师的学历教育工作，进一步提高西部农村初中教师的学历水平。本研究结论表明提高教师学历水平对提高西部农村初中数学和语文教育质量有积极影响。尽管许多西部农村初中教师可能通过学历教育达到了大学水平，但我们也要清醒地看到仍有一定比例的西部农村初中教师学历没有达到大学水平，因此提高这部分教师的学历水平应是下一阶段西部农村初中教师学历教育工作的重点。中央政府和地方政府可以考虑重点支持西部农村贫困地区针对大学学历以下初中教师的学历教育工作，这可以有效提高西部农村贫困地区初中数学和语文教育质量。

其次，严格实施西部农村初中教师资格制度，从"入口"处保障西部农村初中教师素质水平。教师资格制度是国家对教师实行的一种法定的职业许可制度，其根本目的在于通过改善教师整体素质和促进教师专业化发展以提高教育质量。严格实施教师资格制度，能有效地从教师"入口"处保障教师素质水平。本研究发现甘肃农村初中教师资格对数学和语文教育质量具有显著正影响，同时，本研究也发现大部分甘肃农村初中教师没有获得应具备的初中教师资格，这说明甘肃农村初中教师资格制度并没有得到严格实施，其原因比较复杂。为了提高西部农村初中数学和语文教育质量，教育部门应严格实施西部农村初中教师资格制度，从"入口"处保障西部农村初中教师素质水平。

再次，加强西部农村初中教师参加教育项目专家培训的强度，提升西部农村初中县级教师进修学校的办学水平。甘肃农村初中教师参加教育项目专家培训有助于提高数学和语文教育质量，因此，教育部门和西部农村初中学校在今后开展教师培训时，应考虑加强教育项目专家培训的强度。另外，在现阶段，县级教师进修学校仍须承担西部农村教师培训的部分任务。为了提升县级教师进修学校的办学水平，教育部门需要帮助县级教师进修学校加强师资力量建设，督促县级教师进修学校在培训观念、培训方式、培训内容方面进行改革，提高培训的有效性。

最后，建立代课教师权益保障制度，改善西部农村初中代课教师队伍素质。目前，由于我国广大西部农村地区，尤其是一些边远地区，中小学合格教师严重缺乏，代课教师队伍已经成为这些地区一支不可缺少的重要教师力量。由于代课教师良莠不齐，整体素质比较低，再加上他们的权益得不到保障，严重挫伤了他们的工作积极性，他们的教育质量一般比较低。因此，合理解决代课教师问题将是直接关系到我国西部农村初中教育质量提高的重要问题。代课教师是较为特殊的教师群体，不能简单地以"一刀切"的方式全面加以清退，而应该正视这一群体存在的合理性和存在的问题，探索建立代课教师资格制度、任用制度、考核制度、培训制度和奖惩制度等一系列代课教师权益保障制度。代课教师权益保障制度通过保障代课教师的合法权益和对他们的教育活动进行约束和激励来改善代课教师队伍的素质。

第九章

高中教育投入对学生科学素质影响研究

本章利用我国高中生大规模基线调查数据，基于教育生产函数模型和多层线性模型分析方法，分析了我国高中生科学素质的影响因素，结果表明：竞赛因素对高中生科学素质有显著影响，班级同伴因素有较大影响，学校因素有很大影响，家庭因素有重要影响。为此，首先，应重视不断增强科技竞赛和学科竞赛活动对高中生科学素质的提升作用，缩小班级规模、加强合作学习，从而更好地发挥班级同伴效应对于促进高中生科学素质提升的作用；其次，要引导家长形成科学的教育方式，促进高中生科学素质的提高；最后，需要加强中小学科学教育过程中对学生科学素质培养的渗透，重点关注西部地区和非重点校高中生科学素质提升问题。大多数教育生产效率研究将学生学科考试成绩作为测量教育产出的指标，本研究将学生科学素质测试成绩作为测量教育产出的指标，拓展了教育产出的测量指标，在一定程度上丰富了教育生产效率研究的内容。

第一节　问题提出与相关实证研究回顾

一、问题提出

进入 21 世纪，科学技术迅猛发展，经济全球化的浪潮日益高涨，世界各国都在努力增强自己的综合国力，国家的综合国力取决于国家的科学技术水平，而提高未来科学技术水平的关键是对青少年学生科学素质的培养。国务院于 2006 年 3 月颁布的《全民科学素质行动计划纲要（2006—2010—2020 年）》（以下简称《科学素质纲要》）明确指出：要加强未成年人、农民、城镇劳动人口、领导干部和公务员这四大重点人群的科学素质建设，尤其要把未成年人和农民的科学素质建设作为重中之重。因此，提升青少年学生的科学素质，是当前我国基础教育亟待解决的重大课题。本研究拟基于大规模基线调查数据对我国青少年学生科学素质影响因素进行实证分析，研究结论将为我国提高青少年学生科学素质水平提供强有力的支持依据，也有助于推进《科学素质纲要》的顺利实施。

二、相关实证研究回顾

近年来，国外学者对青少年学生科学素质影响因素开展了大量实证研究，他们对青少年学生科学素质影响因素的分析聚焦于文化背景、班级环境、家庭社会经济背景及个人的科学态度和兴趣等方面。萨瑟兰和丹尼克（Sutherland，Dennick，2002）以欧加学生（Euro-Canadian students）和克里民族 7 年级的学生为研究对象，其研究结果表明，语言等不同文化背景的学生对科学本质的理解有所不同。特莫（Turmo，2004）以 2000 年 PISA 测试所得数据为基础，探究了北欧国家学生的科学素质与文化、社会和经济的关系。结果表明，家庭的经济资产和学生的科学素质水平无显著相关，但家庭的文化资产与科学素质的水平有很高程度的相关。经济合作与发展组织（OECD）于 2006 年开展了第三轮 PISA 测试，这次测试以科学素质测评为主，有 57 个国家和地区的 40 多万名学生参与。分析结果显示：学生的社会、家庭经济和文化地位仍然是影响学生科学素质的重要因素；在存在较大竞争的学校，学生科学素质更好；私立学校学生科学素质稍高于公立学校。2007 年，苏格兰政府有关部门从苏格兰近 1110 所中小学中随机抽取了近 40000 名中小学生，研究结果显示：男孩和女孩在不同阶段和不同年级的科学素质水平差异很小；来自贫困地区 20% 的学生和其他来自社会经济水平较高地区的学生科学素质有着显著差异；学生对科学的态度、兴趣和动机会影响他们的科学素质。卡伦德尔和贝贝洛格鲁（Kalender，Berberoglu，2009）以 29111 名土耳其学生为测评对象，探析了土耳其学生科学素质影响因素，结果表明，社会经济地位和以教师为中心的班级活动对科学素质有着显著的正影响，但是以学生为中心的活动对科学素质的正影响并不显著。

国内学者针对青少年学生科学素质影响因素的实证研究比较少见，已有研究的关注焦点主要在学生个人的科学兴趣、教师科学素质水平、父母文化水平和学校教育的影响等方面。张建华（2000）对苏南农村中学生的科学素质调查与分析表明，社会、经济、文化、家庭等因素会影响学生科学素质，但是学校教育有着责无旁贷的责任。郭彦霞（2006）对中国西部六个省市的幼儿园、小学、中学、高校教师和中学生、大学生、研究生七个群体共计2440名对象的科学素质进行了比较全面的分析，结果表明，教师的科学素质水平对学生的科学素质有着直接的影响。赖小琴（2007）在对广西少数民族地区高中生科学素质的研究中指出，学习兴趣、师生关系与学生的基本科学素质水平、科学能力呈显著正相关关系。

综上所述，我国青少年学生科学素质影响因素的实证研究尚显薄弱，不能为我国提高青少年学生科学素质水平提供强有力的支持依据。已有研究存在以下不足。首先，已有研究在制订测量青少年学生科学素质的工具时，基本都依据我国公众科学素质调查中使用的指标体系，没有根据青少年学生的认知特点设计科学素质测量工具，因此测量工具存在较大的信度和效度问题。其次，已有研究的调查样本大多局限于某一地区的几所学校，学生样本量偏小，样本选择可能存在较大的偏差问题。再次，已有研究在调查青少年学生科学素质时，大多侧重于某一学科的科学素质，这就导致调查的科学素质内容不够全面和系统，调查结果不能真正反映青少年学生的科学素质现状。最后，已有研究对青少年学生科学素质影响因素的分析不够深入，缺乏有力的数据分析结果支持。为了克服上述研究不足和局限，本研究拟基于大规模基线调查数据，在科学测量高中生科学素质基础上，采用教育生产函数模型，对我国高中生科学素质的影响因素进行深入分析。

第二节 我国高中生科学素质测量

一、"科学素质"内涵界定

本研究综合已有研究和文献，结合青少年身心发展的特点，将高中生"科学素质"界定为：理解并掌握与其心智成熟程度相当的有关科学知识、科学本质以及科学—技术—社会关系等方面的内容，培养科学兴趣和爱好以及良好的科学态度，逐步形成正确的科学价值观，初步具备在社会生活情境中应用科学知识、技术和方法解决实际问题的能力。从能力维度来看，科学素质又可分为"识别问题""解释现象"和"使用证据"三个层面。

二、接受科学素质调查的我国高中生样本分布

北京师范大学教育学部教育经济研究所胡咏梅教授主持的"中国青少年科技竞赛项目评估"课题组根据我国不同地域青少年科学教育水平发展现状，于2010年1—7月间利用编制的《中国青少年科学素质测评试卷》，采用分层抽样的方法对我国辽宁、福建、湖北、甘肃、四川、北京六省市高中生的科学素质现状进行了测试，同时也调查了这些学生的个人、家庭和学校背景等相关信息。接受调查的高中生有效样本为2572人，具体分布状况详见表9-1。

表 9-1　接受调查的高中生样本分布

分类		参赛学生数	学生总数 （不包含缺失值）	参赛学生占 学生总数百分比
竞赛类型	参加竞赛	1018	2563	39.7%
	学科竞赛	889	2525	35.2%
	科技竞赛	264	2486	10.6%
	学科及科技竞赛	150	2572	5.8%
省份	辽宁	112	318	35.2%
	福建	122	349	35.0%
	湖北	218	484	45.0%
	甘肃	346	887	39.0%
	四川	206	450	45.8%
	北京	14	75	18.7%
地区	东部	248	742	33.4%
	中部	218	484	45.0%
	西部	552	1337	41.3%

续表

分类		参赛学生数	学生总数 （不包含缺失值）	参赛学生占 学生总数百分比
学校所在地	省会城市	811	2017	40.2%
	一般城市	120	244	49.2%
	县城	82	274	29.9%
是否重点校	省级重点	648	1462	44.3%
	市级重点	204	444	45.9%
	县级重点	99	338	29.3%
	非重点校	62	306	20.3%
是否重点班	重点班或实验班	610	1309	46.6%
	普通班	408	1248	32.7%
性别	男	618	1433	43.1%
	女	397	1106	35.9%

三、试卷质量分析

本研究使用课题组编制的《中国青少年科学素质测评试卷》测评高中生的科学素质。试卷编制从科学素质的内涵界定出发，以我国基础教育阶段科学课程标准为基础，以国际学生科学素质测评项目为标杆，编制过程中借鉴了 PISA2006、TIMSS、NAEP 等国际上广受关注和认可的学生评价项目，在很大程度上保障了整个试卷的科学性和有效性。试卷主要涵盖对具体科学知识的考察，包括数学、物质科学（包括物理和化学）、生命科学、地球和空间科学、科学技术和信息五个方面的内容，以物质科学和生命科学为主。此外，部分试题中还包含对学生科学态度的考察。

试卷的质量分析结果表明，从整体上看，试卷的难度为 0.412，区分度为 0.301，信度为 0.817，效度为 0.508，难度适中，区分度、信度、效度均为良好。科学态度的两个维度：科学兴趣和科学价值观的结构效度分别为 0.536 和 0.621，效度较好；两者的信度分别为 0.758 和 0.870，具有较好的信度。此外，本研究使用项目反应理论（IRT）考查学生科学素质，通过计算 IRT 总分与原始总分的相关系数发现，两类分数显著相关，相关系数为 0.947。

四、我国高中生科学素质现状

由表 9-2 可知，总样本学生科学素质平均得分为 60.94 分，最高分为 92 分，50% 的学生科学素质得分大于 61.58 分。从科学素质的能力维度来看，总样本学生"识别问题"平均得分为 62.73 分，"解释现象"平均得分为 65.68 分，"运用证据"平均得分为 54.58 分。三个维度中，"解释现象"得分最高，其次为"识别问题"，"运用证据"得分最低。这说明我国中学生运用科学证据解决实际问题的能力较弱，这也是我国长期以来"应试"教育模式导致的后果。

表 9-2 我国高中生科学素质及能力现状

统计指标	科学素质	识别问题	解释现象	运用证据
均值（标准差）	60.94 (9.10)	62.73 (15.54)	65.68 (10.59)	54.58 (14.15)
最大值	92	100	95.45	94.74
75%分位数	67.45	73.94	72.94	64.09
50%分位数	61.58	63.48	66.39	55.15
25%分位数	55.15	52.82	59.16	46.35
最小值	31.96	9.93	25.29	9.42

第三节 我国高中生科学素质影响因素分析

高中生是国家科技后备人才的主力军，科技后备人才科学素质直接关系到我国未来的科技水平，因此探讨我国高中生科学素质的影响因素，对于提高我国科技后备人才科学素质进而提升我国科技水平具有重要价值。我国高中生科学素质的影响因素非常复杂，根据已有相关研究，可以将影响科学素质的因素归为以下几类：个人因素、家庭因素、学校因素、班级同伴因素、社会因素。由于社会因素比较复杂，且难以测量，这里仅以是否参加科技或学科竞赛以及学校所在地作为替代，并将学校所在地归入学校因素，是否参赛作为关键的解释变量单列。因此，本研究主要分析个人因素、家庭因素、学校因素、班级同伴因素以及竞赛因素对我国高中生科学素质的影响。

一、科学素质影响因素分析理论模型

借鉴汉纳谢克和贝尔菲尔德建立的分析学生成绩影响因素的教育生产函数理论模型，本研究建立了如下的我国高中生科学素质影响因素理论模型。

$$A_t = f(C_{t-1}, \ S_{t-1}, \ P_{t-1}, \ Z_{t-1}, \ F_{t-1})$$

式中，A_t 代表当期高中生科学素质能力，用学生的科学素质测试得分衡量；C_{t-1} 代表前期与竞赛有关的自变量矩阵；S_{t-1} 代表前期与学校特征有关的自变量矩阵；P_{t-1} 代表前期与学生班级同伴特征有关的自变量矩阵；Z_{t-1} 代表前期与学生自身特征有关的自变量矩阵；F_{t-1} 代表前期与学生家庭社会经济背景特征有关的自变量矩阵。

二、科学素质影响因素普通线性回归模型分析

（一）变量定义

科学素质影响因素普通线性回归模型以及多层线性模型中涉及的各类变量定义见表9-3。

表 9-3　模型中的变量定义

变量类型		变量名	变量说明
因变量		科学素质	用高中生科学素质测试总分衡量
自变量	竞赛因素	是否参加竞赛	如果参加过"全国青少年科技创新大赛""明天小小科学家"奖励活动、"中学生学科奥林匹克竞赛"中任意一项，赋值为1，否则为0
		是否竞赛获奖	如果获得过"全国青少年科技创新大赛""明天小小科学家"奖励活动、"中学生学科奥林匹克竞赛"中任意一项奖项，赋值为1，否则为0

续表

变量类型		变量名	变量说明
因变量		科学素质	用高中生科学素质测试总分衡量
自变量	个人因素	性别	1 = "男", 0 = "女"
		学习时间	周一至周五平均每天做家庭作业和自学的时间（小时）
		是否参加过科学类兴趣班	1 = "是", 0 = "否"
		科学兴趣	通过量表测试的学生科学兴趣得分，满分为 10 分
		科学价值观	通过量表测试的学生科学价值观得分，满分为 10 分
		自己教育期望	自己希望接受的最高程度教育：1 = "小学及以下", 2 = "初中", 3 = "高中", 4 = "大专", 5 = "本科", 6 = "硕士", 7 = "博士"
		前期成绩	上学期班级数学期末考试标准化成绩+上学期班级物理期末考试标准化成绩+上学期班级化学期末考试标准化成绩
	家庭因素	父亲学历	父亲受教育年限（年）
		母亲学历	母亲受教育年限（年）
		父亲教育期望	父亲希望孩子接受的最高程度教育：1 = "小学及以下", 2 = "初中", 3 = "高中", 4 = "大专", 5 = "本科", 6 = "硕士", 7 = "博士"
		母亲教育期望	母亲希望孩子接受的最高程度教育：1 = "小学及以下", 2 = "初中", 3 = "高中", 4 = "大专", 5 = "本科", 6 = "硕士", 7 = "博士"
		家庭科普书数	不包括报纸杂志的家中科普类藏书数量（册）
		家庭经济条件	1 = "家庭经济条件较好", 0 = "家庭经济条件一般"
		兄弟姐妹数	家庭亲兄弟姐妹个数（个）
	学校因素	中部地区	1 = "中部", 0 = "西部"
		东部地区	1 = "东部", 0 = "西部"
		班级规模	班级学生个数（个）
		是否重点班	1 = "重点班", 0 = "非重点班"
		学校类型	1 = "非重点", 2 = "县重点", 3 = "市重点", 4 = "省重点"
		学校所在地	1 = "农村", 2 = "县城", 3 = "一般城市", 4 = "省会城市"
		教师教学	我的老师使我具备了从事一个"与科学相关的职业"所需要的基本知识和技能：1 = "非常不符合", 2 = "不符合", 3 = "一般", 4 = "符合", 5 = "非常符合"

续表

变量类型		变量名	变量说明
因变量		科学素质	用高中生科学素质测试总分衡量
自变量	班级同伴因素	班级同伴学习时间	班级同伴周一至周五平均每天做家庭作业和自学的时间（小时）
		班级同伴家庭科普藏书数	班级同伴平均家中科普类藏书数量（册）
		班级同伴科学价值观	班级同伴平均学生科学价值观得分
		班级同伴科学兴趣	班级同伴平均学生科学兴趣得分
		班级同伴家庭经济条件	班级同伴平均家庭经济背景得分
		班级同伴父亲学历	班级同伴平均父亲受教育年限（年）

（二）普通线性模型回归分析

由于竞赛因素、个人因素和家庭因素都在个体层面上，数据之间不存在嵌套关系，所以采用普通线性模型回归分析方法，建立模型1、模型2、模型3分别分析竞赛、个人和家庭因素对我国高中生科学素质的影响，具体结果见表9-4。模型1、模型2、模型3均通过了1%的统计显著性水平检验，且各自变量的共线性检验VIF值均小于10，表明自变量间不存在严重的共线性问题。

由模型1回归结果可知，竞赛因素能显著提高高中生的科学素质水平，调整后的R^2显示竞赛因素能解释4.4%的高中生科学素质变异。具体来说，参加竞赛的高中生科学素质要显著高出没有参加竞赛的高中生4.678分，竞赛获奖的高中生科学素质要显著高出竞赛没有获奖的高中生1.761分。非标准化回归系数结果显示，是否竞赛获奖对学生科学素质的影响要大于是否参加竞赛。

由模型2回归结果可知，调整后的R^2显示学生个人因素能解释10.7%的高中生科学素质变异。具体来说，性别和科学兴趣对学生科学素质影响不显著。除此之外，学习时间、是否参加科学类兴趣班、科学价值观、自己教育期望和前期成绩均对学生科学素质有显著影响。个人因素中，是否参加科学类兴趣班对学生科学素质影响最大，其次是前期成绩，然后是自己教育期望。

由模型3回归结果可知，调整后的R^2显示学生家庭因素能解释13.5%的高中生科学素质变异。具体来说，父亲教育期望和母亲教育期望对学生科学素质影响不显著。除此之外，代表家庭社会资本的父亲学历和母亲学历、代表家庭文化资本的家庭科普书数、代表家庭经济资本的家庭经济条件均对学生科学素质产生显著正影响，兄弟姐妹数对学生科学素质产生显著负影响，兄弟姐妹数每增加 1 个，学生科学素质得分降低 1.209 分。家庭因素中，兄弟姐妹数对学生科学素质影响最大，其次是母亲学历。

表9-4 竞赛、个人和家庭因素对我国高中生科学素质影响的普通线性模型回归分析

自变量	模型 1（竞赛因素）		模型 2（个人因素）		模型 3（家庭因素）	
	非标准化回归系数	标准化回归系数	非标准化回归系数	标准化回归系数	非标准化回归系数	标准化回归系数
是否参加竞赛	4.678***	0.101***				
是否竞赛获奖	1.761***	0.154***				
性别			0.354	0.022		
学习时间			0.497***	0.079***		
是否参加科学类兴趣班			3.100***	0.192***		
科学兴趣			0.018	0.002		
科学价值观			0.579***	0.072***		
自己教育期望			1.055***	0.124***		
前期成绩			0.424***	0.131***		
父亲学历					0.208**	0.088**
母亲学历					0.240***	0.103***
父亲教育期望					0.449	-0.051
母亲教育期望					0.344	-0.039
家庭科普书数					0.404***	0.064***
家庭经济条件					1.056**	0.062**
兄弟姐妹数					-1.209***	-0.155***
调整后 R^2	0.044		0.107		0.135	
模型卡方检验值	0.000		0.000		0.000	

注：*表示通过 0.1 显著性水平检验，**表示通过 0.05 显著性水平检验，***表示通过 0.01 显著性水平检验。

采用普通线性模型回归分析方法，建立模型 4、模型 5 分别分析学校和班级同伴因素对我国高中生科学素质的影响，具体结果见表 9-5。模型 4、模型 5 均通过了 1% 的统计显著性水平检验，且各自变量的共线性检验 VIF 值均小于 10，表明自变量间不存在严重的共线性问题。

表 9-5　学校、班级同伴因素对我国高中生科学素质影响的普通线性模型回归分析

自变量	模型 4（学校因素）		模型 5（班级同伴因素）	
	非标准化回归系数	标准化回归系数	非标准化回归系数	标准化回归系数
中部地区	1.297***	0.058***		
东部地区	6.527***	0.351***		
班级规模	-0.080***	-0.121***		
是否是重点班	2.285***	0.135***		
学校类型	2.814***	0.356***		
学校所在地	0.604	0.047		
教师教学	0.288*	0.034*		
班级同伴学习时间			1.815***	0.125***
班级同伴家庭科普藏书数			3.000***	0.170***
班级同伴科学价值观			5.861***	0.195***
班级同伴科学兴趣			2.556***	0.081***
班级同伴家庭经济条件			0.209	0.041
班级同伴父亲学历			0.800***	0.191***
调整后 R^2	0.280		0.278	
模型卡方检验值	0.000		0.000	

注：* 表示通过 0.1 显著性水平检验，** 表示通过 0.05 显著性水平检验，*** 表示通过 0.01 显著性水平检验。

由模型 4 回归结果可知，调整后的 R^2 显示学校因素能解释 28% 的高中生科学素质变异。具体来说，与西部地区相比，中部地区学生科学素质得分要显著高出 1.297 分，东部地区学生科学素质得分要显著高出 6.527 分；重点班学生

科学素质得分要显著高出非重点班学生 2.285 分；学校类型和教师教学均对学生科学素质有显著正影响；班级规模对学生科学素质有显著负影响，班级规模每增加 1 人，学生科学素质得分就下降 0.08 分；学校所在地对学生科学素质影响不显著。其中，学校类型对学生科学素质影响最大，其次是东部地区，然后为是否是重点班。

由模型 5 回归结果可知，调整后的 R^2 显示班级同伴因素能解释 27.8% 的高中生科学素质变异。具体来说，班级同伴学习时间、班级同伴家庭科普藏书数、班级同伴科学价值观、班级同伴科学兴趣、班级同伴父亲学历均对学生科学素质得分有显著正影响，班级同伴家庭经济条件对学生科学素质得分影响不显著。同伴因素中，班级同伴平均科学价值观得分对学生科学素质影响最大，其次是班级同伴父亲学历，然后是班级同伴家庭科普藏书数。

为了更准确地分析竞赛因素对学生科学素质的影响，需要控制住个人和家庭因素的影响，因此，分别建立了模型 6 和模型 7，模型 6 只控制住了个人因素，而模型 7 则既控制住了个人因素，又控制住了家庭因素。模型 6 和模型 7 的回归结果见表 9-6。模型 6、模型 7 均通过了 1% 的统计显著性水平检验，且各自变量的共线性检验 VIF 值均小于 10，表明自变量间不存在严重的共线性问题。

由模型 6 回归结果可知，调整后的 R^2 显示竞赛和个人因素合起来能解释 12% 的高中生科学素质变异，明显高于模型 1 中的 R^2（4.4%）和模型 2 中的 R^2（10.7%），表明模型 6 的解释力度较模型 1 和模型 2 均有明显提高。由模型 7 回归结果可知，调整后的 R^2 显示竞赛、个人、家庭因素合起来能解释 20.3% 的高中生科学素质变异，明显高于模型 6 中的 R^2（12%），表明模型 7 解释力度较模型 6 有了进一步提高。

在模型 6 和模型 7 中，在控制住个人以及家庭因素后，是否参加竞赛对学生科学素质影响均不显著，而是否竞赛获奖对学生科学素质影响均显著，性别和科学兴趣对学生科学素质影响均不显著，学习时间、是否参加科学类兴趣班、前期成绩对学生科学素质影响均显著。模型 6 显示，在控制住个人因素后，科学价值观和自己教育期望对学生科学素质仍有显著正影响；但模型 7 显示，在控制住个人和家庭因素后，科学价值观和自己教育期望对学生科学素质影响不显著。模型 7 也显示，在控制住个人和家庭因素后，父亲学历、母亲学历、父亲教育期望、家庭经济条件均对学生科学素质有显著正影响，而兄弟姐妹数对学生科学素质有显著负影响，家庭科普藏书数则对学生科学素质影响不显著。从模型7中的标准化回归系数可知，前期成绩对学生科学素质影响最大，其次是兄弟姐妹数，再次是母亲学历，最后为是否竞赛获奖。

表9-6 我国高中生科学素质影响因素普通线性模型回归分析

自变量	模型6（竞赛+个人因素）		模型7（竞赛+个人+家庭因素）	
	非标准化回归系数	标准化回归系数	非标准化回归系数	标准化回归系数
是否参加竞赛	0.083	0.005	0.182	0.011
是否竞赛获奖	3.152***	0.121***	2.158***	0.088***
性别	0.258	0.016	0.171	0.011
学习时间	0.509***	0.081***	0.324*	0.052*
是否参加科学类兴趣班	2.641***	0.164***	0.961*	0.060*
科学兴趣	0.006	0.001	0.047	0.006
科学价值观	0.554**	0.069**	0.249	0.029
自己教育期望	0.928***	0.110***	0.399	0.045
前期成绩	0.412***	0.128***	0.544***	0.169***
父亲学历			0.207**	0.036**
母亲学历			0.232**	0.100**
父亲教育期望			0.607**	0.072**
家庭科普藏书数			0.098	0.017
家庭经济条件			0.944*	0.059*
兄弟姐妹数			-1.238***	-0.160***
调整后 R^2	0.120		0.203	
模型卡方检验值	0.000		0.000	

注：* 表示通过0.1显著性水平检验，** 表示通过0.05显著性水平检验，*** 表示通过0.01显著性水平检验。

三、科学素质影响因素多层线性模型分析

（一）多层线性模型计量模型

考虑到数据的层次性问题，本研究利用多层线性模型方法建立两层计量模型，从学生个体和学校两个层面对影响我国高中生科学素质水平的因素进行分析。

具体的两层计量模型如下。

层 1 模型：将学生个体的科学素质得分表示为学生层面特征变量的函数与一个误差项的和。

$$Y_{ij} = \beta_{0j} + \beta_{1j}\alpha_{1ij} + \beta_{2j}\alpha_{2ij} + \cdots + \beta_{pj}\alpha_{pij} + r_{ij} = \beta_{0j} + \sum_{p=1}^{p}\beta_{pj}\alpha_{pij} + r_{ij}$$

式中：Y_{ij} 表示第 j 个学校第 i 个学生的科学素质得分，β_{0j} 为回归截距。α_{pij}（$p=1$，$2,\cdots$，p）表示学生层面的预测变量，主要包括学生个体学习特征及家庭社会经济特征。β_{pj}（$p=1$，2，$\cdots$，p）表示学生层面的预测变量 α_{pij} 对因变量的回归系数，可以在学校层面随机变化。r_{ij} 为学生层面的随机变异，表示学生的科学素质得分与预测变量的差异，假设服从正态分布，平均值为 0，方差为 σ^2。

层 2 模型：学生层面中的每一个回归截距 β_{0j} 和回归系数 β_{pj} 可以看作固定的和随机的，每一个学生层面的系数 β_{0j} 和 β_{pj} 可以由层 2（学校层面）的预测变量预测或解释，因此可将 β_{0j} 和 β_{pj} 表示为学校层面预测变量的函数。

$$\beta_{pj} = \gamma_{p0} + \gamma_{p1}x_{1j} + \gamma_{p2}x_{2j} + \cdots + \gamma_{pq}x_{qj} + \varepsilon_{pj} = \gamma_{p0} + \sum_{q=1}^{q_p}\gamma_{pq}x_{qj} + \varepsilon_{pj}$$

$$p=0, 1, \cdots, p$$

式中：γ_{p0} 表示第 j 个学校变量对 β_{pj} 回归的截距；γ_{pq} 表示第 j 个学校变量对 β_{pj} 回归的斜率；x_{qj} 表示学校层面的预测变量，主要包括学校类型、班级规模、班级同伴特征等；ε_{pj} 表示学校层面的随机误差，描述 β_{pj} 与预测值之间的差异。

（二）方差分析模型结果

在进行两层模型分析之前需要研究方差分析模型。该模型中，第一层和第二层模型里都没有预测变量，它只注重被研究对象的个体差异和背景差异的比较，而暂时不考虑控制相关变量对因变量的影响。方差分析模型的主要目的是

将学生科学素质得分的总方差分解为学生个人和学校两个层次，以检验各层方差的比例是否显著，它决定了本研究是否有必要建立两层模型。

表 9-7 是我国高中生科学素质得分方差分析模型带有稳健标准误的方差成分估计结果。从表 9-7 可知，层 2 随机项方差估计的卡方检验 p 值小于 0.01，这表明我国高中生科学素质得分在第二层（学校层面）存在非常显著的差异，也就是说学校和班级背景因素对高中生科学素质得分的变异有很大影响，为此，需要在第二层模型中增加一些解释科学素质得分的预测变量。利用组内相关公式可计算出第一层、第二层方差占总方差的比例分别为 64.7% 和 35.3%，这说明了我国高中生科学素质得分约 65% 的差异来源于个体和家庭间的差异，约 35% 的差异来源于校际差异。

表 9-7 我国高中生科学素质方差分析模型结果

随机效应	标准误	方差	组内相关	自由度	p 值
层 2 随机项	1.400	27.113	35.3%	14	0.000
层 1 随机项	10.760	49.682			

（三）随机截距模型结果

方差分析模型结果表明学校层次方差显著，因此有必要建立两层模型，故在层 1 和层 2 中均引入了部分自变量以建立随机截距模型，用于分析个体因素和学校因素对学生科学素质的影响。多层线性模型对模型中的自变量个数与样本数有一些要求，本研究中，层 2 的样本数较少，因此选择进入层 2 的自变量个数不宜多。根据前面普通线性回归模型的结果，本研究在层 2 中引入了如下变量：班级规模、是否重点班、学校类型、班级同伴科学兴趣。在层 1 中引入了如下变量：是否竞赛获奖、性别、自己教育期望、前期成绩、父亲学历、兄弟姐妹数。我国高中生科学素质影响因素随机截距模型固定效应结果见表 9-8。由表 9-8 可知，在层 1 个体层面因素中，是否竞赛获奖对学生科学素质得分有显著正影响，竞赛获奖的学生科学素质得分显著高出竞赛未获奖的学生 1.184 分；性别对学生科学素质影响不显著；自己教育期望对学生科学素质有显著正影响，自己期望读到本科及以上的学生科学素质得分比自己期望读到本科以下的学生高出 2.534 分；前期成绩对学生科学素质有显著正影响，前期成绩每提高 1 个标准分，学生科学素质将提高 0.358 分；父亲学历对学生科学素质有显著正影响，父亲学历每提高 1 年，学生的科学素质得分将提高 0.115 分；兄弟姐妹数对学生科学素质有显著负影响，兄弟姐妹数每增加 1 个，学生科学素质得分将降低 0.317 分。

在层 2 学校层面因素中，班级规模对学生科学素质有显著负影响，班级规模每增加 1 人，学生科学素质得分将下降 0.148 分；是否重点班对学生科学素质影响不显著；学校类型对学生科学素质影响显著，具体来说，与非重点学校相比，省重点学校学生科学素质要显著高出 6.449 分，市重点学校学生科学素质要显著高出 5.217 分，县重点学校要高出 4.435 分。班级同伴科学兴趣对学生科学素质有显著正影响，班级同伴科学兴趣平均得分每提高 1 分，学生的科学素质得分将提高 2.785 分。

表 9-8　我国高中生科学素质影响因素随机截距模型固定效应结果

自变量		系数	t 值
层 1：个体层面	截距项	39.924***	5.019
	是否竞赛获奖	1.184**	2.101
	性别	0.180	0.577
	自己教育期望（1 = "本科及以上"，0 = "本科以下"）	2.534**	2.430
	前期成绩	0.358***	4.847
	父亲学历	0.115**	2.198
	兄弟姐妹数	-0.317*	-1.802
层 2：学校层面	班级规模	-0.148***	-5.616
	是否重点班	0.606	1.547
	省重点（以非重点为基准）	6.449***	3.084
	市重点（以非重点为基准）	5.217**	2.575
	县重点（以非重点为基准）	4.435**	2.022
	班级同伴科学兴趣	2.785***	3.111

注：* 表示通过 0.1 显著性水平检验，** 表示通过 0.05 显著性水平检验，*** 表示通过 0.01 显著性水平检验。

我国高中生科学素质影响因素随机截距模型随机效应结果见表 9-9。层 2

的方差值为 13.925，比方差分析模型中层 2 的方差值（27.113）下降了 13.188，表明约一半的方差值被层 2 中增加的自变量解释掉了。层 1 的方差值为 41.423，比方差分析模型中层 1 的方差值（49.682）下降了 8.259，表明这部分方差值被层 1 中增加的自变量解释掉了。

表 9-9　我国高中生科学素质影响因素随机截距模型随机效应结果

随机效应	标准误	χ^2	p 值
层 2 随机项	1.393	13.925	0.022
层 1 随机项	10.76	41.423	0.000

第四节　研究结论与政策建议

一、主要结论与讨论

根据我国高中生科学素质影响因素普通线性回归模型分析以及多层线性模型分析结果，本研究得出如下主要结论。

一是竞赛因素对高中生科学素质有显著影响。竞赛因素能解释 4.4% 的高中生科学素质变异，是否参加竞赛以及是否竞赛获奖在模型 1 中均对学生科学素质有显著正影响，而是否竞赛获奖在普通线性回归模型以及多层线性模型中对高中生科学素质一直有稳定的显著正影响，表明高中生的竞赛获奖经历很可能有助于提高其科学素质。

二是学校因素对高中生科学素质有很大影响。我国高中生科学素质得分方差分析模型结果显示，我国高中生科学素质得分校际存在显著差异，且我国高中生科学素质得分约 35% 的差异来源于校际差异，而学校因素和班级同伴因素是造成校际差异的主要原因。PISA2006 的测试结果显示，对 OECD 国家而言，平均来讲，学校因素可以解释学生科学素质差异的 1/3 左右（如德国、奥地利、日本和意大利等）。本研究结论与 PISA2006 的测试结果非常接近。学校因素中，班级规模在普通线性回归模型以及多层线性模型中均对学生科学素质有显著负影响；而学校类型在普通线性回归模型以及多层线性模型中均对学生科学素质有显著正影响；东部和中部地区学校学生科学素质显著高于西部地区学校学生科学素质；重点班的学生科学素质显著高于非重点班学生科学素质。

三是班级同伴因素对高中生科学素质有较大影响。模型 5 结果显示，班级同伴因素能解释 27.8% 的高中生科学素质变异。班级同伴科学兴趣在普通线性回归模型以及多层线性模型中均对学生科学素质有显著正影响。在普通线性回归模型中，班级同伴学习时间、班级同伴家庭科普藏书数、班级同伴科学价值观、班级同伴父亲学历均对学生科学素质得分有显著正影响。

四是家庭因素对高中生科学素质有重要影响。我国高中生科学素质得分方差分析模型结果显示，我国高中生科学素质得分约 65% 的差异来源于个体和家庭间的差异，而个体因素和家庭因素是造成个体和家庭间差异的主要原因。父亲学历在普通线性回归模型以及多层线性模型中对学生科学素质均有显著正影响；家庭兄弟姐妹数在普通线性回归模型以及多层线性模型中对学生科学素质均有显著负影响。此外，在普通线性回归模型中，母亲学历、父亲教育期望、家庭经济条件均对学生科学素质有显著正影响。本研究结论也得到了 PISA2006 的测试结果的支持，PISA2006 的测试结果显示一些国家（如美国、德国、希腊、新西兰等）的学生家庭社会经济背景对科学素质校际差异有显著影响。

五是学生个体自身因素对高中生科学素质有较重要影响。模型 2 结果显示，学生个体自身因素能解释约 11% 的高中生科学素质变异。而 PISA2006 的测试结果显示，在芬兰、加拿大、日本、爱沙尼亚等国家和中国香港地区，学生个人背景对科学素质测评差异的解释力度不到 10%。本研究结论显示，与上述国家相比，我国学生个体自身因素对其科学素质的影响可能要高些。学生前期成绩和自己教育期望在普通线性回归模型以及多层线性模型中均对学生科学素质有显著正影响。此外，在普通线性回归模型中，学生学习时间、是否参加科学类兴趣班均对学生科学素质有显著正影响。性别对学生科学素质影响不显著，这与 PISA2006 和 PISA2009 对大多数国家学生的科学素质测试结果保持了一致。

二、相关政策建议

高中生的科学素质直接关系到我国未来的科技水平，基于上述主要研究结论，为提高我国高中生科学素质水平，本研究提出如下政策建议。

一是重视青少年科技竞赛和学科竞赛活动对学生科学素质的提升作用。青少年科技竞赛和学科竞赛活动旨在培养年轻一代对科学的热爱，使他们树立科学的思想和精神，提高其作为未来社会公民的科学素质。本研究表明，青少年科技竞赛和学科竞赛活动对提高高中生科学素质有显著正影响，因此，青少年科技竞赛和学科竞赛活动较好地实现了其竞赛目的。今后，社会各界应重视青少年科技竞赛和学科竞赛活动对高中生科学素质的提升作用。青少年科技竞赛和学科竞赛活动组织部门，需要进一步扩大青少年科技竞赛和学科竞赛活动的规模，丰富青少年科技竞赛和学科竞赛活动的层次和形式，创新青少年科技竞赛和学科竞赛活动的激励机制，鼓励各级各类学校和学生积极参与科技竞赛和学科竞赛活动，在竞赛活动中不断提高科学素质水平。

二是缩小班级规模有助于提高学生科学素质。本研究结果显示，班级规模对高中生科学素质有显著负影响。本研究样本中，高中班级平均规模为55人，最大规模为89人，过大的班级规模不利于教师实施合作探究等现代科学课程教学模式，不利于学生与教师之间的交流，因而大额班级学生的科学素质低于正常班级规模中学生的科学素质。因此，建议缩小高中班级规模，尤其是60人以上的班级。在我国中小学科学课堂中采用小班教学，将会便于教师组织学生开展研究性学习，提高学生的科学兴趣，有利于培养学生的科学探究能力和品质。

三是积极利用班级同伴效应以提高学生科学素质。本研究显示，班级同伴因素对高中生科学素质有较大影响。班级同伴学习时间、科学价值观、科学兴趣对高中生科学素质均有显著正影响。因此，充分发挥班级同伴间联系紧密、交往频繁、交流深入等特点，在班级中成立各类科学社团或科学兴趣小组，营造良好的热爱科学、学习科学的班级氛围，激发学生的科学兴趣，吸引班内学生积极参与各类科学社团或科学兴趣小组，在班级同伴的互相影响中提高整个班级的科学素质。此外，在中小学开展科学教育的过程中，可以考虑多采用小组合作学习的方式，更好地发挥同伴效应以激发学生学习科学的热情和兴趣。

四是引导家长促进学生科学素质的提高。本研究结果显示，家庭因素对高中生科学素质有重要影响。家庭是青少年学生生活、学习和成长的重要场所，学生父母的科学素质以及教育方式很可能会影响青少年学生科学素质的形成。获得数学界最高荣誉"菲尔兹奖"的澳籍华人数学家陶哲轩教授以及越南数学家吴宝珠教授在总结成功的经验时都认为父母的引导和教育非常重要。因此，激发学生父母的科学兴趣，提高学生父母的科学素质，引导学生家长树立科学的教育方式，有助于促进高中生科学素质的提高。家庭兄弟姐妹数对学生科学素质有显著负影响，可能是因为兄弟姐妹数较多的家庭，父母对孩子生活和成长的关心力度不够，也无法给予孩子充分、有效的学习指导。为此，社会和学校有责任引导和督促父母关心孩子的学习和成长，为孩子科学素质的培养提供良好的家庭环境。

五是关注西部地区学校和非重点校学生科学素质的提高。西部地区学校学生的科学素质显著低于东部和中部学校学生的科学素质，非重点校学生的科学素质显著低于重点校学生的科学素质。为了促进地区间和校际学生科学素质均衡发展，应关注西部地区学校和非重点校学生科学素质的提高。西部地区学校和非重点校的科技教育投入较少以及科技教育辅导教师素质较低是导致学生科学素质较低的重要原因。要提高西部地区学校和非重点校学生的科学素质，可以加大对西部地区学校和非重点校学生参与科技竞赛和学科竞赛活动的扶持力度，在科技教育投入上向西部地区学校和非重点校倾斜，改善西部地区学校和非重点校科技活动所需的基础设施的状况，提高西部地区学校和非重点校科技教育辅导教师的素质，促进科技教育资源在地区间和校际均衡配置。

下 篇

基础教育学校生产效率研究

　　学校作为教育生产基本的微观组织，其生产方式和对学校资源的调配机制将对教育生产效率产生重要影响。下篇从学校层面研究我国基础教育生产效率，包括：第十章义务教育学校和家庭联合生产机制实证研究、第十一章我国义务教育学校规模经济研究、第十二章我国义务教育学校范围经济研究。下篇不仅考察学校一般性投入对学生成绩的影响，也研究学校管理制度对学生成绩的影响。学生成绩不仅受学校内部因素影响，也受家庭影响，尤其是家庭和学校合作对学生成绩有重要影响。因此，下篇既探讨学校内部生产效率问题，也探讨学校和家庭联合生产效率问题，全面展示学校生产过程和规律。下篇将为我们了解我国基础教育生产过程规律提供微观层面的视角。

第十章

义务教育学校和家庭联合生产机制实证研究

本章基于大规模义务教育学校基线调查数据，依据教育生产函数理论，采用结构方程模型探讨了学校、家庭、教育制度与学生成绩的关系。研究结论显示：家庭和学校在学生培养过程中存在联合生产机制；教育管理制度对学生成绩有重要影响，具体而言，竞争制度、分权制度对学生成绩均有直接显著正影响，而竞争制度、问责制度、分权制度均通过学校和教师中介变量对学生成绩产生间接显著影响。基于上述结论，本研究提出如下政策建议以帮助学校和家庭提高学生成绩：加强家校合作，健全学校和家庭在学生培养过程中的联合生产机制；建立以激励为导向的教育管理制度，依靠激励制度充分发挥教育投入对学生成绩的积极作用。

第一节　问题提出与相关实证研究回顾

一、问题提出

学生的成绩受学校、教师、家庭、同伴、学生自身、制度等多方面因素的影响。这些因素有些是直接影响的，如家庭社会经济背景可能对学生成绩产生直接影响，有些可能是间接影响的，如家庭社会经济背景可能通过选择更好的学校和教师从而对学生成绩产生间接影响，教育制度可能通过影响学校和教师的行为进而对学生成绩产生影响。由于这种间接影响会导致在估计学校和教师的作用时出现偏差，所以已有的大多数研究都把这种间接影响作为一种内生性问题来处理，采用了各种复杂的计量方法力图控制间接影响，而很少有研究去分析间接影响。这样处理的后果是我们无法真正全面理解复杂的教育生产内部过程，也不能分析家庭和学校之间联合生产的机制。为了尽可能真实地反映教育的生产过程，我们需要估计学校、教师、家庭、同伴、学生自身、制度等因素对学生成绩的各种直接和间接影响。此外，教育制度对学生成绩也会产生影响，然而教育制度难以准确和直接测量。对此，传统的各种计量方法已经无能为力，而结构方程模型正好可以解决这个难题。结构方程模型（Structural Equation Modeling，SEM）兴起于20世纪60年代。社会科学中有些变量难以准确和直接测量（如教育管理制度），这种变量被称为潜变量。对于这些潜变量，传统的统计方法通常是用一些外显指标去间接测量，这种方法将导致测量误差。而结构方程模型则能弥补传统统计方法的不足，因为它可同时处理多个因变量，并允许自变量及因变量包含测量误差。它既可研究可观测变量，也可研究不能直接观测的变量（潜变量）；它不仅能研究变量之间的直接作用，还可研究变量之间的间接作用，通过路径图直观地显示变量之间的关系。通过结构方程模型，研究者可以构建出潜变量之间的关系，并验证这种结构关系是否合理。教育生产函数研究中，结构方程模型不仅能刻画出各种因素对学生成绩的直接影响和间接影响，也能够比较容易地解决困扰大多数教育生产函数研究的内生性问题，将各种因素之间的相互影响过程直观地反映出来。此外，还能够较好地分析教育制度等难以直接测量变量对学生成绩的影响。本研究将采用结构方程模型分析学校、家庭、制度等因素对学生成绩的各种直接和间接影响，探讨学校和家庭在学生培养过程中的联合生产机制问题。

二、相关实证研究回顾

基恩（Kean，2005）采用结构方程模型研究了包括父母文化程度在内的家庭社会经济背景是如何影响儿童的学习成绩的。结果发现，家庭社会经济背景通过父母的信念和行为与儿童的学习成绩间接相连。有学者收集了香港3—5年级（相当于美国的9—11年级）270名青少年的调查问卷数据，采用结构方程模型分析了学生父母、教师和同伴对学生成绩的直接和间接影响。结果显示：基于不同支持的学生的学业成绩在不同的年级水平存在有趣和重要的差异。具体而言，对4年级学生来说，父母支持与他们的学业成绩呈负相关的关系，但对 3 年级学生来说，父母支持通过学生个人努力与学生成绩呈正相关关系。对 3 年级学生来说，教师支持对学生成绩有显著影响，但同伴支持没有直接或间接的显著影响。（Chen，Jun-Li，2008）张大伦等（Zhang et al., 2011）认为，已有的研究表明，在普通教育中，家长参与与学生学业成绩之间有着紧密的联系，但在特殊教育中对二者关系的研究却很少。此外他们认为，以往研究中关于"家长参与"中的"家长"定义得非常广泛，包括各种类型的父母，这样就很难评估一些特殊父母对学生学业成绩的影响，这也是现有研究的几个不足。针对上述不足，张大伦等通过结构方程建模的方式对特殊小学教育纵向数据中的父母参与（包括父母参加学校的活动、父母和孩子谈论他们在学校学习的经历、对孩子接受高等教育的期望）与学生成绩的关系进行了研究，发现家中的父母行为对学生的学业成绩有着积极的影响，而家长参与学校的活动对学生的学业成绩没有显著的影响。

徐志勇（2011）采用结构方程模型探讨了学校文化认同、组织文化氛围与教师满意度对学校效能的影响。他们采取目的性抽样方法分层选取北京市 14 所中小学进行正式调研，共发放教师问卷 950 份，回收有效问卷 851 份。研究结果发现：学校文化认同、人本导向的组织文化氛围对学校效能具有显著影响效应；学校文化认同、人本导向的组织文化氛围对教师的内在满意度具有显著影响效应；教师满意度在学校文化认同、人本导向的组织文化氛围到学校效能之间未发现起中介作用。雷浩等（2012）从学业勤奋度中介视角，研究家庭环境、班级环境与学生学业成绩的关系。研究结果发现：家庭氛围、班级学风和班级氛围对学业成绩具有直接作用，并且还通过学业勤奋度的中介作用对学业成绩产生间接影响；城乡来源则只通过学业勤奋度的中介作用对学业成绩产生间接影响。

综上所述，到目前为止，由于结构方程模型比较复杂，且对数据质量要求较高，只有少数学者采用结构方程模型探讨家庭社会经济背景、学校组织文化、班级环境、教师和同伴对学生成绩的影响，多数研究结论显示这些因素对学生成绩具有各种直接影响和间接影响。遗憾的是，鲜有学者采用结构方程模型探讨学校和家庭联合生产机制问题，至于采用结构方程模型综合分析教育制度、学校、家庭对学生成绩影响的研究更是少见。

第二节　数据来源与变量选择

一、数据来源

北京大学中国教育财政科学研究所于 2007 年在我国中部湖北省和东部江苏省开展了"中国农村义务教育状况调查"，本研究的数据来源于此次调查。本研究中的有效学校样本数为 229 所，具体学校样本分布见表 10-1，学生样本数为 11523 名，教师样本数为 1338 名。

表 10-1　学校样本分布

学校特征		样本量	占全体学校样本的比例
全体学校		229	100.0%
学校类别	城市小学或县直小学	30	13.1%
	乡镇中心小学	63	27.5%
	村完小	55	24.0%
	九年一贯制学校	9	3.9%
	市、区（县）直属独立初中	20	8.7%
	乡镇属独立初中	52	22.7%
学校所在地	农村（包括乡、镇）	173	75.5%
	城市	56	24.5%
学校所有制性质	公办	216	94.3%
	民办	9	3.9%
	其他	4	1.7%
学校所在省份	湖北省	111	48.5%
	江苏省	118	51.5%

二、变量定义

本研究将采用结构方程模型计量分析义务教育学校和家庭联合生产机制问题，模型中涉及的各类变量定义见表 10-2。

表 10-2　模型中的变量定义

变量类型		变量名	变量说明
因变量		学生成绩	用学生数学测试分数衡量
自变量	学校因素	生均公用经费支出	2006 年生均公用经费支出（元）
		生均人员经费支出	2006 年生均人员经费支出（元）
		班级规模	班级学生人数（人）
		学校所有制性质	1＝"公办"，0＝"民办"，（"其他"学校数量较少，故这部分样本变量设为缺失）
		学校类型	1＝"初中"，0＝"小学"（"九年一贯制"学校数量较少，故这部分样本变量设为缺失）
	教师因素	数学教师受教育水平	教师初始受教育年限（年）
		数学教师教龄	教师从事教育事业年限（年）
		数学教师月工资	教师实发月工资（元）
		数学教师是否具有教师资格	1＝"是"，0＝"否"
		教师编制类型	1＝"公办"，0＝"非公办"
	家庭因素	父亲学历	父亲受教育年限（年）
		家中有电脑	1＝"是"，代表家庭经济条件较好，0＝"否"；以家中无电话为基准
		家中有电话但无电脑	1＝"是"，代表家庭经济条件中等，0＝"否"；以家中无电话为基准
		家庭文化资本	家中除课本外的藏书量（册）
	个体因素	学生性别	1＝"男"，0＝"女"
		缺课	上学期缺课天数（天）
		家教	1＝"课外请数学家教"，0＝"没有请数学家教"
		独生	1＝"独生子女"，0＝"非独生子女"

续表

变量类型		变量名	变量说明
因变量		学生成绩	用学生数学测试分数衡量
自变量	制度因素	竞争制度	**学校竞争**：你校和其他学校竞争情况（1 = "几乎没有竞争"，2 = "较少竞争"，3 = "较多竞争"，4 = "竞争很激烈"）
		民办距离：同阶段最近民办学校距离（公里）	
		公办距离：同阶段最近公办学校距离（公里）	
		问责制度	**学校拨款**：学校统考成绩对学校拨款影响（1 = "没有影响"，2 = "有影响"，3 = "很大影响"）
		校长考核：学校统考成绩对校长考核影响（1 = "没有影响"，2 = "有影响"，3 = "很大影响"）	
		教师考核：学校统考成绩对教师考核影响（1 = "没有影响"，2 = "有影响"，3 = "很大影响"）	
		分权制度	**校长能否批准教师流动**：1 = "能"，0 = "否"
		学校能否决定经费使用：1 = "能"，0 = "否"	
		学校能否决定绩效工资：1 = "能"，0 = "否"	

三、学校和家庭联合生产理论模型

在汉纳谢克建立的教育生产函数理论模型基础上，本研究经过部分修正后建立了如下教育生产函数扩展性理论模型。

$$A_t = f(T_{t-1}, \ R_{t-1}, \ F_{t-1}, \ Z_{t-1}, \ S_{t-1})$$

式中，A_t 代表当期教育产出，用学生数学成绩衡量；T_{t-1} 代表前期教师因素，主要包括教师学历、职称、教龄、资格、工资收入等；R_{t-1} 代表前期教师因素以外的其他学校因素，主要包括生均公用经费、生均人员经费、班级规模等；F_{t-1} 代表前期家庭因素，主要包括父亲受教育程度、家庭经济背景、家庭文化资本等；Z_{t-1} 代表前期学生个人特征因素，主要包括学生性别、是否独生子女、缺课次数、是否请家教等；S_{t-1} 代表前期教育管理制度因素，包括分权管理制度、竞争制度、问责制度。

第三节　学校和家庭联合生产实证分析结果

一、不考虑教育制度时学校和家庭联合生产实证分析结果

当不考虑教育制度时，建立教师、学校、家庭、学生个体对学生数学成绩影响的结构方程模型，模型分析结果显示模型拟合度不理想，许多自变量回归系数不能给出统计显著性检验。因此，经过多次模型调试后，发现当不考虑学生个体对学生数学成绩影响时，所建立的模型拟合度比较理想，自变量回归系数均能给出统计显著性检验。因此，本研究建立了如下的结构方程模型1（见图10-1）以分析教师、学校、家庭对学生数学成绩的影响。

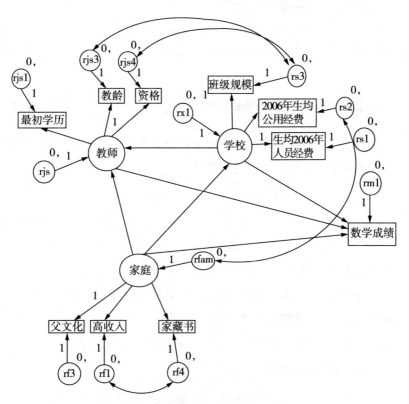

图 10-1　不考虑教育制度时学校和家庭联合生产模型 1

由表 10-3 可知，家庭潜变量对学生数学成绩有显著直接正影响，教师潜变量对学生数学成绩有显著直接负影响，学校潜变量对学生数学成绩直接影响不显著。标准化回归系数结果显示，家庭对学生成绩直接影响最大，其次是教师，学校对学生成绩直接影响相对较小。

家庭潜变量对教师潜变量和学校潜变量均有显著正影响，表明教师和学校充当了家庭影响学生成绩的中介变量，家庭通过学校和教师对学生成绩产生间接影响，而标准化回归系数结果显示家庭对教师的影响远大于家庭对学校的影响。学校潜变量对教师潜变量有显著正影响，表明教师充当了学校影响学生成绩的中介变量，学校通过教师对学生成绩产生间接影响。各观测变量对潜变量基本都有显著影响。

表 10-3 模型 1 回归系数统计结果

变量		回归系数	标准化回归系数	标准误	临界比	显著性水平
学校	←家庭	0.024	0.041	0.001	16.384	***
教师	←学校	0.013	0.012	0.006	2.165	0.030
教师	←家庭	0.170	0.257	0.051	3.365	***
父文化	←家庭	1.000	0.546			
高收入	←家庭	0.155	0.645	0.008	20.437	***
家藏书	←家庭	37.402	0.325			
教龄	←教师	1.000	0.123			
资格	←教师	-0.025	-0.286	0.007	-3.485	***
最初学历	←教师	-0.010	-0.030	0.008	-1.184	0.236
2006 年生均公用经费	←学校	32.645	0.086			
2006 年生均人员经费	←学校	1.000	5.798			
班级规模	←学校	-0.266	-0.015	0.025	-10.695	***
数学成绩	←学校	-0.017	-0.001	0.035	-0.476	0.634
数学成绩	←教师	-3.648	-0.244	1.201	-3.038	0.002
数学成绩	←家庭	3.165	0.321	0.302	10.490	***

不考虑教育制度时学校和家庭联合生产模型 1 拟合结果见表 10-4。由表 10-4 可知，除 $CMIN/DF=28.224>5$ 外，其他各项拟合指数都达到了良好水平，表明模型 1 能够与实际观测数据较好拟合，模型 1 是一个较好的理论假设模型。$CMIN/DF>5$ 拒绝理论模型 1 的重要原因在于本模型统计分析中学生有效样本量很大（$N=10055$）。模型的比较不应以拟合指数为主要依据，而应当考虑模型所描述的各变量间关系的合理性，以及参数的估计是否恰当（如相关系数不能大于 1，误差方差不能是负数）。（侯杰泰 等，2004）本模型所描述的各变量间的关系总体具有合理性，参数估计也比较恰当，因此本研究决定采用模型 1 来分析家庭和学校联合生产作用路径。

表 10-4　模型 1 拟合结果

拟合指数	CMIN	DF	CMIN/DF	RMSEA	NFI	RFI	IFI	TLI	CFI
计算数值	762.052	27.000	28.224	0.052	0.905	0.842	0.908	0.847	0.908
判断标准			<5.00	<0.10	>0.90	>0.80	>0.90	>0.80	>0.90

图 10-2 呈现了模型 1 中各变量标准化回归路径系数。从图 10-2 可知，家庭对学生数学成绩影响的直接效应为 0.321，家庭通过学校影响学生成绩的中介效应为 -0.004［0.24 * （-0.017）］，家庭通过教师影响学生成绩的中介效应为 -0.003［0.012 * （-0.244）］，家庭对学生成绩影响总效应为 0.314（0.321-0.004-0.003）。学校对学生数学成绩影响的直接效应为 -0.017，学校通过教师影响学生成绩的中介效应为 -0.003［0.012 * （-0.244）］，学校对学生成绩影响总效应为 -0.02。比较家庭、学校、教师对学生成绩影响效应可知，家庭对学生成绩影响最大，其次为教师，学校对学生成绩影响相对较小。

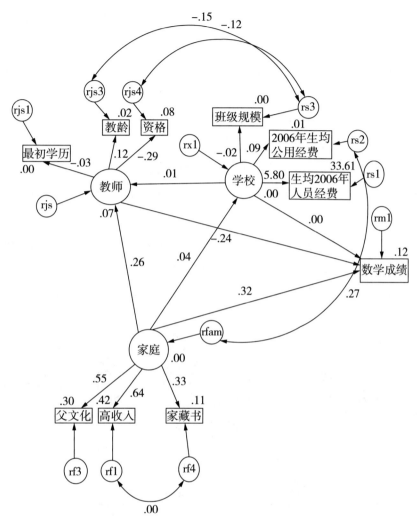

卡方值=762.052（*p*=.000）；自由度=27
RMSEA=.052；*NFI*=.905

图 10-2　模型 1 标准化回归路径系数

二、考虑教育制度时学校和家庭联合生产实证分析结果

学生数学成绩除了受到家庭、学校、教师等因素影响外，还可能受到教育管理制度的影响。不同的教育管理制度会对家庭、学校、教师等不同主体产生不同的激励影响，进而影响到学生的成绩。一些研究表明，学校管理制度特征对学习成绩有重要的影响，教育的投入必须与以激励为导向的学校管理制度结

合起来才能大幅提高学习成绩。以激励为导向的学校管理制度主要包括三个特征：学校选择带来的竞争、分权以提高学校自主权、包括统考在内的学校问责制度。借鉴上述研究，本研究也将引入竞争制度、分权制度、问责制度来考察学校和家庭联合生产过程。本研究首先建立了教育制度、教师、学校、家庭对学生数学成绩影响的二阶因子结构方程模型，二阶因子教育制度包含三个一阶因子：竞争制度、分权制度、问责制度。模型分析结果显示模型拟合度不理想，许多自变量回归系数不能给出统计显著性检验。经过多次模型调试后，发现当建立竞争制度、分权制度、问责制度、家庭、教师、学校一阶因子结构方程模型时，所建立的模型拟合度比较理想，自变量回归系数均能给出统计显著性检验。因此，本研究建立了如下的结构方程模型 2（见图 10-3）以分析竞争制度、分权制度、问责制度、教师、学校、家庭对学生数学成绩的影响。

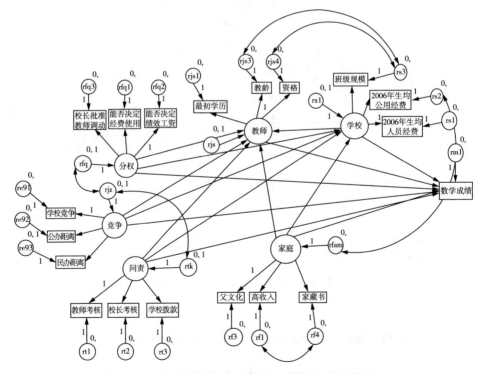

图 10-3　考虑教育制度时学校和家庭联合生产模型 2

由表 10-5 可知，家庭、教师、竞争制度、分权制度各潜变量对学生数学成绩均有直接显著正影响，学校潜变量对学生数学成绩有直接显著负影响，问责制度潜变量对学生数学成绩直接影响不显著。标准化回归系数结果显示，家庭对学生成绩直接影响最大，分权制度和竞争制度对学生成绩直接影响较大，学校和教师对学生成绩直接影响相对较小。

　　竞争制度、问责制度潜变量均对教师和学校潜变量有显著正影响，而分权制度潜变量均对教师和学校潜变量有显著负影响，表明学校和教师充当了竞争制度、问责制度、分权制度影响学生成绩的中介变量。竞争制度、问责制度、分权制度通过学校和教师对学生成绩产生了间接影响。标准化回归系数结果显示，问责制度对学校影响最大，其次是分权制度，然后是竞争制度。同样，标准化回归系数结果也显示，问责制度对教师影响最大，其次是分权制度，然后是竞争制度。此外，家庭潜变量对学校潜变量有显著正影响，表明学校充当了家庭影响学生成绩的中介变量，家庭通过学校对学生成绩产生间接影响。各观测变量对潜变量基本都有显著影响。需要说明的是，由于模型很复杂，少数变量回归系数没有给出统计显著性水平检验。

表 10-5　模型 2 回归系数统计结果

变量		回归系数	标准化回归系数	标准误	临界比	显著性水平
学校	←家庭	0.025	0.041	0.001	16.730	***
教师	←学校	−0.009	0.0001			
教师	←家庭	0.196	0.001			
学校	←竞争	0.002	0.002	0.001	3.311	***
学校	←问责	0.009	0.009	0.001	10.785	***
学校	←分权	−0.004	−0.004	0.001	−5.799	***
教师	←竞争	0.257	0.0001	0.040	6.349	***
教师	←问责	0.349	0.001	0.054	6.445	***
教师	←分权	−0.297	−0.001	0.044	−6.764	***
学校竞争	←竞争	1.000	2.232			
公办距离	←竞争	0.092	0.017	0.025	3.683	***

续表

变量		回归系数	标准化回归系数	标准误	临界比	显著性水平
民办距离	←竞争	0.660	0.042	0.079	8.353	***
教师考核	←问责	0.140	0.253	0.004	37.751	***
校长考核	←问责	1.000	1.634			
学校拨款	←问责	0.029	0.060	0.003	10.054	***
校长批准教师流动	←分权	−0.003	−0.012	0.001	−2.418	0.016
能否决定经费使用	←分权	0.082	0.165	0.003	31.487	***
能否决定绩效工资	←分权	1.000	1.999			
父文化	←家庭	1.000	0.539			
高收入	←家庭	0.160	0.659	0.008	19.180	***
家藏书	←家庭	38.953	0.334			
教龄	←教师	1.000	55.968			
资格	←教师	0.000	0.0001	0.000	−2.493	0.013
最初学历	←教师	0.000	−0.001	0.000	−8.511	***
2006年生均公用经费	←学校	33.348	0.088			
2006年生均人员经费	←学校	1.000	5.770			
班级规模	←学校	−0.242	−0.014	0.025	−9.727	***
数学成绩	←学校	−0.065	−0.004	0.024	−2.729	0.006
数学成绩	←教师	0.000	−0.001	0.000	−4.684	***
数学成绩	←家庭	2.302	0.231	0.141	16.331	***
数学成绩	←竞争	0.126	0.008	0.074	1.717	0.086
数学成绩	←问责	0.142	0.008	0.098	1.451	0.147
数学成绩	←分权	0.852	0.051	0.080	10.590	***

考虑教育制度时学校和家庭联合生产模型 2 拟合结果见表 10-6。由表 10-

6 可知，*RMSEA*<0.10 表明模型 2 与实际观测数据拟合较好。其他各项拟合指数达不到良好水平，重要原因在于本模型统计分析中学生有效样本量很大（$N=7336$）。模型的比较不应以拟合指数为主要依据，而应当考虑模型所描述的各变量间关系的合理性，以及参数的估计是否恰当（如相关系数不能大于1，误差方差不能是负数）。本模型所描述的各变量间的关系总体具有合理性，参数估计也比较恰当。因此本研究决定采用模型 2 来分析教育制度在家庭和学校联合生产中作用路径。

表 10-6　模型 2 拟合结果

拟合指数	*CMIN*	*DF*	*CMIN/DF*	*RMSEA*	*NFI*	*RFI*	*IFI*	*TLI*	*CFI*
计算数值	10945.043	137.000	79.891	0.089	0.502	0.310	0.505	0.312	0.504
判断标准			<5.0	<0.10	>0.90	>0.80	>0.90	>0.80	>0.90

图 10-4 呈现了模型 2 中各变量标准化回归路径系数。从图 10-4 可知，家庭对学生数学成绩影响的直接效应为 0.231，家庭通过学校影响学生成绩的中介效应为 -0.0002［0.041 * （-0.004）］，家庭对学生成绩影响总效应为 0.2308（0.231-0.0002）。学校对学生数学成绩影响的直接效应为 -0.004，学校通过教师影响学生成绩的中介效应为 0.000004，学校影响学生成绩总效应为 -0.00039。分权制度对学生成绩影响的直接效应为 0.051，分权制度通过学校和教师对学生成绩影响的中介效应分别为 -0.0002、-0.00005，分权制度对学生成绩影响总效应为 0.0508。竞争制度对学生成绩影响的直接效应为 0.008，竞争制度通过学校和教师对学生成绩影响的中介效应分别为 -0.00003、-0.000008，竞争制度对学生成绩影响总效应为 0.0079。问责制度对学生成绩影响的直接效应为 0.008，但没通过显著性检验，问责制度通过学校和教师对学生成绩影响的中介效应分别为 -0.00003、-0.000008，问责制度对学生成绩影响总效应为 0.0079。

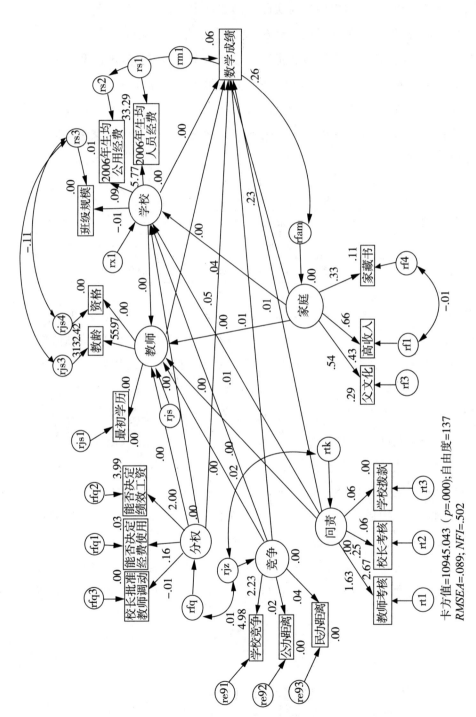

图10—4 模型2标准化回归路径系数

卡方值=10945.043（*p*=.000）；自由度=137
RMSEA=.089；*NFI*=.502

第四节　研究结论与政策建议

一、主要结论与讨论

根据上述实证研究结果，本研究得出如下主要结论。

首先，家庭和学校在学生培养过程中存在联合生产机制。家庭和学校不仅独立对学生成绩产生直接影响，家庭和学校间的相互作用对学生成绩也产生间接影响。本研究建立的家庭和学校联合生产结构方程模型分析结果显示，家庭潜变量对教师潜变量和学校潜变量均有显著正影响，教师和学校充当了家庭影响学生成绩的中介变量，家庭通过学校和教师对学生成绩产生间接影响。该研究结论显示家庭和学校在学生培养过程中存在联合生产机制，并揭示了家庭、学校、教师各类因素对学生成绩相互影响的路径。

其次，家庭和学校在学生培养的联合生产过程中，家庭对学生成绩影响更大。不考虑制度的结构方程模型标准化回归系数结果显示，家庭对学生成绩直接影响最大，其次是教师，学校对学生成绩直接影响相对较小。考虑制度的结构方程模型标准化回归系数结果同样显示，家庭对学生成绩直接影响最大，分权制度和竞争制度对学生成绩直接影响较大，学校和教师对学生成绩直接影响相对较小。

再次，教育管理制度对学生成绩有重要影响。教育管理制度对学生成绩的影响较少被研究，借鉴国外相关研究，本研究考察了竞争制度、分权制度、问责制度等教育管理制度对学生成绩的影响，结果显示，竞争制度、分权制度对学生数学成绩均有直接显著正影响，此外，竞争制度、分权制度通过教师和学校中介变量对学生成绩产生显著正影响，问责制度通过教师和学校中介变量对学生成绩产生显著负影响。这些研究结果表明教育管理制度对学生成绩有重要影响。近年来，国外一些学者发现学校管理制度特征对学习成绩有重要的影响，教育的投入必须与以激励为导向的学校管理制度结合起来才能大幅提高学习成绩。本研究结论与国外学者研究结论保持了一致。

最后，教育管理制度对学校和教师有重要影响。竞争制度、问责制度潜变量均对教师和学校潜变量有显著正影响，而分权制度潜变量对教师和学校潜变量有显著负影响，表明学校和教师充当了竞争制度、问责制度、分权制度影响学生成绩的中介变量。竞争制度、问责制度、分权制度通过学校和教师对学生成绩产生了间接影响。标准化回归系数结果均显示，问责制度对学校和教师影响最大，其次是分权制度，最后是竞争制度。

二、相关政策建议

基于上述研究主要结论，本研究提出如下政策建议以帮助学校和家庭提高学生成绩。

第一，加强家校合作，健全家庭和学校在学生培养过程中的联合生产机制。教育过程是复杂的，家庭和学校不仅独立对学生成绩产生直接影响，同时家庭和学校间的相互作用也会对学生成绩产生间接影响，家庭和学校在学生培养过程中存在联合生产机制。当前，我国义务教育阶段学校和学生家庭合作不够全面和深入，家庭和学校在学生培养过程中的联合生产机制不够健全，为此，应鼓励学校积极探索与学生家庭的合作模式，引导学生家长积极参与到学校的教育教学活动中来，健全家庭和学校在学生培养过程中的联合生产机制，充分发挥家庭和学校在学生培养过程中的联合生产作用。

第二，重视建立以激励为导向的教育管理制度，依靠激励制度充分发掘教育投入对学生成绩的影响作用。许多研究表明，在当前教育体制下仅仅靠增加投入并不能大幅提高学习成绩，教育的投入必须与以激励为导向的教育管理制度结合起来才能有效提高学生成绩。以激励为导向的教育管理制度主要包括问责制度、分权制度、竞争制度。问责制度潜变量对教师和学校潜变量均有显著正影响，且这种影响大于分权制度和竞争制度，问责制度涉及教师和校长考核以及学校拨款与学生成绩挂钩制度安排，也包括了其他根据绩效奖惩个人和学校的制度安排。分权制度虽对学生数学成绩有直接显著正影响，但对教师和学校潜变量有显著负影响，表明分权制度对学生成绩影响比较复杂，这与国外学者沃斯曼因的研究结论保持了一致。校长和教师如果能够使用分享的权力去努力提高教学水平，就能提高学生的成绩；反之，校长和教师如果使用分享的权力去努力降低工作量，就会降低学生的成绩。竞争制度对学生成绩有直接显著正影响，对教师和学校潜变量有显著正影响，因此应创设公平竞争的环境，鼓励学校之间开展公平竞争，通过竞争给予学生和家庭选择的权利，同时也给予学校和教师适当的办学压力。

第三，实行零基学校拨款模式，对学校进行增值评价。本研究建立的家庭和学校联合生产结构方程模型分析表明，学校与学生成绩关系为负相关，本研究中学校潜变量主要通过学校生均公用经费、生均人员经费和班级规模测量，因此形成上述结论的可能原因在于部分学校资源投入较多，而我国传统的学校拨款模式为"基数+增长"，在这种拨款模式下，学生成绩上升的幅度并没有跟上学校资源投入增加的幅度，学校也没有大的绩效问责压力。为了激励学校不断努力提升教育质量，应实行零基学校拨款模式，对学校进行增值评价，学校获得的拨款应与学校绩效挂钩，而非基于原来的拨款基数。零基学校拨款模式将促使学生成绩上升的幅度跟上学校资源投入增加的幅度。

第十一章

我国义务教育学校规模经济研究

本章利用我国义务教育学校大规模基线调查数据，采用数据包络分析中的 CRS、VRS 和 Malmquist 模型以及 Tobit 回归模型对我国义务教育阶段学校教育生产效率情况及其影响因素进行了实证研究。通过实证研究本研究主要得出了以下结论：首先，整体上看，我国中东部义务教育生产效率并不理想，学校的教育生产效率存在较大提升空间，且我国东中部地区的义务教育阶段学校处于规模收益递减或不变状态的居多；其次，不同地区、城乡、教育阶段以及学校类型的义务教育阶段学校都存在效率差异，中部地区学校、农村学校、小学阶段学校，尤其是乡镇中心小学和村完小这类学校的教育生产效率相对比较薄弱；再次，从效率变动趋势来看，我国义务教育阶段学校教育生产效率整体较为乐观，呈波段性的增长趋势，并且技术的进步对全要素生产率的提升起主导作用，但是技术效率下降产生的负面影响也不容忽视；最后，政府对学校的管理程度和校际竞争氛围都对义务教育阶段学校教育生产效率具有显著影响。基于上述结论，对提高我国义务教育阶段学校教育生产效率提出以下主要政策建议：第一，调整教育资源投放政策导向，在投入一定的情况下适度加大效率薄弱学校的教育资源投入；第二，着力推动义务教育阶段学校的技术进步，加大教师培训和改善教学技术与设备，依靠技术进步所体现的增长效应，提高义务教育阶段学校的教育生产效率；第三，提倡教育管理制度由集权向分权过渡，校际资源由竞争机制向共享机制转变。

第一节　问题提出与相关实证研究回顾

截至 2009 年年底我国义务教育人口覆盖率达 99.7%，教育资源供给与需求的矛盾相对于其他国家更加突出。尽管近几年来我国政府为改善义务教育投入的不足做出了巨大的努力，如农村义务教育经费保障"新机制""两免一补"以及"支教"政策，发布的《国家中长期教育改革和发展规划纲要（2010—2020 年）》更是提出了财政性教育经费占 GDP 4%的目标，然而由于教育成本的增加以及人们对优质教育的追求，义务教育投入不足的问题还会长期存在。与此同时，学校作为非营利性组织，缺乏产权和利润驱动，资源配置决策客观上有成本最大化的倾向，并且有些学校和教育部门对教育资源的投入产出和学校的教育生产效率都缺乏应有的监督和定量评估，在实际工作中又容易受到主观因素的影响和制约，这往往导致教育资源的投入产出出现结构和规模不合理等问题，造成义务教育阶段学校教育生产效率下降。因此，要使义务教育真正走出资源短缺的困境，不能光靠增加学生数量和投入，更应注重提高资源利用率，推动我国义务教育事业由"外延型"发展向"内涵型"发展转变，走一条科学发展之路，客观准确地评价义务教育阶段学校教育生产效率则是一个亟须研究的问题。

自从 1966 年美国的"科尔曼报告"提出学校的投入与产出之间缺乏密切联系的观点之后，人们对学校教育生产效率的关注就不曾停止。目前，对义务教育阶段学校教育生产效率的实证研究主要是运用教育生产函数方法对学校的教育资源投入产出情况进行效率评估。教育生产函数是指根据各投入要素的边际收益大小进行比较，由此调整投入要素的结构来提高教育生产效率。早期学者们只是进行简单的相关性和普通线性回归分析，近几年多元线性回归、固定效应模型、多层线性模型和随机边界分析等一批更加精细的计量方法被引入教育生产函数研究。从已有研究中可以发现国内外教育领域有关数据包络分析（DEA）方法的运用主要集中在高等教育阶段，如：国内学者陆根书等（2005）运用 DEA 方法对教育部直属的 48 所高校的科研效率进行了评价；国外学者科尔伯特等（Colbert et al.，2000）运用 DEA 方法对美国 24 所最好的工商管理学院进行了相对效率评价；阿伯特和杜库利亚戈斯（Abbott，Doucouliagos，2003）评估了澳大利亚高校的办学效率。目前，国外运用 DEA 方法对中小学教育生产效率进行研究的文献较多，然而我国学者采用 DEA 方法研究义务教育阶段学校教育生产效率问题的文献却很薄弱，并且对义务教育阶段学校教育生产效率动态变化评估的研究仍是空白。因此，义务教育阶段学校教育生产效率研究尚存较大空间，需要在数量上和方法上进行补充与完善。

因此，本研究的理论价值在于：第一，本研究针对义务教育阶段学校主要采用数据包络分析与托比特回归分析两阶段模型进行教育生产效率研究，在一定程度上推动了教育生产函数研究方法的进步；第二，本研究利用较为严谨和科学的帕斯特（Pastor）方法进行了变量筛选，并且从不同角度对义务教育阶段学校教育生产效率进行了效率差异分析和效率动态分析，丰富和完善了已有的数据包络分析方法在义务教育领域的应用；第三，本研究探讨了教育财政政策、教育管理分权制度和竞争机制等激励制度对义务教育阶段学校教育生产效率的影响，这为义务教育阶段学校教育生产效率的后续研究提供了借鉴和参考价值。本研究的现实意义在于：长期以来我国义务教育都是走着一条增加学生数量和投入的"外延型"发展道路，教育资源投入与产出缺乏相应的监督和定量评估，这不利于我国义务教育的发展和基础教育改革的深入推进。本研究对义务教育阶段学校教育生产效率的分析及其影响因素的探讨无疑有助于义务教育阶段学校教育生产效率的提高。

第二节　教育生产效率评估的 DEA 模型构建

一、DEA 方法的概述

数据包络分析（Data Envelopment Analysis，DEA）方法是以相对效率概念为基础，用于评价具有相同类型的多投入、多产出的决策单元是否技术有效的一种非参数统计方法。DEA 的原型可以追溯到 1957 年，法瑞尔（Farrell）分析英国农业生产力时提出了包络思想。此后，在运用和发展运筹学理论与实践的基础上，逐渐形成了主要以线性规划技术并常常用于经济定量分析的效率评估体系。DEA 的发展经历了从传统单一投入、单一产出的观念到多种投入、多种产出的相对绩效评价的过程，最早由查恩斯（Charnes）、库珀（Cooper）、罗兹（Rhodes）于 1978 年提出（即 CCR 模型），并正式命名为数据包络分析方法，之后班克（Banker）、查恩斯（Charnes）、库珀（Cooper）于 1984 年继 CCR 模型后又提出了 BCC 模型，扩大了 CCR 模型的比率观念与使用范围，用以分析企业的生产力，这也是 DEA 的两个基本模型。许多学者对 DEA 模型又进行了扩充和完善，如加法模型、Log 型的 DEA 模型、关于具有决策者偏好的锥比率的 DEA 模型、具有无穷多个决策单元的半无限规划的 DEA 模型、随机 DEA 模型等。国内学者从事 DEA 研究始于 1986 年，他们在 DEA 的理论、模型、软件以及应用方面取得的许多研究成果在国际上受到好评。我国自 1988 年由魏权龄系统地介绍 DEA 方法之后，先后也有不少关于 DEA 方法理论研究及应用推广的论文问世。该方法近年来被广泛运用到技术和生产力进步、技术创新、成本收益、资源配置等各个领域，进行有效性分析，进行评价决策。

二、DEA 方法的思路

DEA 方法的基本思路是把每一个被评价单位作为一个决策单元（Decision Making Units，DMU），再由众多 DMU 构成被评价群体，通过对投入和产出比率的综合分析，确定有效生产前沿面，并根据各 DMU 与有效生产前沿面的距离状况，确定各 DMU 是否 DEA 有效，同时还可用投影方法指出非 DEA 有效的原因及应改进的方向和程度。DEA 方法的应用步骤见图 11-1。

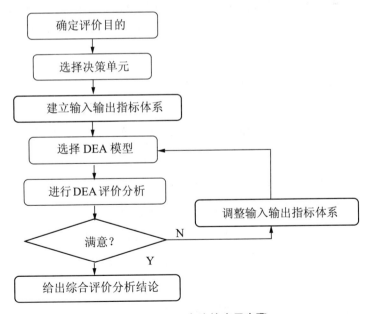

图 11-1　DEA 方法的应用步骤

三、DEA 方法的特点

DEA 方法特别适用于多投入、多产出的复杂系统。它具有如下三个显著优点。

一是不需要事先界定生产函数的具体形式，也不要求对研究样本的无效率分布作预先假定，从而使计算简化。

二是可以对多投入、多产出的复杂决策单元系统的生产效率进行评估，同时不受指标量纲不一致因素的影响。

三是 DEA 模型中投入产出变量的权重由数学规划根据数据产生，不需要事先设定投入与产出的比重，避免了权重分配时评价者的主观影响，减少了误差，因而具有很强的客观性。

使用 DEA 评价方法，不仅能对每个决策单元相对效率进行综合评价，而且可以得到很多经济学中具有深刻经济含义和背景的管理信息，这些管理信息可以用于指导决策单元输入输出指标的改进和修正。DEA 方法是纯技术性的，DMU 的相对有效性评价结果与输入输出指标的量纲选择无关。对于非单纯盈利的公共服务部门，由于不能简单地利用利润最大化来对它们的工作效益进行评价，也很难找到一个合理的包含各个指标的效用函数，而 DEA 方法则是对这类部门工作进行评价的较有效的方法。（李美娟，陈国宏，2003）义务教育阶段的中小学校具有较强的公益性，它并不像企业一样一味地追求利润最大化，同时也相对缺乏追求效率的激励，因而 DEA 方法相对有效性的评价较适用于教育领域。但是，DEA 方法的缺点在于其衡量的生产函数边界是确定的，无法消除随机因素和测量误差的影响；同时，DEA 效率评估容易受到极值影响，决策单元的效率得分对变量选择比较敏感（Coelli et al.，1998）；此外，DEA 模型的效率得分需要进行稳健性检验（Kirjavainen，Loikkanen，1996）。

DEA 模型所提供的特定范围内的相对评价，既可以以自身为参照系，对自己所追求价值的历程进行历史分析，也可以以同类为参照系，进行横向比较评价，适合对多输入、多产出系统运行效率进行综合评价。它融合了线性规划、多目标规划等数学规划进行评价，也可以直接利用输入输出模型进行经济分析，而且它尊重中小学校运行模式的多样性，对义务教育生产效率评价问题具有独特的适用性。

四、DEA 模型的选择

（一）CRS 模型

查恩斯、库珀和罗兹将法瑞尔多项投入与产出效率衡量的观点转换成数学比例模式，即将一个决策单元（DMU）所有产出项加权总和，除以所有投入项的加权总和，求得的最大比值作为效率分数（即效率值），并以数学规划模型求出"生产边界"，在固定规模报酬（CRS）下，衡量决策单元（DMU）的相对效率，正式命名为数据包络分析方法，以三位学者姓名缩写，简称 CCR，即 CRS 模型。

假设有 n 个部门或决策单元（DMU），每个部门都有 m 种类型的"输入"以及 s 种类型的"输出"。记 $X_j = (x_{1j}, \cdots, x_{mj})'$，$Y_j = (y_{1j}, \cdots, y_{sj})'$，$j = 1, 2, \cdots, n$。其中，$x_{mj}$ 为第 j 个决策单元对第 m 种类型输入的投入量（$x_{mj}>0$）；y_{sj} 为第 j 个决策单元对第 s 种类型输出的产出量（$y_{sj}>0$）。对应权系数 $v = (v_1, v_2, \cdots, v_m)^T$，$u = (u_1, u_2, \cdots, u_s)^T$，每一个决策单元都有相对应的效率评价指数 h_j，适当地选取权系数 v 和 u，使其满足 $h_j \leq 1$，$j=1, 2, \cdots, n$。现在对第 j_0 个决策单元进行效率评价（$1 \leq j_0 \leq n$），以权系数 v 及 u 为变量，以 DMU_{j0} 的效率指数为目标，以所有决策单元的效率指数为约束，构成如下的最优规划模型。简记 DMU_{j0} 为 DMU_0，(X_{j0}, Y_{j0}) 为 (X_0, Y_0)。

$$\begin{cases} \max \dfrac{u^T y_0}{v^T x_0} = h_0 \\ \dfrac{u^T y_j}{v^T x_j} \leq 1, \ j = 1, 2, \cdots, n \\ u \geq 0, v \geq 0, u \neq 0, v \neq 0 \end{cases} \tag{1}$$

利用线性规划的对偶理论和使用非阿基米德无穷小的技巧，成功实现了对有效性的计算，其线性对偶规划的 CRS（C^2R）模型如下。

$$\begin{cases} \min\left[\theta - \varepsilon\left(\sum_{j=1}^{m} s^{-} + \sum_{j=1}^{r} s^{+}\right)\right] = v_d(\varepsilon) \\ s.t. \\ \sum_{j=1}^{n} x_j\lambda_j + s^{-} = \theta x_0 \\ \sum_{j=1}^{n} y_j\lambda_j - s^{+} = y_0 \\ \lambda_j \geqslant 0 \\ s^{+} \geqslant 0,\ s^{-} \geqslant 0 \end{cases} \quad (2)$$

式中，s_r^{+} 为第 r 个决策单元输出指标的松弛变量，表示输出不足，可以增加产出量；s_i^{-} 为第 i 个决策单元输入指标的松弛变量，表示输入过剩，可以减少输入量。

（二）**VRS** 模型

CRS 模型是假设规模报酬固定，当规模报酬变动时，有可能因为规模运用不当而引起技术无效率。因此，为研究技术无效率形成的原因，班克、查恩斯、库珀于 1984 年又提出了 VRS（即 BCC）模型，扩大了 CRS 模型的比率观念与使用范围，并引用谢泼德（Shephard）的距离函数（Distance Function）观念，导出衡量技术效率及规模效率的线性规划模型，借以衡量各单位的技术效率、规模效率及规模报酬递增、递减或固定的情况。VRS 模型对生产可能集合作了一些假设，另加了一个限制条件 $\sum_{i=1}^{n}\lambda_j = 1$，使 DMU 在生产函数上的参考点必须是有效率的凸性集合（convex combination）。其效率衡量模型如下。

$$\begin{cases} \min\left[\theta - \varepsilon\left(\sum_{j=1}^{m} s^{-} + \sum_{j=1}^{r} s^{+}\right)\right] = v_d(\varepsilon) \\ s.t. \\ \sum_{j=1}^{n} x_j\lambda_j + s^{-} = \theta x_0 \\ \sum_{j=1}^{n} y_j\lambda_j - s^{+} = y_0 \\ \sum_{j=1}^{n} \lambda_j = 1 \\ \lambda_j \geqslant 0 \\ s^{+} \geqslant 0,\ s^{-} \geqslant 0 \end{cases} \quad (3)$$

若最优解 θ^0，λ^0，s^-，s^+ 满足 $\theta^0=1$，$s^-=0$，$s^+=0$，则称 DMU_0 为 DEA 有效；当 $\theta^0=1$，$s^-\neq0$ 或 $s^+\neq0$ 时，则称 DMU_0 为 DEA 弱有效；当 $\theta^0<1$ 时，则称 DMU_0 为非 DEA 有效。当 $\sum\lambda_j{}^+/\theta^+=1$ 时，则 DMU_0 的规模收益不变，此时生产规模最佳；当 $\sum\lambda_j{}^+/\theta^+<1$ 时，则 DMU_0 的规模收益递增，表示增加输出量可以使输出水平以递增的速度增加；当 $\sum\lambda_j{}^+/\theta^+>1$ 时，则 DMU_0 的规模收益递减，表示增加输出量只能使输出水平的增加速度减小。（魏权龄，2004）

对于非 DEA 有效的 DMU_0，可以通过将它们的输入、输出指标在各自的相对有效面上进行"投影"来改进它的非有效性。其实质就是根据前面的数值分析，通过适当调整非有效性决策单元的投入数量和产出数量，来达到 DEA 有效的目的。当为弱 DEA 有效时，当投入冗出量 $s^-\neq0$，产出不足量 $s^+=0$，其经济含义为此 DMU_0 的部分投入量可以减少，而其产出可保持不变；当投入冗出量 $s^-=0$，产出不足量 $s^+\neq0$，其经济含义为此 DMU 在投入不变的情况下可以将其部分产出量提高。（陆根书 等，2005）

（三）Malmquist 生产率指数

Malmquist 生产率指数是由瑞典经济学家和统计学家马尔奎斯特（Malmquist）于 1953 年提出的，用来分析不同时期的消费变化。后来由费尔等（Fare et al., 1985）将马尔奎斯特的思想用到了生产分析上。1994 年，费尔等建立了用来考察全要素生产率（Total Factor Productivity Change，TFP）增长的 Malmquist 生产率指数，并应用 Shephard 距离函数将 TFP 分解为技术变动（Technical Change，TECH）与技术效率变动（Technical Efficiency Change，TE）。费尔等定义的 Malmquist 生产率指数如下。

$$TFP = \left[\frac{d^t(x_{t+1},\ y_{t+1})}{d^t(x_t,\ y_t)} \times \frac{d^{t+1}(x_{t+1},\ y_{t+1})}{d^{t+1}(x_t,\ y_t)}\right]^{\frac{1}{2}}$$

$d^t(x_{t+1},\ y_{t+1})$ 代表以第 t 期的技术表示（即以第 t 期的数据为参考集）的 $t+1$ 期技术效率水平；$d^t(x_t, y_t)$ 代表以第 t 期的技术表示的当期的技术效率水平；$d^{t+1}(x_{t+1},\ y_{t+1})$ 代表以第 $t+1$ 期的技术表示（即以第 $t+1$ 期的数据为参考集）的当期技术效率水平；$d^{t+1}(x_t,\ y_t)$ 代表以第 $t+1$ 期的技术表示第 t 期的技术效率水平。$TFP>1$，表示全要素生产率呈增长趋势，反之则为下降趋势。根据费尔等人的分析，全要素生产率变动（TFP）又可分解为技术变动

（*TECH*）与技术效率变动（*TE*）的乘积，其定义如下。

$$TFP = TECH \times TE$$

$$TECH = \left[\frac{d^t\ (x_{t+1},\ y_{t+1})}{d^{t+1}\ (x_{t+1},\ y_{t+1})} \times \frac{d^t\ (x_t,\ y_t)}{d^{t+1}\ (x_t,\ y_t)} \right]^{\frac{1}{2}}$$

$$TE = \frac{d^{t+1}\ (x_{t+1},\ y_{t+1})}{d^t\ (x_t,\ y_t)}$$

TECH>1 代表技术进步，*TECH*<1 代表技术退减；*TE*>1 代表效率改善，*TE*<1代表无效率。全要素生产率变动指数（*TFP*）是针对固定规模报酬所进行的分析，而综合技术效率变动指数（*EC*）则是进一步分解以了解变动规模报酬（*VRS*）对效率的影响。综合技术效率变动指数可分解为纯技术效率变动指数（*PTE*）及规模效率变动指标（*SE*）的乘积，数学公式如下。

$$EC = PTE \times SE$$

$$PTE\ (VRS) = \frac{d^{t+1}\ (x_{t+1},\ y_{t+1}/VRS)}{d^t\ (x_t,\ y_t/CRS)}$$

$$SE\ (VRS) = \frac{d^{t+1}\ (x_{t+1},\ y_{t+1}/CRS)}{d^t\ (x_t,\ y_t/CRS)} \times \frac{d^t\ (x_t,\ y_t/VRS)}{d^{t+1}\ (x_{t+1},\ y_{t+1}/VRS)}$$

PTE 反映在技术和规模不变的情况下，两个时期相对生产效率的变化，以衡量决策单元的生产是否更靠近当期生产前沿面，被称为"追赶效应"或"水平效应"。*PTE*>1，表明在没有技术创新和规模变动的情况下，决策单元后一期的生产更接近生产前沿面，相对效率有所提高。*SE* 反映决策单元两个时期规模收益状态的变化情况（即决策单元是处于规模收益递增、递减还是不变的状态），被称为"规模效应"。*SE*>1，表示第 *t*+1 期相对于 *t* 期而言，越来越接近固定规模报酬，或渐渐向长期最适规模逼近，存在"规模效应"。*TECH* 反映两个时期生产前沿面的移动，被称为"前沿面移动效应"或"增长效应"，以衡量决策单元后一期的生产是否有技术进步。*TECH*>1，直观上表示技术进步，生产前沿面"向上"移动。将上述生产率指数各公式以 Shephard 距离函数表示（沈能 等，2007），改写成产出导向 DEA 的先行规划公式，以求出 *i* 个决策评价单元不同基期下的 DEA 效率值，进一步计算出各项变动率。*t* 期距离函数的线性规划模型如下。

$$\begin{cases} [d^t(x_t,\ y_t)]^{-1} = \max_{\theta,\ \lambda}\theta \\ s.t.\ -\theta y_{it} + Y_t\lambda \geqslant 0 \\ x_{it} - X_t\lambda \geqslant 0 \\ \lambda \geqslant 0 \end{cases}$$

$t+1$ 期距离函数的线性规划模型如下。

$$\begin{cases} [d^{t+1}(x_{t+1},\ y_{t+1})]^{-1} = \max_{\theta,\ \lambda}\theta \\ s.t.\ -\theta y_{i,\ t+1} + Y_{t+1}\lambda \geqslant 0 \\ x_{i,\ t+1} - X_{t+1}\lambda \geqslant 0 \\ \lambda \geqslant 0 \end{cases}$$

混合期 $d^t(x_{t+1},\ y_{t+1})$ 的线性规划模型如下。

$$\begin{cases} [d^t(x_{t+1},\ y_{t+1})]^{-1} = \max_{\theta,\ \lambda}\theta \\ s.t.\ -\theta y_{i,\ t+1} + Y_t\lambda \geqslant 0 \\ x_{i,\ t+1} - X_t\lambda \geqslant 0 \\ \lambda \geqslant 0 \end{cases}$$

混合期 $d^{t+1}(x_t,\ y_t)$ 的线性规划模型如下。

$$\begin{cases} [d^{t+1}(x_t,\ y_t)]^{-1} = \max_{\theta,\ \lambda}\theta \\ s.t.\ -\theta y_{i,\ t} + Y_{t+1}\lambda \geqslant 0 \\ x_{i,\ t} - X_{t+1}\lambda \geqslant 0 \\ \lambda \geqslant 0 \end{cases}$$

其中，θ 表示目标 DMU 的效率值，t 为期别，X 为投入项向量矩阵，Y 为产出项向量矩阵，λ 是权重向量矩阵。目前，国外已经有不少学者采用该模型评价学校生产率变化情况，如阿伯特和杜库利亚戈斯（Abbott，Doucouliagos，2001）选取 31 所澳大利亚高等专科学院 1984—1987 年间的平衡面板数据作为样本，研究这些学院在并入大学前后 Malmquist 生产率、技术效率以及规模效率的变化，基于实证分析结果，他们对澳大利亚取消双元制的高等教育发展策略提出质疑。在国内教育领域，胡咏梅和梁文艳等人在高等教育领域初步尝试使用了该模型，本研究领先运用 Malmquist 模型对义务教育阶段学校教育生产效率动态情况进行评价。

第三节　DEA 模型评估指标体系的确定

一、指标选取的依据和原则

效率在经济学中的解释是"以最小的投入获得最大的产出"。学校是一个系统，有效性评估则是对"系统行为"结果的综合评估。学校的教育生产是一项多投入（包括物、人、财等）、多产出（包括数量和质量）的复杂活动，对其投入和产出效率的评价是一个复杂的系统工程。为了保证指标体系的科学性，指标选取必须遵循以下几条原则。

一是科学性。指标的选取要尽量避免主观影响，要客观真实地反映义务教育生产效率情况。无论采用什么定性、定量方法和建立什么样的数学模型，都必须是对客观实际的抽象描述。

二是系统性。系统性主要是指以较少的指标较全面、系统地反映义务教育生产效率情况，这样既避免指标体系过于庞杂，又避免单因素选择，追求指标体系的总体最优。

三是可比性。效率比较不仅是对同一单位一个时期与另一个时期的比较，更重要的是用于不同学校的比较，因此指标体系应具有通用性和可比性。评估指标的定义应尽量采取国际、国内标准或公认的概念，评估内容应尽量剔除不确定因素，避免特定条件下环境因素的影响。评估数据应转化成统一的当量数值和无量纲数值，进行标准化处理。

四是实用性。构建指标体系是为了应用，不仅研究人员会用，学校和教育部门也会用，因此，指标体系应具有实用性、可行性和可操作性。计算方法、采集方法要明确和规范，便于操作。

五是导向性。对义务教育阶段学校教育生产效率进行评估，不是为了单纯的评出名次和优劣，更重要的是通过效率评估引导义务教育朝正确的方向和目标发展，这是构建指标体系时需要注意的问题。如果评估指标体系能够指明义务教育发展的方向，反映出义务教育长远发展的需要，那就会促进义务教育的整体工作，从而提高义务教育阶段学生的整体素质。

二、指标体系的构建

(一) 已有研究的投入产出变量

目前学界关于义务教育阶段学校教育生产效率评估指标体系的建构并没有统一的标准或定论，学者根据研究偏好和数据采集的易得性而选取不同的投入产出指标体系。一般而言，义务教育阶段学校教育生产效率评估投入指标主要表现为人力、财力和物力投入三个方面，产出指标则主要表现为教育数量和质量两个方面。国外研究重视对不同投入产出指标组合的比较以及关注生产过程，如索特里奥等（Soteriou et al.，1998）比较了塞浦路斯城乡中学的 DEA 效率，而且还对投入和产出变量进行了三种不同的组合，研究发现计算结果较为稳定，除此他们还为改进 DEA 无效的学校和改善学校管理方面提出了建议。国内研究更关注生产结果，但由于数据的局限性，有些研究只用很少的指标来反映学校的整体教育生产效率情况。随着模型中投入和产出变量的增加，效率前沿上的 DMU 数目会上升，从而导致投入产出变量选择的质量和数量都会对 DEA 效率评估结果产生重大影响。因此，采用 DEA 方法进行效率评估，需要妥善处理样本量与指标数量之间的关系，如贝桑等（Bessent et al.，1983）认为参与效率评估的样本数应是投入产出变量数目总和的三倍。已有研究的投入产出指标体系见表 11-1。

表 11-1　已有研究的投入产出指标体系

作者	投入指标	产出指标
Soteriou et al.，1998	教龄、教师的学历水平、家长的教育、社会经济地位、学校规模以及学生家里的图书册数	国际数学和科学测验成绩（TIMSS）
胡咏梅、梁文艳，2007a	任课教师大专及以上学历比例、生均事业费、生均图书占有量、教师月收入、教师周课时数、学生每天在校时间	初中二年级学生语文成绩的及格率、全校学生获得区级及以上奖励的生均人次、全校教师前一年获得区级及以上各种教学以及科研奖励的人均次数

续表

作者	投入指标	产出指标
胡咏梅、杜育红，2008	生师比；专任教师具有任职资格比例；专任教师具有中专及以上合格学历比例；专任女教师比例；少数民族专任教师比例；班级规模；抽样班数学教师教龄；语文教师教龄；抽样班学生父亲、母亲平均受教育年限；生均学校占地面积；生均教室面积；生均教育经费	数学、语文统考平均成绩；数学、语文统考合格率
胡咏梅、杜育红，2009	专任教师具有任职资格比例、专任教师学历合格率、生师比、专任女教师比例、少数民族专任教师比例、母亲平均受教育年限、父亲平均受教育年限、数学教师教龄、语文教师教龄、生均图书册数、生均预算内事业费、生均学校占地面积、生均校舍建筑面积、生均教室面积	数学、语文统考平均成绩；数学、语文统考及格率
梁文艳、杜育红，2009	2006 年校均语文标准化测试成绩、2006 年校均数学标准化测试成绩、生师比、教师学历合格率、生均教育经费	2008 年校均语文标准化测试成绩、2008 年校均数学标准化测试成绩

（二）DEA 静态效率分析的指标体系构建

由于 DEA 的输出结果对变量的选择具有敏感性，所以变量的选择对于模型的质量非常重要。基于指标选取的原则和以往诸多学者研究所使用的投入与产出变量，以及数据的可获得性，本研究从人力、财力和物力三个方面初拟 9 个投入变量，从教育数量和质量两个方面初拟 2 个产出变量。（见表 11-2）

然而，由于模型对变量具有敏感性，本研究将采取 Pastor 方法进行变量筛选，该方法是帕斯特等（Pastor et al.，1999）基于严密的数学论证和推导提出的在数据包络分析研究中较为有效的筛选变量方法，国内学者梁文艳等在教育领域曾尝试使用，类似于向前逐步回归法，目标是从拟选择的诸多变量中选出最具代表性的变量。本研究数据来自中国教育财政科学研究所 2007 年"中国农村义务教育状况调查"所获取的样本学校 2006 年的数据，研究人员根据 2006 年的学校调研数据对样本学校的投入产出变量进行筛选，具体筛选过程如下。

表 11-2 初步构建的 DEA 静态效率指标体系

指标类型	一级指标	二级指标
投入指标（X）	人力投入	专任教师生师比（%） 专任教师具有教师高级职称所占比（%） 专任教师具有合格学历所占比（%）
	财力投入	生均人员经费支出（元） 生均公用经费支出（元）
	物力投入	生均校园面积（平方米） 生均教室面积（平方米） 生均图书册数（册） 生均设备设施价值（元）
产出指标（Y）	数量	在校学生总数（人）
	质量	校均数学标准化测试成绩（分）

注：专任教师具有高级职称对于初中和小学要求不同，所占比例分别指初中专任教师具有中教高级职称所占比和小学专任教师具有小教高级职称所占比。专任教师具有合格学历对于初中和小学的要求标准不同，所占比例分别指初中专任教师具有大专及以上学历所占比和小学专任教师具有高中和中专以上学历所占比。

第一，选择相关性最强的投入变量（不大于 2 个）与产出变量（不大于 2 个）建立阶段 1 中的基础模型并计算教育生产效率。就本研究而言，在校学生数、成绩变量与教师因素较为相关，因此选择 2006 年的专任教师生师比和专任教师具有高级职称所占比作为投入变量，选择 2006 年在校学生数和学校平均成绩作为产出变量建立基础模型，即模型 1。

第二，阶段 1 中以模型 1 为基础模型，增加一个变量到基础模型中，重新计算每所学校的教育生产效率。定义 ϕi 为第 i 所学校在两个模型中效率变化百分比，若 ϕi 接近 0，说明新变量没有对效率得分产生较大影响，按照帕斯特给定的判定标准，当 $|\phi i| > 0.1$，新增变量对样本学校的教育生产效率产生的影响就不可忽略。按照这个准则，阶段 1 在模型 1 中依次引入剩下的 7 个投入变量建立模型 2 到模型 8，与模型 1 比较，计算每个模型中 $|\phi i| > 0.1$ 的样本比重（即表 11-3 中的比重），发现模型 3 中样本效率改变比重最大，因此，模型 3 为阶段 2 中的基础模型。

表 11-3　利用帕斯特方法筛选指标的过程与结果

模型		产出变量		投入变量									比重(%)
		在校学生数	校均数学标准化测试成绩	专任教师生师比	专任教师具有教师高级职称所占比	专任教师具有合格学历所占比	生均人员经费支出	生均公用经费支出	生均校园面积	生均教室面积	生均图书册数	生均设备设施价值	
阶段1	模型1	*	*	*	*								
	模型2	*	*	*	*	*							25.0
	模型3	*	*	*	*		*						74.3
	模型4	*	*	*	*			*					70.0
	模型5	*	*	*	*				*				40.0
	模型6	*	*	*	*					*			61.0
	模型7	*	*	*	*						*		73.7
	模型8	*	*	*	*							*	64.0
阶段2	模型3	*	*	*	*		*						
	模型9	*	*	*	*	*	*						7.6
	模型10	*	*	*	*		*	*					13.7
	模型11	*	*	*	*		*		*				20.2
	模型12	*	*	*	*		*			*			22.4
	模型13	*	*	*	*		*				*		39.3
	模型14	*	*	*	*		*					*	30.6
阶段3	模型13	*	*	*	*		*				*		
	模型15	*	*	*	*	*	*				*		10.9
	模型16	*	*	*	*		*	*			*		7.1
	模型17	*	*	*	*		*		*		*		18.6
	模型18	*	*	*	*		*			*	*		15.8
	模型19	*	*	*	*		*				*	*	19.7

续表

模型		产出变量		投入变量									
		在校学生数	校均数学标准化测试成绩	专任教师生师比	专任教师具有教师高级职称所占比	专任教师具有合格学历所占比	生均人员经费支出	生均公用经费支出	生均校园面积	生均教室面积	生均图书册数	生均设备设施价值	比重（%）
阶段4	模型19	*	*	*	*		*				*	*	
	模型20	*	*	*	*	*					*	*	11.5
	模型21	*	*	*	*		*	*			*	*	5.5
	模型22	*	*	*	*		*			*	*	*	15.0
	模型23	*	*	*	*		*		*		*	*	14.2

注：＊表示相应模型对投入产出指标的选择。

第三，阶段 2 中以模型 3 为基础模型，重复前一步，发现引入生均图书册数的模型 13 中样本效率改变比重最大，因此，模型 13 为阶段 3 中的基础模型。

第四，阶段 3 中以模型 13 为基础模型，重复前一步，发现引入生均设备设施价值的模型 19 中样本效率改变比重最大，因此，模型 19 为阶段 4 中的基础模型。

第五，阶段 4 中以模型 19 为基础模型，重复前一步，发现专任教师合格学历所占比、生均公用经费和生均教室面积引入模型后，学校样本 | ϕi | >0.1 的样本比重分别为 11.5%、5.5% 和 14.2%，按照帕斯特的判断标准，若不存在 15% 以上的学校样本效率得分变化大于 0.1，新增变量对模型产生的改变可以忽略，该变量不必添加在模型中，因此模型 22 为本研究最终确定的模型。

（三）DEA 动态效率分析的指标体系构建

DEA 动态效率分析的指标体系与静态效率分析的指标体系一样，从人力、财力和物力三个方面初拟 9 个投入变量，但是由于指标体系中校均数学标准化测试成绩仅有 2006 年的数据，面板数据也缺乏升学率和教师产出方面的信息，所以为了利用 Malmquist 生产率指数分析动态效率情况，这里产出变量就拟定在校学生数进行衡量。初步构建的 DEA 动态效率指标体系见表 11-4。

表 11-4   初步构建的 DEA 动态效率指标体系

指标类型	一级指标	二级指标
投入指标（X）	人力投入	专任教师生师比（%） 专任教师具有教师高级职称所占比（%） 专任教师具有合格学历所占比（%）
	财力投入	生均人员经费支出（元） 生均公用经费支出（元）
	物力投入	生均校园面积（平方米） 生均教室面积（平方米） 生均图书册数（册） 生均设备设施价值（元）
产出指标（Y）	数量	校均数学标准化测试成绩（分）

本研究的 DEA 动态效率分析选取调研数据的中间年份 2006 年的有效数据，利用 Pastor 方法进行变量筛选，通过比较不同变量组合，最终确定的投入产出变量为：在校学生数、专任教师生师比、专任教师具有教师高级职称所占比、生均人员经费支出、生均公用经费支出和生均图书册数。

第四节   数据来源与处理

一、数据来源

本研究采用的数据主要来源于中国教育财政科学研究所于 2007 年在中国江苏和湖北两省开展的"中国农村义务教育状况调查"数据。接受此次调查的学校有 229 所，学生为 11523 名，教师为 1338 名。本研究的数据来自学校问卷中 2005—2007 年 3 年间的数据信息。由于 DEA 不允许各变量有缺失值，所以最后参与 DEA 建模的样本学校为 183 所。

二、样本的统计描述

在学校样本中，城市小学或县直小学 22 所，占全体学校的 12.0%；乡镇中心小学 53 所，占全体学校的 29.0%；村完小 48 所，占全体学校的 26.2%；九年一贯制学校 8 所，占全体学校的 4.4%；市、区（县）直属独立初中 12 所，占全体学校的 6.6%；乡镇属独立初中 40 所，占全体学校的 21.9%。农村学校 144 所，占全体学校的 78.7%；城市学校 39 所，占全体学校的 21.3%。小学 123 所，占全体学校的 67.2%；初中 60 所，占全体学校的 32.8%。江苏省 85 所，占全体学校的 46.4%；湖北省 98 所，占全体学校的 53.6%。

表 11-5　学校样本分布

学校		样本量	占全体学校样本的比例
全体学校		183	100.0%
学校类别	城市小学或县直小学	22	12.0%
	乡镇中心小学	53	29.0%
	村完小	48	26.2%
	九年一贯制学校	8	4.4%
	市、区（县）直属独立初中	12	6.6%
	乡镇属独立初中	40	21.9%
学校所在地	农村（包括乡、镇）	144	78.7%
	城市	39	21.3%
学校阶段	小学	123	67.2%
	初中	60	32.8%
学校所在省份	江苏	85	46.4%
	湖北	98	53.6%

三、数据的处理

DEA 方法可以对多投入、多产出的复杂决策单元系统的生产效率进行评估，同时不受指标量纲不一致因素的影响，所以不必对各数据进行无量纲化处理。然而，为了度量教育质量，调查人员分别对接受调查的 4 年级学生和初二年级学生进行了统一的数学考试，由于不同年级学生的知识水平和智力水平不同，学生成绩需要进行标准化处理才能进行比较。成绩标准化后的数据若存在负数，那么直接代入 DEA 模型运算，就无法进行 DEA 有效性分析，因此，需要对产出指标的学生成绩进行无量纲化处理，处理后的值处于 0.1 和 1 之间。根据 DEA 理论，无量纲化处理后，决策单元之间的相对关系不会发生变化，对决策单元经营有效性评价结果也不会产生影响。具体方法如下。

设 $\mathrm{Max}Z_{ij} = \alpha_j$（$\alpha_j$ 为第 j 项指标的最大值）

$\mathrm{Min}Z_{ij} = b_j$（b_j 为第 j 项指标的最小值）

则 $Z'_{ij} = 0.1 + \dfrac{Z_{ij} - b_j}{\alpha_j - b_j} \times 0.9$，$Z'_{ij} \in [0.1, 1]$（$Z'_{ij}$ 为第 i 个决策单元第 j 个指标无量纲化后的值）

第五节　学校教育生产效率计算结果分析

一、义务教育阶段学校教育生产效率总体分析

本研究基于静态效率指标体系，选取有效学校调研数据，确立模型 22 进行实证分析，将所选投入与产出指标的数值导入软件 DEAP2.1，根据不变规模收益模型 CRS 和可变规模收益模型 VRS 进行统计。教育生产效率的评价在运用 DEA 方法时可具体分解为整体效率分析、纯技术效率分析和规模效率分析。本研究对 DEAP2.1 软件输出的效率值运用 SPSS16 进行统计分析，结果如下。

在 183 所义务教育阶段学校中，纯技术和规模均有效的学校有 66 所，约占 36.1%；纯技术有效的学校有 85 所，约占 46.4%；规模有效的学校有 66 所，约占 36.1%；处于规模收益递减的学校有 93 所，约占 50.8%，规模收益递增的学校有 24 所，约占 13.1%，规模收益不变的学校有 66 所，约占 36.1%。（见表 11-6）

表 11-6　教育生产效率的评价统计

生产效率	DEA 效率评价（所）	所占比重（%）	总数（所）
整体有效	66	36.1	183
纯技术有效	85	46.4	183
规模有效	66	36.1	183
规模收益递减	93	50.8	183
规模收益递增	24	13.1	183
规模收益不变	66	36.1	183

注：CRS 模型下计算的技术效率＝VRS 模型下计算的纯技术效率×规模效率。

通过这些数据我们可以看到以江苏省和湖北省为代表的东中部义务教育阶段学校的教育生产效率亟须提高，整体有效的学校比重仅为 36.1%，纯技术有效的学校也不足一半，这说明这些学校的部分资源没有得到充分利用，生产的输出水平也没有达到最佳的生产状态。我们还可以发现，参与抽样的东中部地区义务教育阶段学校处于规模有效的学校约占全部抽样学校的 36.1%，处于规模收益递减的学校占抽样学校总数的 50.8%，规模效益递增的学校占 13.1%，规模收益不变的学校占 36.1%。整体上看，我国东中部地区的义务教育阶段学校处于规模收益递减状态的居多，这说明对学校的投资并不是投入越多越有效，而应当根据当地教育的实际需求确立学校规模，有效利用学校的教育资源。出现这种情况的原因可能是作为事业单位的学校不可能像企业一样一味地追求效率最大化。学校往往会为教师开展教学活动提供相对宽松和自由的环境，并没有把效率放在首位。学校教育生产效率低下主要表现为两种情况：一是同产出的情况下学校投入相对较多；二是同投入的情况下学校产出相对较少。对于教育生产效率无效的学校，学校管理者不能盲目地加大投入或扩大规模，而应改变策略，优化目前的教育资源配置状态和加强学校管理，使教育资源得到充分利用。

二、义务教育阶段学校教育生产效率差异比较分析

(一) 区域差异分析

从区域角度来看，不同区域义务教育阶段学校的教育生产效率状况因经济

发展的程度和区域的实际不同而存在差异。我们可以看到，在抽样的中小学校中，中部地区义务教育阶段学校的教育生产效率偏低，整体有效的学校比重仅为29.6%；东部地区义务教育阶段学校的教育生产效率相对较高，整体有效的学校比重为43.5%。除此之外，我们还可以发现，中部地区义务教育阶段学校中规模有效的学校比重很低，仅为29.6%，而东部地区义务教育阶段学校中规模有效的学校比重为43.5%。（见表11-7）因此，东部地区义务教育阶段学校教育生产效率明显要高于中部地区，尤其表现在规模效率上，这说明地区的经济发展水平与当地学校的教育生产效率有一定的联系，并且中部地区大部分中小学校需要进行布局调整。

表11-7　义务教育阶段不同区域学校的教育生产效率差异比较

地域	效率评价	样本量	均值	最小值	最大值	有效学校比重
中部	整体效率	98	0.81	0.12	1	29.6%
	纯技术效率	98	0.86	0.13	1	40.8%
	规模效率	98	0.94	0.76	1	29.6%
东部	整体效率	85	0.89	0.56	1	43.5%
	纯技术效率	85	0.94	0.69	1	52.9%
	规模效率	85	0.94	0.68	1	43.5%

（二）城乡差异分析

从城乡差异来看，由于城乡的经济发展水平存在显著差异，所以城乡的教育发展质量也有差距，学校的教育生产效率也同样存在差异。由表11-8可知，城市整体有效学校比重为51.3%，农村整体有效和规模有效的学校比重仅为31.9%，城乡之间纯技术有效学校的比重相差了22.4个百分点，很显然农村学校的办学效率普遍要低于城市学校，这不仅表现在规模效率上，纯技术效率也很难达到要求，因此农村学校除了呼吁政府管理者加大对农村教育的投入以外，更应该有效调整中小学布局，整合现有资源，提高教育资源的利用率，从而提高学校的教育生产效率，依靠内涵式发展提升农村整体办学水平。

表 11-8　义务教育阶段城乡学校的教育生产效率差异比较

学校类型	效率评价	样本量	均值	最小值	最大值	有效学校比重
城市学校	整体效率	39	0.92	0.55	1	51.3%
	纯技术效率	39	0.94	0.58	1	64.1%
	规模效率	39	0.97	0.80	1	51.3%
农村学校	整体效率	144	0.83	0.12	1	31.9%
	纯技术效率	144	0.88	0.13	1	41.7%
	规模效率	144	0.93	0.68	1	31.9%

（三）不同教育阶段差异分析

从义务教育的不同阶段来看，初中和小学的教育生产效率的差距较为明显，表 11-9 中我们可以看到初中具有数据包络分析纯技术有效的学校有 60.0%，而小学具有数据包络分析纯技术有效的学校仅有 39.8%，相差了 20.2 个百分点，并且小学整体有效和规模有效的学校比重都比初中要少，这说明政府和公众普遍重视初中教育，人力、财力和物力资源都成了初中教育的保障，学校也更为重视自身的发展，尤其是初中布局比小学布局要相对合理，小学布局往往较为分散，教育资源利用率不高。因此，在资源有限的情况下，提高小学自身的教育生产效率是现阶段管理决策者需要关注的问题。

表 11-9　义务教育不同阶段学校的教育生产效率差异比较

教育阶段	效率评价	样本量	均值	最小值	最大值	有效学校比重
小学	整体效率	123	0.83	0.12	1	34.1%
	纯技术效率	123	0.89	0.13	1	39.8%
	规模效率	123	0.93	0.68	1	34.1%
初中	整体效率	60	0.89	0.50	1	40.0%
	纯技术效率	60	0.92	0.55	1	60.0%
	规模效率	60	0.96	0.79	1	40.0%

（四）不同类型学校差异分析

从类型来看，不同类型学校的教育生产效率也不一样。考虑到城乡学校不同，我们可以把义务教育阶段的学校分为六种类型，见表 11-10。根据数据包络分析的可变规模收益模型分析可得，数据包络分析整体有效、纯技术有效以及规模有效的学校类型排序同为：市、区县直属独立初中>九年一贯制学校>城市小学或县直小学>乡镇属独立初中>乡镇中心小学>村完小。由表 11-10 可知，乡镇中心小学和村完小的 DEA 效率无论是技术还是规模都较低，并且整体有效的学校比重分别为 32.1% 和 31.3%，这可能是由于乡镇中心小学和村完小所处农村地区，并且长期教育经费不足和师资缺乏，以及教育体制和历史等多重因素所致。因此，从效率角度出发，政府部门应该注重乡镇中心小学和村完小这两类学校的教育资源投放，除此还应从学校管理和制度上对这两类学校进行变革，加强资源的整合和优化配置，从而提高我国义务教育阶段学校的整体教育生产效率。

表 11-10　义务教育阶段不同类型学校的教育生产效率差异比较

学校类型	效率评价	样本量	均值	最小值	最大值	有效学校比重
市、区县直属独立初中	整体效率	12	0.90	0.55	1	58.3%
	纯技术效率	12	0.92	0.58	1	66.7%
	规模效率	12	0.98	0.86	1	58.3%
九年一贯制学校	整体效率	8	0.89	0.68	1	50.0%
	纯技术效率	8	0.91	0.69	1	62.5%
	规模效率	8	0.98	0.84	1	50.0%
城市小学或县直小学	整体效率	22	0.92	0.56	1	45.5%
	纯技术效率	22	0.96	0.70	1	59.1%
	规模效率	22	0.96	0.80	1	45.5%
乡镇属独立初中	整体效率	40	0.88	0.50	1	32.5%
	纯技术效率	40	0.92	0.54	1	57.5%
	规模效率	40	0.95	0.79	1	32.5%

续表

学校类型	效率评价	样本量	均值	最小值	最大值	有效学校比重
乡镇中心小学	整体效率	53	0.83	0.54	1	32.1%
	纯技术效率	53	0.89	0.65	1	35.8%
	规模效率	53	0.93	0.68	1	32.1%
村完小	整体效率	48	0.78	0.12	1	31.3%
	纯技术效率	48	0.85	0.13	1	35.4%
	规模效率	48	0.92	0.72	1	31.3%

三、义务教育阶段学校教育生产效率动态变化分析

(一) 义务教育阶段学校教育生产效率的总体动态分析

由于指标体系中校均数学标准化测试成绩仅有 2006 年的数据，面板数据也缺乏升学率和教师产出方面的信息，所以为了利用 Malmquist 生产率指数分析动态效率情况，本研究选取的产出变量暂定为在校学生数。本研究使用 DEAP2.1 来分析抽样的 183 所义务教育阶段学校在 2005—2007 年三年间教育投资的 Malmquist 效率指数及其分解的逐年变化情况，并分析生产率变化的根源。

表 11-11 列出了 183 所义务教育阶段学校 2005—2007 年三年的 Malmquist 生产率指数及其分解情况。技术效率变化指数（TE）、纯技术效率变化指数（PTE）和规模效率改善指数（SE）提升的动力主要是管理和制度的变革以及资源的重组，这样有利于提高学校教师的工作效率和教育资源的利用效率和配置效率，从而提升教育生产效率，使义务教育阶段学校的教育生产更接近生产前沿面，同时产生规模效益。从下表我们可以看出，2005—2006 年与 2006—2007 年的全要素生产率指数分别为 0.945 和 1.134，三年间的变化均值为 1.015，这说明 2006 年义务教育阶段学校的教育生产效率同比增长率出现了下滑，但在 2007 年义务教育生产效率同比增长率有所提升，从三年的整体趋势来看义务教育生产率是处于递增趋势的。

表 11-11　Malmquist 生产率指数及其分解（2005—2007 年）

年份	全要素生产率指数（TFP）	技术进步指数（TECH）	技术效率变化指数（TE）	纯技术效率变化指数（PTE）	规模效率改善指数（SE）
2005—2006年(均值)	0.945	1.018	0.944	1.029	1.058
2006—2007年(均值)	1.134	1.191	0.957	1.188	1.050
三年变化均值	1.015	1.093	0.934	1.001	1.003

注：*TFP* 是衡量单位总投入的总产量的生产率指标，即总产量与全部要素投入量之比。

TECH 衡量技术的进步，代表两个时期生产前沿面的移动，被称为"增长效应"，衡量决策单元是否有技术进步，若 *TECH* 大于 1，直观上表示生产前沿面"向上"移动，教师能力的提升以及学校设备设施的改善等可以看作技术进步与创新的源泉。

TE 反映了技术不变情况下效率的进步，代表了两个时期配置效率的变化，被称为"水平效应"，衡量决策单元的生产是否更靠近当前生产前沿面。若 *TE* 大于 1，表明在没有技术创新的情况下决策单元的生产更接近于生产前沿面。

PTE 反映了在技术和规模都不变的情况下，两个时期相对生产效率的变化，被称为"追赶效应"，若 *PTE* 大于 1，表示在没有技术创新和规模变动的情况下，决策单元后一期的生产更接近于生产前沿面，相对效率有所提高。

SE 反映了决策单元在两个时期规模收益状态的变化情况，被称为"规模效应"，若 *SE* 大于 1，表示接近于最适合的规模收益状态。

从图 11-2 中我们可以更加直观地看到义务教育阶段学校在 2005—2007 年 Malmquist 生产率指数及其分解的变化趋势。技术进步指数、纯技术效率变化指数和规模效率改善指数三年来都处于增长趋势，而技术效率变化指数一直处于下滑趋势，全要素生产率则在 2006 年表现出下滑趋势后，在 2007 年受到技术进步的带动有所提升。

从分解因素来看，我国义务教育阶段学校全要素生产率指数在 2005—2007 年三年间主要得益于技术进步水平的提高，其平均增长率为 9.3%；而技术效率变化指数则为负增长，其三年平均增长率为 -6.6%，其中纯技术效率变化指数平均增长率为 0.1%，规模效率改善指数平均增长率为 0.3%。从最终的估计结果来看，技术效率下降在一定程度上抵消了技术进步水平提高的效果，表明在这一阶段我国义务教育阶段学校在技术效率方面是下滑的，且技术进步是推动我国义务教育阶段学校全要素生产率增长的主要动力，义务教育阶段学校的全要素生产率对技术进步的依赖是显而易见的，这可能源于教师能力的提升和学校设备设施的改善。

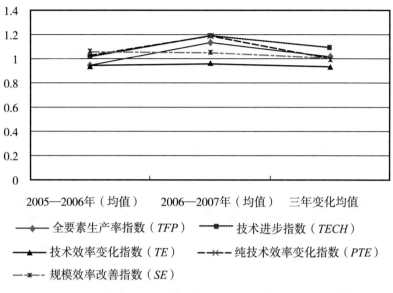

图 11-2 Malmquist 生产率指数及其分解变化趋势图（2005—2007 年）

具体来看，全要素生产率指数在 2006 年下降，其主要原因是技术效率变化指数下降，均值为 0.945，技术进步指数虽然有所提高，但是没有技术效率变化指数下降影响明显。而在 2006—2007 年，全要素生产率指数和技术进步指数分别为 1.134 和 1.191，技术进步指数增长率为 19.1%，其对全要素生产率指数的影响要远远大于技术效率变化指数所带来的负影响。那么，整体上说，技术确实得到了进步，全要素生产率指数和技术进步指数都呈增长趋势，这说明在这一阶段义务教育阶段学校经历了义务教育经费保障"新机制"的磨合期后，师资力量和办学经费都得到了相应的保障，主要以"增长效应"带动教育生产效率的整体提升。

下面我们从各所学校的角度来看，由表 11-11 可以看出这 183 所义务教育阶段学校的教育生产效率呈递增趋势，均值为 1.015。从图 11-2 可以看出 Malmquist 生产率指数与技术进步指数有着一致的波动性，技术进步是整体义务教育生产效率提升的主要动力。因此，学校应该争取更多的教育财政经费和社会各界的捐赠与投资，配备先进的教学设备设施，修建高质量的实验室和图书馆，吸引优秀的教师和学校行政管理人员，保证学校的硬件设施齐全以及高水平的师资力量，进而推动我国义务教育跨越式发展。

　　从图 11-3 和图 11-4 我们可以看到 2005—2006 年的全要素生产率指数较为稳定，基本都在 0.5—1.5 之间波动，技术效率变化指数变化稍大。相对来说，2006—2007 年的全要素生产率指数波动范围稍大，大多数学校都处于递增趋势，而技术效率变化指数基本上都处于负增长，波动范围较小。通过纵向和

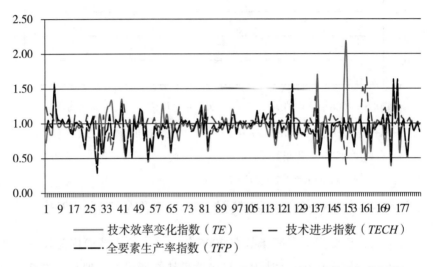

图 11-3　2005—2006 年 Malmquist 生产率指数（*TFP*）及其分解值折线

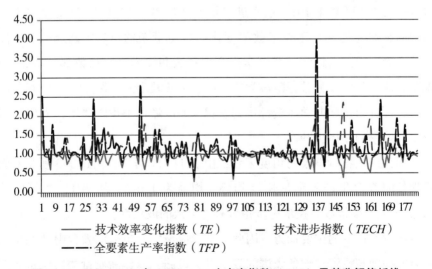

图 11-4　2006—2007 年 Malmquist 生产率指数（*TFP*）及其分解值折线

横向比较，我们可以发现"水平效应"不明显。"水平效应"主要源于学校管理和制度的变革，以及资源的重组与整合，而我国义务教育阶段学校的管理体制相对较为集权，客观上不利于学校管理的变革与重组，整体生产率都不太高，校际差别不明显。作为人口大国，要想突破教育改革的瓶颈，就需要实现"水平效应"。因此，义务教育阶段学校应当提高有限的教育资源利用率，走由外延式发展转向内涵式发展的科学发展之路。

(二) 义务教育阶段学校教育生产效率动态变化差异分析

为了进一步分析我国义务教育阶段学校教育生产效率动态变化情况，本研究将从区域、城乡、教育阶段和学校类型四个维度来分析我国义务教育阶段学校教育生产效率变动所存在的差异，帮助政府、教育部门和学校采取科学的教育投资策略，提高教育资源利用率，使义务教育阶段学校教育生产效率实现持续的增长趋势。

1. 区域差异分析

从区域角度来看，东部和中部地区义务教育阶段学校全要素生产率增长存在显著差异，且影响全要素生产率增长的原因也不尽相同。在推动义务教育阶段学校全要素生产率增长的动力上，东部和中部地区基本保持一致，主要是技术进步指数的提高。但是具体而言，从表11-12可以看出，东部地区义务教育阶段学校的技术进步指数在2006年的均值为1.041，"增长效应"表现明显，技术进步指数相比中部地区要快，但是中部地区经历了2006年的"磨合期"后，在2007年技术进步指数快速增长，甚至增长幅度超过了东部地区，以"增长效应"拉动了整体生产率的增长，只是中部地区"增长效应"的滞后期相对较长。从技术效率变化指数来看，中部地区和东部地区在2006年的下滑幅度基本一致，但是在2007年中部地区的下滑幅度要大于东部地区。根据我国区域经济的发展水平，湖北省所在的中部地区属于中等发达地区，江苏省所在的东部地区属于发达地区，东部地区学校往往会获得当地雄厚的资金支持和相关政策的倾斜，义务教育投入能及时到位，这说明各地区经济水平发展情况与义务教育阶段学校的全要素生产率变动有着密切关系。研究结果表明，2005年以来，技术进步是导致义务教育阶段学校全要素生产率增长进而存在地区差异的最重要因素。因此，我国政府应当加大对中部地区学校的教育经费投入，加强优秀教师的培养。中部地区单纯依靠"外延式"增长的拉动是不够的，技术效率的下滑必须引起相关部门和学校的重视，义务教育阶段学校的持续、稳定发展还需要逐步实现学校管理和制度的变革，整合学校内外资源，使教育资源得到充分利用，提高学校自身的教育生产效率。

表 11-12　义务教育阶段不同区域学校的教育生产效率动态变化差异比较

不同区域学校	2005—2006 年			2006—2007 年		
	TFP	*TECH*	*TE*	*TFP*	*TECH*	*TE*
东部均值	0.958	1.041	0.944	1.125	1.175	0.970
中部均值	0.934	0.998	0.944	1.142	1.205	0.946
所有学校平均	0.945	1.018	0.944	1.134	1.191	0.957

2. 城乡差异分析

从城乡义务教育阶段学校的效率变动趋势来看，城市学校 2006 年技术进步指数和技术效率变化指数都存在较好的增长趋势，"增长效应"和"水平效应"明显，这是由于城市地区的经济发展水平和教育管理水平较高，教育经费投入充足，相应的教育政策落实到位，自 2005 年后整体效率都得到了提升。相对来说，农村学校由于地区经济水平的限制，以及教育财政经费保障机制的实施很难很快就有成效，直到 2007 年由于教育经费的逐步到位，学校配备了所需的教学设备设施，教师的素质也得到了提高，农村学校的整体效率才出现了增长趋势。(见表 11-13) 从已有分析来看，农村地区义务教育阶段学校的整体效率提高主要是依靠技术进步和创新，而技术效率变化指数要远远低于城市学校，这主要是因为农村学校存在管理水平较低，教育资源配置低效，教育经费分担主体财政责任不明，教育财政投入和教育政策都有"城市中心"取向等问题，农村学校的整体效率受到较大抑制。因此，从长远角度出发，我国义务教育的发展还需要从外延式发展向内涵式发展转变，政府应当认真落实农村地区的相关教育政策，优化配置农村教育资源，加强农村学校的管理水平，提高学校自身的教育生产效率。

表 11-13　义务教育阶段城乡学校的教育生产效率动态变化差异比较

城乡学校	2005—2006 年			2006—2007 年		
	TFP	*TECH*	*TE*	*TFP*	*TECH*	*TE*
城市学校均值	1.075	1.051	1.031	1.118	1.119	1.001
农村学校均值	0.910	1.009	0.920	1.139	1.211	0.945
所有学校平均	0.945	1.018	0.944	1.134	1.191	0.957

3. 不同教育阶段分析

从义务教育的不同阶段来看，初中阶段和小学阶段学校的教育生产效率变动趋势存在差异。从表 11-14 中我们可以看到，初中学校在 2006 年技术进步指数和技术效率变化指数均呈负增长，增长率分别为-1.7%和-2.0%，到 2007年才在技术进步指数的带动下提升了全要素生产率指数，"增长效应"较为明显。小学阶段学校在 2006 年就已呈现"增长效应"，并且在 2007 年全要素生产率指数的增长率为 17.2%，其增长速度要远远快于初中阶段学校。我们还可以发现初中和小学阶段学校全要素生产率增长主要源于技术进步与创新，并且小学阶段学校全要素生产率实现了从 2006 年的负增长到 2007 年的快速增长的转变，甚至赶超了初中阶段学校的全要素生产率，其中小学阶段学校技术进步的幅度要大于初中阶段学校，但是小学阶段学校技术效率下滑的程度要比初中阶段学校严重。因此，技术进步对于义务教育阶段学校的发展有着至关重要的作用，此外技术效率也是我们亟须解决的问题，因为无论是初中阶段学校还是小学阶段学校仅仅依靠技术进步提高全要素生产率都不是长远之计，只有促进学校自身的内生性增长，从管理和制度上进行变革，优化和整合教育资源，才能最终推动义务教育持续、稳定和健康的发展。

表 11-14　义务教育不同阶段学校的教育生产效率动态变化差异比较

不同阶段学校	2005—2006 年			2006—2007 年		
	TFP	*TECH*	*TE*	*TFP*	*TECH*	*TE*
初中阶段学校均值	0.966	0.983	0.980	1.057	1.088	0.966
小学阶段学校均值	0.935	1.035	0.926	1.172	1.241	0.952
所有学校平均	0.945	1.018	0.944	1.134	1.191	0.957

4. 不同类型学校差异分析

从学校类型来看，不同类型义务教育阶段学校的教育生产效率变动趋势也不一样。考虑到城乡学校不同，我们可以把义务教育阶段的学校分为六种类型，不同类型学校教育生产效率差异见表 11-15 和图 11-5。从下表中我们可以看到 2005—2006 年不同类型的学校全要素生产率排序为：九年一贯制学校>城市小学或县直小学>市、区县直属独立初中>乡镇中心小学>乡镇属独立初中>村完小;2006—2007 年不同类型学校全要素生产率排序为：乡镇中心小学>城市小学或县直小学>乡镇属独立初中>村完小>市、区县直属独立初中>九年一贯制学校。由学校类型排序可知在 2006 年只有市、区县直属独立初中以及九年一贯制学校和城市小学或县直小学这三类学校的整体生产率呈现增长趋势，而村完小由于技术效率大幅下跌，整体生产率负增长最为严重，只有乡镇属独立初中的技术进步呈现负增长的趋势。到 2007 年，乡镇中心小学和村完小的技术进步得到了大幅提高，乡镇中心小学的技术效率也出现了小幅增长，"水平效应"较为明显，村完小和九年一贯制学校受技术效率负增长的影响，整体生产率增长趋势不明显。因此，尽管技术进步是推动整体生产率增长的主要动力，但是村完小和九年一贯制学校的技术效率下滑也是需要关注的问题。(见图 11-5)

表 11-15 义务教育阶段不同类型学校的教育生产效率动态变化差异比较

不同类型学校	2005—2006 年				2006—2007 年			
	TFP	*TECH*	*TE*	*TFP* 排序	*TFP*	*TECH*	*TE*	*TFP* 排序
市、区县直属独立初中均值	1.018	1.039	0.978	3	1.044	1.057	0.990	5
九年一贯制学校均值	1.155	1.039	1.113	1	1.015	1.034	0.985	6
城市小学或县直小学均值	1.057	1.052	1.018	2	1.172	1.175	0.999	2
乡镇属独立初中均值	0.913	0.955	0.954	5	1.070	1.109	0.956	3
乡镇中心小学均值	0.916	1.054	0.883	4	1.270	1.237	1.020	1
村完小均值	0.899	1.006	0.932	6	1.064	1.277	0.855	4
所有学校平均	0.923	1.007	0.917		1.089	1.176	0.926	

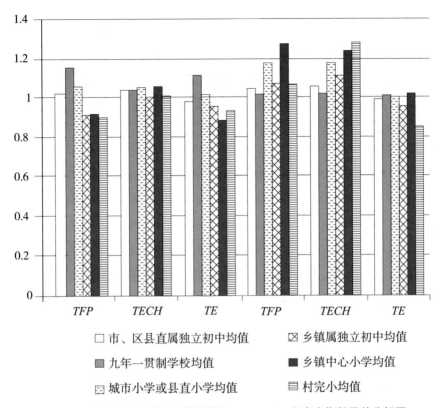

图 11-5 义务教育阶段不同类型学校 Malmquist 生产率指数及其分解图

第六节 义务教育阶段学校教育
生产效率的影响因素分析

一、影响因素分析模型

运用 DEA 方法可以评价决策单元的相对效率，就个体而言，研究者可以依据松弛变量提出提高义务教育阶段学校教育生产效率的建议，但并不能从整体上找到效率的影响因素，为此，需要引入多元分析技术找出效率的影响因素。从效率值的截断数据特征出发，本研究建立托比特（Tobit）回归模型进行第二阶段研究。

Tobit 回归模型属于因变量受到限制的一种模型，其概念最早是由诺贝尔经济学奖获得者托比特提出，而后大量经济学家不断对其进行发展和完善。因变量是部分连续分布和部分离散分布的数据时，普通最小二乘法（OLS）就不再适用，要解决这类问题需要采用基于最大似然估计原理的 Tobit 模型。以考察各种因素对 DEA 效率得分影响的研究为例，效率得分（y_i^*）是介于 0 到 1 之间的双截尾数据，所建立的 Tobit 模型如式（1）—（4）所示。

$$y_i^* = \beta_0 + \sum_{j=1}^{k} \beta_j x_{ij} + \varepsilon_i \tag{1}$$

$$y_i = y_i^*, \quad \text{if} \quad y_i^* \in (0, 1] \tag{2}$$

$$y_i = 0, \quad \text{if} \quad y_i^* \in (-\infty, 0) \tag{3}$$

$$y_i = 1, \quad \text{if} \quad y_i^* \in (1, +\infty) \tag{4}$$

模型中，y_i 是由 DEA 模型得到的第 i 个学校的效率得分；y_i^* 是潜变量，它满足计量模型经典假设；向量 $\bar{x}_j$ 是影响学校教育生产效率的各种因素。

二、实证分析

(一) 样本数据说明

为了进一步了解影响义务教育阶段学校教育生产效率的因素，本研究将建立 Tobit 回归模型进行分析。由于 Tobit 回归模型作为第二阶段模型，其影响因素不应包含于数据包络分析模型的投入、产出变量中。（Kirjavainen，Loikkanen，1996）本研究确立的影响因素涉及 3 个因变量，分别是整体效率、纯技术效率和规模效率，其值为第三章 DEA 模型计算出来的 2006 年义务教育阶段学校的各项效率值。影响因素包含 6 个自变量，本研究尝试引入了政策和制度方面的因素，数据来源于中国教育财政科学研究所于 2007 年 5—7 月在江苏和湖北两省进行的"中国农村义务教育状况调查"数据。因变量和自变量各项指标参见表 11-16。

表 11-16　教育生产效率影响因素分析变量

因变量	Y_1	整体效率
	Y_2	纯技术效率
	Y_3	规模效率
自变量	X_1	学校类型
	X_2	生均教室面积
	X_3	生均公用经费
	X_4	"新机制"政策
	X_5	校际竞争氛围
	X_6	政府对学校的管理程度

注："新机制"政策：2006 年开始实施的"新机制"政策已在西部地区试点的基础上扩大到了中部和东部地区，"新机制"政策的出现对义务教育阶段学校产生了较大影响，为此本文将计算每所学校享受"新机制"政策的学生数占总学生数的比重，研究"新机制"政策这一因素是否对学校效率产生影响。校际竞争氛围：为了考察学校之间的竞争能否促进学校的发展，提高学校自身的办学效率，本研究定义校际竞争氛围的分变量为：校际竞争氛围=1，几乎没有竞争；校际竞争氛围=2，较少竞争；校际竞争氛围=3，有较多竞争；校际竞争氛围=4，竞争很激烈。政府对学校的管理程度：为了考察政府对学校的管理工作是否对学校教育生产效率造成影响，本研究定义政府对学校的管理程度的分变量为：政府对学校的管理程度=1，从不；政府对学校的管理程度=2，偶尔；政府对学校的管理程度=3，经常。

（二）影响因素模型回归结果分析

本文使用 STATA10.0 软件，对义务教育阶段学校教育生产效率的影响因素进行 Tobit 回归模型求解，得到相关系数和 p 值，结果如表 11-17 所示。三个回归方程调整后的模型拟合度 R^2 分别为 0.262、0.073 和 0.258，回归方程均显著有效（sig=0.000），并且从下表我们可以发现，除了"新机制"政策，其他解释变量的系数都为负，说明它们对整体效率、纯技术效率和规模效率都有负向影响，并且在整体效率和规模效率回归模型中只有政府对学校的管理程度这一解释变量通过了 5%的显著性检验，在纯技术效率回归模型中只有校际竞争氛围通过了 5%的显著性检验。

模型检验结果表明，政府对学校的管理程度与学校的整体效率和规模效率都存在显著负相关，校际竞争氛围与学校纯技术效率有显著负相关。这说明，政府参与学校行政事务过多不利于学校教育生产效率的提高,应给予校长一定的办学自主权,由集权向分权过渡;目前学校之间的竞争对学校自身的教育生产效率并没有起到推动作用,反而由于学校对教育资源以及生源的争夺,学校之间很难共享资源,甚至造成教育资源浪费与低效并存的局面,也产生了"马太效应"等社会问题。此外,学校类型、生均教室面积和生均公用经费也都对义务教育阶段学校教育生产效率产生了负作用,但这种作用比较微弱;而"新机制"政策的实施对义务教育阶段学校教育生产效率施加了一定的正面促进作用,但是影响程度有限。

表 11-17　教育生产效率影响因素的 Tobit 回归结果

项目	整体效率		纯技术效率		规模效率	
	相关系数	p 值	相关系数	p 值	相关系数	p 值
学校类型	−0.017818	0.178	−0.012021	0.261	−0.007587	0.278
生均教室面积	−0.002036	0.549	−0.000356	0.897	−0.001597	0.375
生均公用经费	−9.35e−06	0.769	2.18e−06	0.933	−0.000012	0.471
"新机制"政策	0.000109	0.187	0.000087	0.196	0.000028	0.526
校际竞争氛围	−0.027358	0.129	−0.030639	0.037 [**]	−0.000414	0.965
政府对学校的管理程度	−0.053754	0.032 [**]	−0.023517	0.241	−0.033038	0.013 [**]
常数	1.212428	0.000 [***]	1.141841	0.000 [***]	1.09659	0.000 [***]
模型拟合度 R^2	0.262		0.073		0.258	
sig	0.000		0.000		0.000	

注:[*]、[**]、[***] 分别表示在10%、5%、1%的水平下显著。

第七节　研究结论与政策建议

一、主要结论与讨论

本研究采用数据包络分析的 CRS、VRS 和 Malmquist 模型分析了我国东中部地区义务教育阶段学校教育生产效率及其存在的差异状况，并考察了东中部地区 2005—2007 年学校的效率动态变化情况，在本研究的第二阶段运用 Tobit 模型对各效率的影响因素进行了回归分析，得出以下主要研究结论。

首先，我国义务教育阶段学校的教育生产效率总体分析结果表明：①我国东中部地区义务教育阶段学校教育生产效率整体上并不理想，整体有效的学校仅占 36.1%，大多数学校尚存相当大的改进空间；②我国东中部地区义务教育阶段学校处于规模收益递减或不变状态的居多，分别占抽样学校总数的 50.8% 和 36.1%。

其次，我国义务教育阶段学校的教育生产效率差异分析结果表明：①义务教育阶段不同区域学校的教育生产效率存在差异，东部地区学校的教育生产效率处于整体有效和规模有效的学校比重明显要高于中部地区学校；②义务教育阶段城乡学校的教育生产效率存在差异，城市学校的教育生产效率处于整体有效和规模有效的学校比重明显要高于农村学校；③义务教育不同阶段学校的教育生产效率存在差异，初中阶段学校的教育生产效率处于整体有效和规模有效的学校比重明显要高于小学阶段学校；④义务教育阶段不同类型学校的教育生产效率存在差异，市、区县直属独立初中无论是处于整体有效、纯技术有效还是规模有效的学校比重都是最高，而乡镇中心小学和村完小这两类学校的有效学校比重则排在最后两位。

再次，我国义务教育阶段学校的教育生产效率动态分析结果表明：①从效率的总体动态变化来看，我国义务教育阶段学校的教育生产效率总体上乐观，全要素生产率三年间的变化均值为 1.015，呈波段性的增长趋势；②从全要素分解因素和各所学校的角度来看，我国义务教育阶段学校全要素生产率指数与技术进步指数有着一致的波动性，并且在 2005—2007 年三年间主要得益于技术进步水平的提高，义务教育阶段学校主要以"增长效应"带动教育生产效率的整体提升；③我国义务教育阶段学校教育生产效率动态变化中技术效率提升所体现出的"水平效应"整体上并不明显；④义务教育阶段不同区域、城乡、不同教育阶段和不同类型学校的教育生产效率动态变化情况存在差异，具体表现为中部地区学校、农村学校和小学阶段学校的技术进步指数在 2006—2007 年间的增长幅度分别超过了东部地区学校、城市学校和初中阶段学校，而中部地区学校、农村学校和小学阶段学校的技术效率变化指数在 2006—2007 年间下滑幅度则分别超过了东部地区学校、城市学校和初中阶段学校，并且各个类型学校教育生产效率变化的"增长效应"普遍明显，而"水平效应"只有九年一贯制学校和城市小学或县直小学在 2005—2006 年间表现明显，乡镇中心小学在 2006—2007 年间表现明显。

　　最后，Tobit 回归分析结果表明，政府对学校的管理程度与学校的整体效率和规模效率都存在显著负相关，校际竞争氛围与学校纯技术效率有显著负相关。此外，学校类型、生均教室面积和生均公用经费也都对义务教育阶段学校教育生产效率产生了负作用，但这种作用比较微弱；而"新机制"政策的实施对义务教育阶段学校教育生产效率产生了一定的正面促进作用，但是影响程度有限。

二、相关政策建议

　　江苏省和湖北省是我国两个典型的东部和中部省份，江苏省和湖北省的社会经济水平代表性地反映了我国东中部地区社会经济发展的水平和特征，江苏省和湖北省的义务教育发展现状也是我国东中部地区义务教育发展现状的一个缩影。因此，本研究对江苏和湖北两省义务教育阶段学校教育生产效率的研究结论在很大程度上也适用于我国东中部地区义务教育阶段学校。根据上述对江苏和湖北两省义务教育阶段学校教育生产效率研究的主要结论，针对提高我国东中部地区义务教育阶段学校教育生产效率提出以下几点政策建议。

　　首先，强调教育生产效率的重要性，整体上合理控制义务教育投入和学校规模。本研究表明，我国义务教育阶段学校教育生产效率整体并不理想，存在相当大的改进空间，并且大多数学校都处于规模收益递减或不变的状态。尽管近年来我国政府对义务教育投入在持续快速增加，但由于教育成本的增加和人们对优质教育的追求，可以预计在今后较长一段时间内，我国义务教育的供需矛盾仍会存在，因此要使义务教育真正走出资源短缺的困境，不能光靠增加投入，更应注重资源的有效利用，提高义务教育阶段学校的教育生产效率，适度控制学校规模，使义务教育的资源利用从粗放向集约转变，推动我国义务教育事业由外延式向内涵式发展转变，走科学发展之路。

其次，调整教育资源投放政策导向，在投入一定的情况下适度加大效率低下学校的教育资源投入，缩小义务教育阶段学校的效率差距，提升我国义务教育生产效率的整体水平。本研究表明，我国义务教育阶段学校的教育生产效率在不同区域、城乡、不同教育阶段以及不同学校类型都存在着效率差异，并且效率低下学校大多数都处于规模收益递增状态，因此从提升我国义务教育阶段学校整体教育生产效率的角度，我国政府部门对于教育资源的投放可适当偏向效率低下学校，可加大对中部地区学校、农村学校、小学阶段学校，尤其是乡镇中心小学和村完小这类学校的教育资源投入，适度扩大相应的学校规模。

再次，着力推动义务教育阶段学校的技术进步，加大教师培训，改善教学技术与设备，依靠技术进步所体现的"增长效应"提高义务教育阶段学校的教育生产效率。本研究表明，技术进步是义务教育阶段学校教育生产效率增长的主要动力，而教师能力的提升以及学校设备设施的改善等可以看作技术进步与创新的源泉，因此我国政府部门应当加大教师培训，改善教学技术与设备，主要依靠技术进步所体现的"增长效应"提升义务教育阶段学校的教育生产效率，对中部地区学校、农村学校和小学阶段学校而言更要如此。然而，研究还发现，技术效率提升所体现的"水平效应"暂时并不明显，只有九年一贯制学校、城市小学或县直小学和乡镇中心小学在 2005—2007 年三年间的技术效率得到提高，"水平效应"则主要源于学校管理和制度的变革，以及资源的重组与整合，而我国义务教育阶段学校的管理体制相对较为集权，客观上不利于学校管理的变革与重组，整体生产效率都不太高，但是作为人口大国，要想突破教育改革的瓶颈，也需要同时实现技术效率所体现的"水平效应"才能迎接挑战。

最后，提倡教育管理制度由集权向分权过渡，校际资源由竞争机制向共享机制转变。通过 Tobit 回归分析可以发现，政府对学校的管理程度以及校际竞争氛围都与学校效率存在显著负相关。由此我们可知，政府参与学校行政事务过多不利于学校教育生产效率的提高，从提高效率的角度出发，学校管理应从集权向分权过渡，政府部门应简政放权，尽量减少对学校内部事务的管理，给予中小学校校长一定的办学自主权；从学校之间对教育资源的投入以及生源的争夺情况来看，这种竞争并没有对学校自身的教育生产效率起到推动作用，反而使得学校之间很难共享资源，甚至造成教育资源浪费与低效并存的局面，也产生了"马太效应"等社会问题，为了提高我国义务教育整体水平，学校之间应建立适当的竞争环境，加强不同层级的校际合作，共享教育资源，防止"马太效应"以及尽量避免资源浪费与低效并存的局面出现。

三、本研究创新与不足

1. 创新之处

本研究的创新点主要体现在三个方面。一是在变量选择上有所改进。由于计量结果对变量的选取存在敏感性，本研究采取了 Pastor 方法逐步筛选变量，通过不同组合的变量模型测试输出结果的稳定性，最后确定最终变量模型，确保了最终计量结果的稳定性。二是本研究评估了义务教育阶段学校教育生产效率的动态变化情况。由于研究单一时点具有一定的局限性，本研究采用 Malmquist 模型分析了义务教育阶段学校教育生产效率 2005—2007 年三年间的动态变化情况，一定程度上弥补了 Malmquist 模型在义务教育领域的应用。三是本研究尝试分析了教育财政政策、教育分权制度和竞争机制等制度因素对义务教育阶段学校教育生产效率的影响，其研究结论将为我国教育管理制度改革提供一定的实证依据。

2. 研究不足

由于主客观条件限制，本研究还存在几点不足之处。一是本研究的研究方法还仅限于运用数据包络分析中的基础模型，尚未对数据包络分析的模型进行扩展，研究也缺乏对学校规模经济和范围经济的探讨。二是本研究在变量选取上还存在局限性，由于目前获取的数据有限，研究中还存在一些遗漏变量，尤其是产出变量的选取应该从多方面进行衡量，在以后的研究中还需要进一步补充和完善。三是缺乏东中西部数据比较，目前已有数据只涵盖了东中部两省，缺少对西部地区的相应调研数据，因此在以后的研究中可以补充西部地区的数据，开展全国范围的义务教育生产效率研究，这样可以为我们了解我国不同地区的教育生产过程和规律提供更广阔的视角。

第十二章

我国义务教育学校范围经济研究

本章利用西部地区基础教育发展项目基线调查数据，采用成本函数方法对我国义务教育学校范围经济规律进行了研究。比较加入质量因素前后范围经济的估计值发现，以均值产出300%为中心，300%水平以下，加入产出质量因素前后总体范围经济都存在，但范围经济程度在加入产出质量后有所减小；均值产出300%水平以上，加入产出质量因素前后总体范围经济都不存在，且范围不经济程度在加入质量因素后有所扩大。上述结论对义务教育阶段学校生产组织方式的选择以及布局调整、政策实施具有指导意义，政府可以鼓励符合范围经济条件的义务教育阶段学校向着小学生、初中生联合生产的方式转换，实现内涵式发展，在实施义务教育阶段学校布局调整政策过程中，也应当鼓励那些可以产生范围经济效果的合并发生。

第一节　问题提出与相关实证研究回顾

一、问题提出

学校规模经济和学校范围经济分析是探讨教育资源生产效率的两种重要视角和方法。近些年来，我国学者针对义务教育阶段学校规模经济问题开展了许多研究，也取得了较丰富的成果，但对义务教育阶段学校范围经济的研究基本没有，已有学校范围经济研究主要集中于高等教育阶段学校。本文将对义务教育阶段学校范围经济进行理论和实证研究，希望能为我国政府和义务教育阶段学校提高教育资源生产效率提供有别于规模经济的另外一种有效途径，也可以为我国政府和义务教育阶段学校探索小学生和初中生联合培养等办学体制改革问题提供科学理论依据，推动我国义务教育阶段学校科学发展。

二、相关实证研究回顾

国外有许多学者对高等教育学校范围经济规律进行了研究，但只有少数学者研究了义务教育阶段学校范围经济规律，并在学校组织方式、学校规模、学科发展等方面提出了相应的政策建议。希门尼斯（Jimenez，1986）与卡兰、桑特（Callan，Santerre，1990）均将中小学视为一种多产出组织，运用超对数成本函数的方法对坡利维亚、巴拉圭与美国中学和小学联合生产中的范围经济问题进行了研究。研究结果发现，中学和小学联合生产并没有成本互补性，没有产生范围经济的结果，但斯梅特和纳尼曼（Smet，Nonneman，1998）对美国弗拉芒学区中学办学过程中范围经济问题的研究表明存在范围经济现象。研究将这些样本学校分成 3 个类型的学校和 7 个学习领域。范围经济的计算结果显示，专业化的学校体系（每所学校提供单一学习领域的产出）会比多产出的学校体系（每所学校都涉猎 7 个学习领域的产出）要花费两倍以上的成本。国内学者尽管近年来针对高等教育阶段学校范围经济的研究较多，对义务教育阶段学校规模经济研究也日益增多，但到目前为止针对义务教育阶段学校范围经济研究基本没有。

第二节 义务教育学校范围经济理论研究

一、范围经济内涵

范围经济这个概念是由潘扎尔（Panzar）和威利格（Willig）提出的。范围经济是指单个企业联合生产两种或两种以上的产品时，其成本要比将它们分别放在不同的企业生产要节省。这种生产方式也被称为联合生产。平新乔（2001）认为当一个企业以同一种资源（或同样的资源量）生产一种以上的产品时，由于生产活动纬度的增加（即生产范围在横向上的扩展）所带来的效益增进（或利润上升，或成本节省），叫作范围经济。范围经济可以使单个企业以相同的资源生产的两种产品比两个单独的企业生产出的产品更多。假定只有一种投入要素 x，投到两个企业中的投入量为 x_1、x_2，用生产函数形式表达如下。

$$f(x) > f(x_1) + f(x_2)$$

其中 $x = x_1 + x_2$，如果 $f(x) < f(x_1) + f(x_2)$，则存在范围不经济，如果 $f(x) > f(x_1) + f(x_2)$，则存在范围经济。

尽管范围经济的概念存在一些分歧，但学术界对范围经济的内涵已基本达成共识，也就是说，范围经济是同所谓的多产出组织（Multi-product Organization）紧密连接在一起的，多产出一定是存在同时生产两种或两种以上的产品，从事这种生产的组织被称作多产出组织。我们可以看出范围经济的基本特点：第一，企业必须生产经营两种或两种以上的产品；第二，产品的单位成本由此而降低。

二、义务教育学校范围经济特征分析

范围经济理论最初是应用于银行业、交通运输业、电信业、石油业、卡车制造业和汽车制造业、铁路运输、航空业以及医疗服务行业等具有多产出组织特征的众多行业里，直到 1989 年，美国学者科恩（Cohn）等人将高等教育机构定义为一种多产出的组织，指出高等教育机构是从事多产出生产活动的组织。它的产出主要包括两大类——教学产出、科研产出，而其中的教学产出又被划分为两种——本专科产出和研究生产出。因此，大学、学院等高等教育机构是一种典型的多产出组织。我们有必要对高等教育中的范围经济进行分析和研究。大学产出的混合性使得我们有可能在不增加投入的情况下，仅仅通过改变大学里（以及大学之间）资源的现有分配方式而降低成本。

高等教育机构作为一种多产出组织，通过对范围经济理论的研究可以提高高校内部效率，充分运用现有资源。那么，义务教育阶段学校可否用范围经济去衡量呢？我们可以看一看义务教育阶段学校可否定义为多产出组织。本研究前面已经阐述了多产出一定是同时生产两种或两种以上的产品，从事这种生产

的组织被称作多产出组织，同高等教育阶段学校一样，义务教育阶段学校的产出也可以分为教学产出和科研产出。

首先，义务教育阶段学校教学可以分为对学生的培养以及对教师的培养，对学生的培养又可以分为小学生培养以及初中生培养，对教师的培养包括校本教师培训项目以及教师发展学校项目等。目前世界各国兴起的教师发展学校项目改变了以往中小学教师进大学培训的单一学习方式，建立了大学与中小学之间的教师合作培养模式。该模式将中小学作为教师教育的重要基地，致力于探索教师培养新途径，有效地促进了中小学教师的专业发展。其次，当前，世界各国都在提倡义务教育阶段学校教师开展教育教学研究，尤其是随着教育行动研究等一批适合中小学教师的教育研究方法的推广和普及，教育教学科研活动已经成为义务教育阶段学校的重要工作内容。义务教育阶段学校科研产出的主要表现形式是教师教育教学研究成果，包括课题研究报告、研究论文、著作、学习资料汇编、精品课程、教案等。

从另一角度讲，范围经济理论指出联合生产比分别在两个企业生产能够节省成本，就义务教育阶段学校而言，学校可以在小学生、初中生和教师联合培养以及教学、科研联合生产活动中更有效地对学校的各项资源进行整合、共享和匹配，节省办学成本。因此，义务教育学校范围经济可以定义为：义务教育学校由于产出范围的扩大，如小学生和初中生联合培养、学生和教师联合培养以及教学和科研联合生产活动等，使得联合生产费用低于各项单独产出活动的费用之和，进而带来总办学成本的降低以及办学效益的增进。

义务教育阶段学校是一种多产出组织，其办学过程中存在的范围经济特性可以带来如下好处。

第一，节约教育成本优势。义务教育阶段学校中，小学生和初中生教育培养过程是相互联系的，联合培养可以分摊教室、图书、仪器等固定成本，降低公用经费、人员经费等变动成本，从而节约生均培养成本。教师发展学校、校本培训等教师教育新途径使得学生培养和教师培养过程联系更加紧密，教师和学生的联合培养也有助于分摊学校固定成本和变动成本，从而降低教师教育成本。教师进行科研对于教学来说是一种无成本的副产品，因为研究使教师能够跟随学科发展的最新变化更新教学内容，提高教学质量。教学工作能使教师对一门学科的基本原理和学科结构把握得更为清楚与准确，这对于研究来说也是一项没有成本的投入。

第二，教育产品差异化优势。义务教育阶段学校提供的小学生培养和初中生培养、学生培养和教师培养、教学和科研等多种教育产品在需求上也是相互联系的，这些教育产品联合生产后，一所义务教育阶段学校可以同时满足不同教育需求者对于教育的多样化、个性化、差别化的需求，可以利用需求上的互补性而提高办学效益。

第三，生产技术或生产过程的公共性优势。义务教育阶段学校的小学生培养和初中生培养过程中具有许多相同的教育教学技术和规律。义务教育阶段学校中的学生培养和教师培养也共享着一些相同的教育技术和规律。义务教育阶段学校中行动研究等研究方法的兴起，使得教育教学过程和研究过程紧密联系，教师开展教育教学研究的许多技术和方法也被广泛应用于教师教育教学过程。上述义务教育阶段学校各项工作生产技术或生产过程的公共性优势，使得学校各项工作的生产过程能够互相促进，节约各项工作生产技术的研发成本，提高办学效益。

第三节　义务教育阶段学校范围经济实证研究

一、不考虑产出质量时义务教育阶段学校范围经济实证分析

(一) 理论模型的选择和学校范围经济的处理技术

我们借鉴科恩、侯龙龙等人对高等教育范围经济的研究路径，假定义务教育阶段学校生产符合下面的二次成本函数。

$$TC = a_0 + \sum_{i=1}^{k} a_i Q_i + \frac{1}{2} \sum_{i=1}^{k} \sum_{j=1}^{k} b_{ij} Q_{ij} + c_1 FS + c_2 \sum_{i=1}^{k} Q_i FS + dCSIZE + V \quad (1)$$

其中，TC 表示生产 k 种产出的总成本，本研究中是指九年一贯制学校事业经费支出。a_0 是常数项，a_i 和 b_{ij} 是产出变量的系数。Q_i 是第 i 种产出的量。在本研究中，我们分别用 Q_p、Q_m 代表小学生产出、初中生产出，具体的量度将

在下文讨论。FS 是教职工平均工资，$CSIZE$ 是生师比。V 是随机误差项。

TC（Q_p，Q_m）是生产 Q_p 单位的小学生产出和 Q_m 单位的初中生产出的总成本；TC（Q_p，0）是当初中生产出为零时的总成本，TC（0，Q_m）是当小学生产出为零时的总成本。总体范围经济表示如下。

$$GE = \frac{TC(Q_p,\ 0) + TC(0,\ Q_m) - TC(Q_p,\ Q_m)}{TC(Q_p,\ Q_m)} \tag{2}$$

如果 $GE>0$ 则存在总体的范围经济，如果 $GE<0$ 则存在总体范围不经济。

（二）数据描述

本研究所采用的数据来自世界银行贷款、英国政府双边赠款的西部地区基础教育发展项目（以下简称"西发"项目）的影响力评价课题的基线调查，这是对甘肃、宁夏、四川、云南、广西实施"西发"项目状况的一个较为详细的摸底调查。本研究使用该课题基线调查的部分数据，采用问卷调查法和标准化的考试法来收集研究需要的数据。设计和使用的调查工具有学校基本情况调查表、学生及家庭基本情况调查表、教师基本情况调查表。针对学生的语言和数学技能所进行的考试，其测量工具是由相关的教学专家和教育与发展心理学专家共同编制的，并经过信度、效度检验。课题组于 2006 年对义务教育阶段抽样学校的小学 4 年级和初一年级的学生进行了调查，为了对这批学生进行追踪调查，课题组又于 2008 年对 2006 年调查的义务教育阶段学校初一年级和初三年级学生进行了调查。由于本研究的学校只能为九年一贯制学校，为了扩大九年一贯制学校样本数，本研究将 2006 年和 2008 年的九年一贯制学校样本进行了合并，最终形成了 48 所九年一贯制学校研究样本。

将我国义务教育看作生产两种产出的组织：初中学生数（Q_m）、小学学生数（Q_p）。二次成本函数模型中我们把教职工平均工资作为投入要素价格的量度，因为教职工工资构成了义务教育生产成本中一个很大的比重，特别是在投入要素成本中比重很大，所以，在模型里加入了教职工平均工资（FS）。生师比也是影响总成本的重要变量，故在模型中加入了这一变量（$CSIZE$）。模型中的变量统计描述见表 12-1。

表 12-1 变量统计描述

变量名	变量描述	均值（$N=48$）	标准差
TC	总成本（单位：千元）	3226.88	3039.21
Q_p	小学生人数（单位：人）	1122.92	1221.76
Q_p^2	小学生人数的平方	272254.75	7581864.23
Q_m	初中生人数（单位：人）	907.54	583.15
Q_m^2	初中生人数的平方	1156612.70	1549749.18
$CSIZE$	生师比	27.52	13.42
FS	教职工的平均工资（单位：元）	15.40	10.28
$Q_p * Q_m$	小学生人数与初中生人数交互项	1064107.00	1554330.73

（三）二次成本函数计量模型选择

本研究根据选择不同的自变量，建立 5 个成本函数计量模型，具体的回归和分析结果见表 12-2。所有的回归模型均通过了统计显著性水平检验。从下表的估计结果可以看出，部分模型中小学生产出与初中生产出的乘积项系数为负，说明小学生产出与初中生产出有"弱成本互补性"。

表 12-2 二次成本函数模型回归结果

自变量	模型 1	模型 2	模型 3	模型 4	模型 5
常数项	1784.29*	467.18	-1006.75	-1642.81	-5.14
Q_p	1.74*	1.87*	1.36*	2.95***	1.29**
Q_p^2	0.0001	0.0001	0.0001*	0.0002***	0.0001
Q_m	0.42	1.07	0.98	0.70	0.42
Q_m^2	0.0004	0.0004	0.0003	-0.00005	0.0003
$Q_p * Q_m$	-0.0002	-0.00007	0.0002	-0.0003	0.00008
$CSIZE$	-51.28**	6.35	9.67	3.61	-33.7**
$Q_p * CSIZE$		-0.01	-0.01	-0.03*	
$Q_m * CSIZE$		-0.03	-0.02	0.01	
FS			109.55***	131.84***	110.97***
$Q_p * FS$				-0.05**	

续表

自变量	模型 1	模型 2	模型 3	模型 4	模型 5
$Q_m * FS$				0.03	
调整后 R^2	0.77	0.77	0.92	0.92	0.91
模型整体显著性水平	0.00	0.00	0.00	0.00	0.00

注: * 表示在 0.1 水平显著, ** 表示在 0.05 水平显著, *** 表示在 0.01 水平显著。

模型 5 中, 调整后 R^2 为 0.91, 表明模型拟合度很好, Q_p 共线检验 VIF 值超过 20, Q_m、Q_p^2、$Q_p * Q_m$ 共线检验 VIF 值均略高于 10, 其他自变量共线检验 VIF 值均低于 10。共线性检验结果显示模型 2、模型 3、模型 4 中自变量共线性问题比较严重, 模型 1 尽管自变量共线性问题不严重, 但其模型拟合度明显低于模型 5。综合以上分析, 我们决定最后采用成本估计模型 5, 下面有关范围经济的计算都是基于模型 5 来操作的。

$$TC = -5.14 + 0.42Q_m + 1.29Q_p + 0.0003Q_m^2 + 0.0001Q_p^2 + 0.00008Q_p * Q_m - 33.7CSIZE + 110.97FS + V$$

(四) 学校范围经济计算

为了说明具体的计算过程, 我们对均值水平上 (100%) 的总体范围经济进行计算, 根据总体范围经济的计算公式:

$$GE = \frac{TC(Q_p, 0) + TC(0, Q_m) - TC(Q_p, Q_m)}{TC(Q_p, Q_m)}$$

$TC(Q_p, 0) = -5.14 + 1.29Q_p + 0.0001Q_p^2 - 33.7CSIZE + 110.97FS$

$\qquad = -5.14 + 1.29 * 1122.92 + 0.0001 * 272254.75 - 33.7 * 27.52 + 110.97 * 15.40$

$\qquad = 2252.17$ (千元)

$TC(0, Q_m) = -5.14 + 0.42Q_m + 0.0003Q_m^2 - 33.7CSIZE + 110.97FS$

$\qquad = 1504.52$ (千元)

均值处的 $TC(Q_p, Q_m) = -5.14 + 0.42Q_m + 1.29Q_p + 0.0003Q_m^2 + 0.0001Q_p^2 + 0.00008Q_p * Q_m - 33.7CSIZE + 110.97FS$

$\qquad = 3061.84$ (千元)

所以，均值处的总体范围经济表示如下。

$GE = [TC (Q_p, 0) + TC (0, Q_m) - TC (Q_p, Q_m)] / TC (Q_p, Q_m)$

  $= (2252.17+1504.52-3061.84)/3061.84$

  $= 0.2269>0$

因此，均值处存在总体范围经济。

同理，可以计算不同均值产出的总体范围经济，具体结果见下表 12-3。

表 12-3 范围经济的估计值

均值产出的百分数	GE
10	0.8046
50	0.4189
100	0.2269
150	0.1305
200	0.0720
250	0.0326
300	0.0041
400	−0.0343
500	−0.0593

上表列出了总体范围经济的值。如前面所说，只要这些值大于 0，我们就认为存在范围经济，否则存在范围不经济。从表中可以得出以下结论。

一是在 2006 年、2008 年产出的平均水平上，总体的范围经济存在，可见，当时的产出水平，小学在校生规模在 1122.92 人，初中在校生规模在 907.54 人，较好地利用了范围经济。

二是对于各均值产出水平而言，总体范围经济并不总是存在。以均值产出 300%为中心，均值产出 300%水平以下，总体范围经济都存在，但范围经济程度随着均值产出的扩大而逐渐减小。均值产出 300%水平以上，总体范围经济都不存在，且范围不经济程度随着均值产出的扩大而递增。

综上所述，当小学在校生规模在 1122.92 人，初中在校生规模在 907.54 人，比上述规模扩大三倍以下的时候，义务教育应采用联合生产的方式，进行小学生、初中生联合的组织生产会更节省成本。

二、考虑产出质量时义务教育阶段学校范围经济实证分析

（一）为什么要考虑学生产出质量

首要的原因是质量对学校教育成本有重要的影响。从国外的研究文献来看，有关教育质量和成本的关系的研究很早就开始了，美国的巴格利（Bagley）报告估计了质量指标与成本的相关系数为 0.92。其次，读者也许注意到了，我们前面对于范围经济的考察，都是在不考虑教学质量的情况下进行的。那么，在考虑了质量因素以后，这些范围经济现象还存在吗？范围经济的情形还和从前一样吗？这一部分我们就准备回答上述问题。

如前所述，"西发"项目课题组于 2006 年、2008 年对义务教育阶段抽样学校的小学生和初中生进行了数学和语言技能的标准化测试。数学和语言技能的标准化测试成绩可以有效地衡量小学生和初中生的产出质量。因此，本研究选择学校小学生和初中生数学和语言技能的标准化测试平均成绩作为学校小学生和初中生产出质量的指标。衡量产出质量的变量统计描述见表 12-4。

表 12-4　产出质量变量统计描述

变量名	变量描述	均值（N=48）	标准差
mmath	学校初中生数学平均成绩	76.75	9.98
mlang	学校初中生语文平均成绩	49.81	9.06
pmath	学校小学生数学平均成绩	58.99	7.66
plang	学校小学生语文平均成绩	41.34	6.03

（二）考虑产出质量后的二次成本函数计量模型选择

本研究根据选择不同的反映学校小学生和初中生产出质量的自变量，建立 5 个成本函数计量模型，具体的回归和分析结果见表 12-5。所有的回归模型均通过了统计显著性水平检验。从下表的估计结果可以看出，考虑产出质量后，部分模型中小学生产出与初中生产出的乘积项系数为负，说明小学生产出与初中生产出仍有"弱成本互补性"。

表 12-5 考虑产出质量后的二次成本函数模型回归结果

自变量	模型 6	模型 7	模型 8	模型 9	模型 10
常数项	−1446.92	−1471.28	−2272.46	−1053.92	−747.19
Q_p	1.72*	2.13**	1.95**	1.3*	1.25*
Q_p^2	0.00009	0.00006	0.00006	0.00009	0.0001
Q_m	1.88	1.69	2.05	0.95	0.91
Q_m^2	−0.0003	−0.00008	−0.0003	0.00005	0.00006
$Q_p * Q_m$	−0.0003	−0.0004	−0.0003	0.00009	0.00007
CSIZE	−49.23**	−55.68***	−53**	−34.54**	−32.94**
FS				104.44***	104.70***
mmath	−42.34		−16.82	3.90	−15.80
pmath	101.88**		67.79	26.11	31.73
mlang		−42.52	−35.89	−26.19	
plang		114.23**	60	10.06	
调整后 R^2	0.79	0.79	0.79	0.91	0.91
模型整体显著性水平	0.00	0.00	0.00	0.00	0.00

注:* 表示在 0.1 水平显著,** 表示在 0.05 水平显著,*** 表示在 0.01 水平显著。

上述模型中,模型 9、模型 10 的拟合度明显高于模型 6、模型 7、模型 8。模型 9 和模型 10 的拟合度相同,但共线性检验结果显示模型 9 中自变量共线性问题较严重,且考虑到语文技能测试效果不是很理想,所以综合以上分析,我们决定最后采用成本估计模型 10,下面有关考虑产出质量后范围经济的计算都是基于模型 10。

$$TC = -747.19 + 0.91 Q_m + 1.25 Q_p + 0.00006 Q_m^2 + 0.0001 Q_p^2 + 0.00007 Q_p * Q_m - 32.94 CSIZE + 104.70 FS - 15.80\ mmath + 31.73 pmath + V$$

(三) 考虑产出质量后的范围经济计算

为了说明具体的计算过程,我们对均值水平上(100%)的总体范围经济进行计算,根据前面所述总体范围经济的计算公式如下。

TC（Q_p, 0）

= $-747.19 +1.25 * 1122.92+0.0001 * 272254.75-32.94 * 27.52+104.70 * 15.40-15.80 * 76.75+31.73 * 58.99$

=2048.66（千元）

TC（0, Q_m）

= $-747.19+0.91Q_m+0.00006Q_m^2-32.94CSIZE+104.70FS-15.80\,mmath +31.73pmath$

=1513.04（千元）

均值处的 TC（Q_p, Q_m）

= $-747.19+0.91Q_m+1.25Q_{p+}0.00006Q_m^2+0.0001Q_p^2+0.00007\,Q_p * Q_m-32.94CSIZE+104.70FS-15.80\,mmath +31.73pmath$

=3018.41（千元）

所以，均值处的总体范围经济如下。

$GE =[TC（Q_p, 0）+ TC（0, Q_m）- TC（Q_p, Q_m）]／TC（Q_p, Q_m）$

=（2048.66+1513.04-3018.41）/3018.41

=0.1800

因此，当考虑产出质量后，均值处仍存在总体范围经济。

同理，可以计算考虑产出质量后不同均值产出的总体范围经济，具体结果见下表12-6。

表 12-6 考虑产出质量后范围经济估计值

均值产出的%	GE
10	0.7318
50	0.3344
100	0.1800
150	0.1012
200	0.0548
250	0.0222
300	-0.0025
400	-0.0388
500	-0.0649

　　上表列出了总体范围经济的值。如前面所说，只要这些值大于 0，我们就认为存在范围经济，否则存在范围不经济。我们可以从表中得出以下结论。

　　一是在考虑了学生产出质量因素后，在 2006 年、2008 年产出的平均水平上，总体的范围经济存在，可见，当时的产出水平，小学在校生规模在 1122.92 人，初中在校生规模在 907.54 人，较好地利用了范围经济，此时小学生和初中生联合生产是比完全独立生产要经济的一种生产方式。

　　二是在考虑了学生产出质量因素后，对于各均值产出水平而言，总体范围经济并不总是存在。以均值产出 300% 为中心，均值产出 300% 水平以下，总体范围经济都存在，但范围经济程度随着均值产出的扩大而逐渐减小。均值产出 300% 水平以上，总体范围经济都不存在，且范围不经济程度随着均值产出的扩大而递增。

第四节　研究结论与政策建议

一、主要结论与讨论

　　首先，以二次成本函数为基础估计出的成本模型，使用 2006 年和 2008 年的数据计算结果显示，小学在校生规模在 1122.92 人，初中在校生规模在 907.54 人，存在范围经济，义务教育如果采用联合生产的方式，同时进行小学生、初中生联合的组织生产会更节省成本。对于各均值产出水平而言，总体范围经济并不总是存在。以均值产出 300% 为中心，均值产出 300% 水平以下，总体范围经济都存在，但范围经济程度随着均值产出的扩大而逐渐减小。均值产出 300% 水平以上，总体范围经济都不存在，且范围不经济程度随着均值产出的扩大而递增。

　　其次，以二次成本函数为基础估计出的成本模型，使用 2006 年和 2008 年的数据计算结果显示，加入了学生产出的质量因素后，在 2006 年、2008 年产出的平均水平上，总体的范围经济存在。对于各均值产出水平而言，总体范围经济并不总是存在。以均值产出 300% 为中心，均值产出 300% 水平以下，总体范围经济都存在，但范围经济程度随着均值产出的扩大而逐渐减小。均值产出300%水平以上，总体范围经济都不存在，且范围不经济程度随着均值产出的扩大而递增。

再次，以二次成本模型进行回归估计，比较加入质量因素前后范围经济的估计值发现（见表12-7），以均值产出300%为中心，均值产出300%水平以下，加入质量因素前后总体范围经济都存在，但范围经济程度在加入质量后有所减小。均值产出300%水平以上，加入质量因素前后总体范围经济都不存在，且范围不经济程度在加入质量因素后有所扩大。

表 12-7 加入质量因素前后范围经济估计值比较

均值产出的%	加入质量前 GE	加入质量后 GE
10	0.8046	0.7318
50	0.4189	0.3344
100	0.2270	0.1800
150	0.1305	0.1012
200	0.0720	0.0548
250	0.0326	0.0222
300	0.0041	−0.0025
400	−0.0343	−0.0388
500	−0.0593	−0.0649

最后，希门尼斯（Jimenez，1986）与卡兰和桑特（Callan，Santerre，1990）均将中小学视为一种多产出组织，运用超对数成本函数的方法对玻利维亚、巴拉圭与美国小学和中学联合生产中的范围经济问题进行了研究，研究结果发现小学和中学联合生产并没有成本互补性，没有产生范围经济的结果。与国外研究结论不同，本研究发现我国西部小学和初中联合生产有成本互补性，产生了范围经济的结果。

二、相关政策建议

第一，范围经济结论与义务教育阶段学校生产组织方式的选择。义务教育阶段学校的生产可以根据产出不同有不同的组织方式，可以采用将小学生、初中生放在一起进行组织生产，被称为联合生产方式，也可以采用分别将小学生、初中生放在不同的教育机构中进行组织生产，被称为独立生产方式。我们的研究结论对于义务教育阶段学校的意义在于，从成本节省的角度看，若小学在校生规模在 3368.76 人以下（1122.92 人×300%），初中在校生规模在 2722.62 人以下（907.54 人×300%），小学和初中学校采取联合生产方式是较为经济的做法，此时，九年一贯制学校这种联合生产方式是义务教育阶段学校较经济、节省的生产组织方式。

第二，范围经济结论与义务教育阶段学校布局调整。近年来，全国县域内的义务教育阶段学校布局正在进行调整。调整的方向主要是在农村合并一些规模太小的学校、教育质量不高的薄弱学校。农村中小学合并不仅可以利用规模扩大带来的规模经济，而且可以利用因为小学和初中联合生产产出多样化带来的范围经济。以二次成本函数为基础估计出的成本模型，使用 2006 年和 2008 年的数据计算结果显示，小学在校生规模在 3368.76 人以下，初中在校生规模在 2722.62 人以下，小学和初中学校采取联合生产方式会产生范围经济。一般来说，农村中小学布局调整后的学校都不会超过上述规模，所以农村中小学布局调整会产生范围经济。当然，农村中小学布局调整在致力于提高教育资源使用效率的同时，也要兼顾部分学生可能会因此辍学以及教育成本增加等教育公平问题。

第三，范围经济结论与义务教育的经费分配政策。范围经济研究的结论对政府制定教育经费分配政策有重大的参考价值。在义务教育经费有限的条件下，提高已有资源的使用效率是十分重要的。政府在分配教育经费时，应当考虑在拨款过程中引入激励机制，引导义务教育阶段学校的资源使用向着有效率的方向改进。具体来说，政府可以鼓励符合范围经济条件的义务教育阶段学校向着小学生、初中生联合生产的方式转换，实现内涵式发展；对于义务教育阶段学校布局调整，也应当鼓励那些可以产生范围经济效果的合并发生。

参考文献

一、中文部分

安雪慧，2005. 教育期望、社会资本与贫困地区教育发展 ［J］. 教育与经济
（4）：31-35. 北京：北京大学.

财政部驻安徽专员办课题组，2007. 惠民政策成效初显 存在问题仍需完
善——对安徽省部分地区农村义务教育经费保障机制运行情况的调研报告
［J］. 财政监督（17）：75-77.

曹妍，2013. 大陆移民学生如何影响香港本地学生的学业成就？——基于 PISA
数据的同伴效应实证研究 ［J］. 教育与经济（4）：47-55.

成刚，2006. 我国高等教育范围经济的实证研究 ［J］. 经济科学（5）：99-109.

邓业涛，2005. 教师生产函数研究 ［D］. 北京：北京大学.

丁小浩，2000. 中国高等院校规模效益的实证研究 ［M］. 北京：教育科学出版
社.

丁延庆，薛海平，2009a. 从效率视角对我国基础教育阶段公办学校分层的审
视——基于对昆明市公办高中的教育生产函数研究 ［J］. 北京大学教育评论
（4）：35-49.

丁延庆，薛海平，2009b. 高中教育的一个生产函数研究 ［J］. 华中师范大学学
报（人文社会科学版）（2）：122-128.

杜育红，2004. 学校效率：研究的概念框架与计量方法的进展 ［J］. 教育与经
济（4）：29-33.

杜育红，刘笑飞，2007. 学校效率研究计量方法的新进展 ［J］. 东北师大学报
（哲学社会科学版）（4）：132-137.

范先佐，1999. 教育经济学 ［M］. 北京：人民教育出版社：260-261.

范先佐，付卫东，2011. 义务教育教师绩效工资改革：背景、成效、问题与对策——基于对中部4省32县（市）的调查 ［J］. 华中师范大学学报（人文社会科学版）（6）：128-137.

高如峰，2002. 义务教育公共投资水平和效益的国际比较 ［J］. 教育研究（6）：9-11.

顾海良，郭建青，顾海兵，1991. 简明帕氏新经济学辞典 ［M］. 北京：中国经济出版社：167.

顾明远，1997. 提高教师素质 提高教育质量 ［J］. 北京教育（6）：1.

国家教育发展研究中心，1992. 义务教育效益研究——未入学、辍学、留级现象剖析 ［M］. 北京：人民教育出版社：29-33.

国家教育发展研究中心，1995. 学习质量和基本标准 ［M］. 南宁：广西教育出版社：35-57.

郭彦霞，2006. 中国西部师生科学素质调查研究 ［J］. 大学教育科学（3）：63-68.

郭俊宏，薛海平，2009. 基于DEA方法的中小学教育资源配置效率评价分析 ［C］. 2009年中国教育经济学年会：12.

郭俊宏，薛海平，2011. 我国义务教育生产效率及其影响因素研究 ［J］. 教育发展研究（3）：19-23.

侯杰泰，温忠麟，成子娟，2004. 结构方程模型及其应用 ［M］. 北京：教育科学出版社：13-17，120-121.

侯龙龙，2004. 中国高等教育中的范围经济——以教育部直属院校为例的实证研究 ［D］. 北京：北京大学.

胡咏梅，杜育红，2008a. 中国西部农村初级中学教育生产函数的实证研究 ［J］. 教育与经济（3）：1-7.

胡咏梅，杜育红，2008b. 中国西部农村小学资源配置效率评估 ［J］. 教育与经济（1）：1-6.

胡咏梅，杜育红，2009a. 中国西部农村初级中学配置效率评估：基于DEA方法 ［J］. 教育学报（5）：108-114.

胡咏梅, 杜育红, 2009b. 中国西部农村小学教育生产函数的实证研究 [J]. 教育研究 (7)：58-67.

胡咏梅, 梁文艳, 2007a. 数据包络分析方法在学校教育生产效率评价中的应用 [J]. 辽宁师范大学学报 (社会科学版) (5)：60-63.

胡咏梅, 梁文艳, 2007b. 高校合并前后科研生产率动态变化的 Malmquist 指数分析 [J]. 清华大学教育研究 (1)：62-70.

胡咏梅, 卢珂, 2010. 教育资源投入对学生学业成绩的影响力评价——基于西部地区基础教育发展项目的研究 [J]. 教育学报 (6)：67-76.

蒋鸣和, 2000. 教育成本分析 [M]. 北京：高等教育出版社：15-23.

靳希斌, 2001. 教育经济学 [M]. 北京：人民教育出版社：175.

卡诺伊, 2000. 教育经济学国际百科全书 [M]. 闵维方, 等译. 北京：高等教育出版社：352-494.

莱宾斯坦, 1985. 微观经济学与 X 效率理论 [M]. 上海：上海译文出版社：134.

赖小琴, 2007. 广西少数民族地区高中学生科学素养研究 [D]. 重庆：西南大学.

雷浩, 刘衍玲, 田澜, 2012. 家庭环境、班级环境与高中生学业成绩的关系：学业勤奋度的中介作用 [J]. 上海教育科研 (4)：17-20.

李含荣, 1993. 对经济文化不发达地区基础教育投资效益的调查与思考 [J]. 教育研究 (5)：25-29.

李慧, 2000. 教育公平与教育效率关系再探 [J]. 教育与经济 (3)：21-23.

李丽, 2005. 基于 DEA 的高等教育投入产出效率研究 [D]. 大连：大连理工大学.

李玲, 陶蕾, 2015. 我国义务教育资源配置效率评价及分析——基于 DEA-Tobit 模型 [J]. 中国教育学刊 (4)：59-64.

李美娟, 陈国宏, 2003. 数据包络分析法 (DEA) 的研究与应用 [J]. 中国工程科学 (6)：88-94.

李琼, 倪玉菁, 2006. 教师变量对小学生数学学习成绩影响的多水平分析 [J]. 教师教育研究 (3)：74-80.

李小土，刘明兴，安雪慧，2008. 西部农村教育财政改革与人事权力结构变迁
[J]. 北京大学教育评论（4）：62-77.

李小土，刘明兴，安雪慧，2010. "以县为主"背景下的西部农村教育人事体
制和教师激励机制 [J]. 全球教育展望（5）：52-57.

梁文艳，杜育红，2009. 基于 DEA-Tobit 模型的中国西部农村小学效率研究
[J]. 北京大学教育评论（4）：22-34.

梁文艳，胡咏梅，2011. 西部农村初中效率的测算及影响因素分析——基于随
机前沿生产函数模型的研究 [J]. 教育与经济（4）：19-24.

梁芸芳，刘丽，2007. 农村中学教师职业倦怠现状研究 [J]. 教育理论与实践
（S2）：85-86.

梁文艳，彭静，2009. 高校扩招后工科院校研究生培养效率的评价 [J]. 广东
工业大学学报（社会科学版）（1）：30-35.

陆根书，刘蕾，孙静春，等，2005. 教育部直属高校科研效率评价研究 [J].
西安交通大学学报（社会科学版）（2）：75-79.

马晓强，彭文蓉，托马斯，2006. 学校效能的增值评价——对河北省保定市普
通高中学校的实证研究 [J]. 教育研究（10）：77-84.

曼昆，1999. 经济学原理 [M]. 北京：北京大学出版社：153.

宁本涛，2000. 调整结构　明晰产权——对我国教育资源配置效率与公平问题
的制度分析 [J]. 教育与经济（3）：1-5.

平新乔，2001. 微观经济学十八讲 [M]. 北京：北京大学出版社.

邱湘辽，2009. 我国房地产企业融资效率研究——基于房地产上市公司的实证
研究 [D]. 长沙：中南大学.

容中逵，2012. 教师绩效工资实施问题及其臻善——基于对浙江省的实地调研
[J]. 中国教育学刊（1）：38-41.

桑青松，黄卫明，2007. 农村中小学教师职业倦怠调查 [J]. 中国公共卫生
（10）：1260-1261.

沈能，刘凤朝，赵建强，2007. 中国地区工业技术效率差异及其变动趋势分析
[J]. 科研管理（4）：16-22.

孙志军，刘泽云，孙百才，2009. 家庭、学校与儿童的学习成绩——基于甘肃

省农村地区的研究 [J]. 北京师范大学学报 (社会科学版) (5)：103-115.

瓦格纳，2000. 师范教育的经济学 [M] //Martin Carnoy. 教育经济学国际百科全书 [M]. 2 版. 闵维方，等译. 北京：高等教育出版社：419.

汪茂华，罗星凯，2012. 影响八年级学生科学学业成绩的因素分析 [J]. 上海教育科研 (5)：49-51.

王善迈，1996. 教育投入与产出研究 [M]. 石家庄：河北教育出版社.

王昕雄，2008. 上海市寄宿制高级中学办学效益的研究 [J]. 北京大学教育评论 (2)：167-179.

魏权龄，1988. 评价相对有效性的 DEA 方法——运筹学的新领域 [M]. 北京：中国人民大学出版社：2, 11.

魏权龄，2004. 数据包络分析方法 [M]. 北京：中国人民大学出版社：35-36.

邬志辉，王海英，2008. 农村义务教育的战略转型：由数量关注走向质量关注 [J]. 教育理论与实践 (1)：31-34.

许丽英，袁桂林，2007. 教育效率——一个需要重新审视的概念 [J]. 教育理论与实践 (1)：18-20.

徐志勇，2011. 学校文化对学校效能影响的多元回归模型研究 [J]. 教育科学 (5)：29-35.

薛海平，2008. 西部农村初中教师素质与教育质量关系的实证研究 [J]. 教师教育研究 (4)：55-60.

薛海平，2010. 教育分权管理制度对农村中小学学生数学成绩影响实证研究 [J]. 教育科学 (4)：26-36.

薛海平，2013. 义务教育学校和家庭联合生产机制实证研究 [J]. 教育与经济 (6)：16-23.

薛海平，胡咏梅，2013. 我国义务教育学校范围经济研究 [J]. 现代教育管理 (12)：24-29.

薛海平，胡咏梅，段鹏阳，2011. 我国高中生科学素质测评研究 [J]. 中国教育学刊 (12)：54-57.

薛海平，闵维方，2008. 中国西部教育生产函数研究 [J]. 教育与经济 (2)：18-25.

薛海平，王蓉，2009. 我国义务教育公平研究——教育生产函数的视角 [J].
教育与经济 (3)：1-9.

薛海平，王蓉，2010. 教育生产函数与义务教育公平 [J]. 教育研究 (1)：
9-17.

薛海平，王蓉，2013. 教师绩效奖金对学生成绩影响研究 [J]. 中国教育学刊
(5)：34-38.

薛海平，王蓉，2016. 义务教育教师绩效奖金、教师激励与学生成绩 [J]. 教
育研究 (5)：21-33.

杨春良，郭小东，2004. 教育产品提供中的效率问题研究 [J]. 学术研究
(10)：103-107.

杨钋，2009. 同伴特征与初中学生成绩的多水平分析 [J]. 北京大学教育评论
(4)：50-64.

杨挺，2010. 教师绩效工资制度审视：人力资本的视角 [J]. 中国教育学刊
(7)：20-23.

约翰·希恩，1981. 教育经济学 [M]. 郑伊雍，译. 北京：教育科学出版社.

张建华，2000. 苏南农村中学生的科学素质调查与分析 [J]. 生物学杂志 (5)：
37-38.

张雷，雷雳，郭伯良，2003. 多层线性模型应用 [M]. 北京：教育科学出版社：
122-126.

张宁，胡鞍钢，2006. 应用 DEA 方法评测中国各地区健康生产效率 [J]. 经济
研究 (7)：92-105.

赵宏斌，惠祥凤，傅乘波，2011. 我国义务教育教师绩效工资实施的现状研
究——基于对 25 个省 77 个县 279 所学校的调查 [J]. 教育理论与实践
(10)：24-27.

赵琦，2015. 基于 DEA 的义务教育资源配置效率实证研究——以东部某市小学
为例 [J]. 教育研究 (3)：84-90.

郑磊，朱志勇，王思檬，2015. 择校是否会影响学生的个人成长——基于同伴
视角的个案研究 [J]. 教育学术月刊 (6)：34-43.

周元武，周守珍，尹以森，1999. 中小学校规模设置与投资效益 [M]. 北京：

科学出版社：30-41.

二、英文部分

ABBOTT M, DOUCOULIAGOS C, 2001. Total factor productivity and efficiency in Australian colleges of advanced education [J]. Journal of educational administration, 39 (4): 384-393.

ABBOTT M, DOUCOULIAGOS C, 2003. The efficiency of Australian universities: a data envelopment analysis [J]. Economics of education review, 22 (1): 89-97.

AKERHIELM K, 1995. Does Class Size Matter? [J]. Economics of education review, 14 (3): 229-241.

ALTONJI J G, DUNN T A, 1996. Using siblings to estimate the effect of school quality on wages [J]. The review of economics and statistics, 78 (4): 665-671.

AMATO P R, 2000. The consequences of divorce for adults and children [J]. Journal of marriage and family, 62 (4): 1269-1287.

ANDERSON L, WALBERG H J, WEINSTEIN T, 1998. Efficiency and effectiveness analysis of Chicago public elementary schools: 1989, 1991, 1993 [J]. Educational administration quarterly, 34 (4): 484-504.

ANGRIST J D, LANG K, 2002. How important are classroom peer effects? Evidence from Boston's METCO program [R]. Massachusetts: NBER Working Paper, NO. 9263.

ANGRIST J D, LANG K, 2004. Does school integration generate peer effects? Evidence from Boston's METCO program [J]. American economic review, 94 (5): 1613-1634.

ANGRIST J D, LAVY V, 1999. Using maimonides' rule to estimate the effect of class size on scholastic achievement [J]. Quarterly journal of economics, 114 (2): 533-575.

ANGRIST J D, LAVY V, 2001. Does teacher training affect pupil learning? Evidence from matched comparisons in jerusalem public schools [J]. Journal of labor economics, 19 (2): 343-369.

ARCIDIACONO P, NICHOLSON S, 2002. Peer effects in medical school [J]. Journal of public economics, 89 (2): 327-350.

ARUM R, 1996. Do private schools force public schools to compete? [J]. American sociological review, 61 (1): 29-46.

ATKINSON A, BURGESS S, CROXSON B, et al., 2009. Evaluating the impact of performance-related pay for teachers in England [J]. Labour economics, 16 (3): 251-261.

AVKIRAN N K, 2001. Investigating technical and scale efficiencies of Australian U-niversities through data envelopment analysis [J]. Socio-Economic planning sci-ences, 35 (1): 57-80.

BARRO R J, LEE J W, 1996. International measures of schooling years and schooling quality [J]. American economic review, 86 (2): 218-223.

BARROW L, ROUSE C E, 2000. Using market valuation to assess the importance and efficiency of public school spending [J]. Social science electronic publishing, 1 (1): 52-74.

BARROW M M, 1991. Measuring local education authority performance: a frontier approach [J]. Economics of education review, 10 (1): 19-27.

BARTOLOME C A M D, 1990. Equilibrium and inefficiency in a community model with peer group effects [J]. Journal of political economy, 98 (1): 110-133.

BATTISTICH V, SOLOMON D, KIM D I, et al., 1995. Schools as communities, poverty levels of student populations, and students' attitudes, motives, and per-formance: a multilevel analysis [J]. American educational research journal, 32 (3): 627-658.

BAYER P, MCMILLAN R, 2005. Choice and competition in local education markets [R]. Massachusetts: NBER Working Paper, NO. 11802.

BEHRMAN J R, BIRDSALL N, 1983. The quality of schooling: Quantity alone is misleading [J]. American economic review, 73 (5): 928-946.

BEHRMAN J R, TAUBMAN R P, 1996. College choice and wages: estimates using data on female twins [J]. The review of economics and statistics, 78 (4): 672-685.

BELFIELD, CLIVE R, LEVIN, HENRY M, 2002. The effects of competition on educational outcomes: a review of US evidence occasional paper [J]. Competition, 10 (14): 703-716.

BELL J F, GOLDSTEIN H, 1988. Multilevel models in educational and social research [J]. The statistician, 37 (4-5): 478.

BELMONT L, MAROLLA F A, 1973. Birth order family size and intelligence [J]. Science, 182 (4133): 1096-1101.

BENABOU R, 1993. Heterogeneity, stratification and growth [J]. American economic review, 86 (3): 584-609.

BENSON C S, 1979. Household production of human capital: time uses of parents and children as inputs [J]. Academic achievement, 5 (1): 49.

BESSENT A M, BESSENT E W, CHARNES A, et al. , 1983. Evaluation of educational program proposals by means of DEA [J]. Educational administration quarterly, 19 (2): 82-107.

BETTS J R, 1995. Does school quality matter? Evidence from the national longitudinal survey of youth [J]. The review of economics and statistics, 77 (2): 231-250.

BETTS J R, 1998. The impact of educational standards on the level and distribution of earnings [J]. American economic review, 88 (1): 266-275.

BETTS J R, ZAU A C, RICE L A, 2003. Determinants of student achievement: new evidences from San Diego [M]. San Francisco: Public Policy Institute of California.

BISHOP J H, 1997. The Effect of national standards and curriculum-based exams on achievement [J]. American economic review, 87 (2): 260-264.

BISHOP J H, 2006. Drinking from the fountain of knowledge: student incentive to study and learn - externalities, information problems and peer pressure [J]. Handbook of the economics of education, 2 (6): 909-944.

BISHOP J H, WOESSMANN L, 2004. Institutional effects in a simple model of educational production [J].Education economics, 12 (1): 17-38.

BLAIR J P, STALEY S, 1995. Quality competition and public schools: further evidence [J]. Economics of education review, 14 (2): 193-198.

BLAKE J, 1989. Family size and achievement [M]. Berkeley: University of California Press.

BLATCHFORD P, GOLDSTEIN H, MARTIN C, et al., 2002. A study of class size effects in English school reception year classes [J]. British educational research journal, 28 (2): 169-185.

BLATCHFORD P, MORTIMORE P, 1994. The issue of class size for young children in schools: what can we learn from research? [J]. Oxford review of education, 20 (4): 411-428.

BLAU D M, 1999. The effect of income on child development [J]. The review of economics and statistics, 81 (2): 261-276

BLOWL, GOODMAN A, KAPLAN G, et al., 2005. How important is income in determining children's outcome? A methodology review of econometric approaches [EB/OL]. [2005-12-20]. citeseerx. ist. psu. edu/viewdoc/summary? doi = 10. 1. 1. 543. 5025.

BOOZER M A, CACCIOLA S E, 2001. Inside the "black box" of project STAR: estimation of peer effects using experimental data [J]. Social science electronic publishing, 92 (1): 349-353.

BORLAND M V, HOWSEN R M, 1993. On the determination of the critical level of market concentration in education [J]. Economics of education review, 12 (2): 165-169.

BORLAND M V, HOWSEN R M, 1996. Competition, expenditures and student performance in mathematics: a comment on couch et al [J]. Public choice, 87 (3-4): 395-400.

BOYD D J, GROSSMAN P, LANKFORD H, et al. , 2006. Complex by design: investigating pathways into teaching in New York City schools [J]. Journal of teacher education, 57 (2): 155-166.

BRADLEY S, JOHNES G, MILLINGTON J, 2001. The effect of competition on the efficiency of secondary schools in England [J]. European journal of operational research, 135 (3): 545-568.

BRESSOUX P, 1996. The effect of teachers "Training of Pupils" achievement: the case of elementary schools in France [J]. School effectiveness and school improvement, 7 (3): 252-279.

BRIANA H M, WILLIAMS R L, 2008. The effects of student choices on academic performance [J]. Journal of positive behavior interventions, 11 (2): 110-128.

BROH B A, 2002. Linking extracurricular programming to academic achievement: who benefits and why? [J]. Sociology of education, 75 (1): 69-95.

BROOKS-GUNN J, DUNCAN G J, KLEBANOV P K, et al., 1993. Do neighborhoods influence child and adolescent development? [J]. American journal of sociology, 99 (2): 353-395.

BROOKS-GUNN J, KLEBANOV P K, DUNCAN G J, 1996. Ethnic differences in children's intelligence test scores: role of economic deprivation, home environment, and maternal characteristics [J]. Child development, 67 (2): 396 -408.

BROWN R, EVANS W P, 2002. Extracurricular activity and ethnicity: creating greater school connection among diverse student populations [J]. Urban education, 37 (1): 41-58.

BURTLESS G, 1998. Does money matter? The effect of school resources on student achievement and adult success [J]. Economics of education review, 17 (2): 295.

CALDAS S J, BANKSTON C, 1997. Effect of school population socioeconomic status on individual academic achievement [J]. Journal of educational research, 90 (5): 269-277.

CALLAN S J, SANTERRE R E, 1990. The production characteristics of local public education: a multiple product and input analysis [J]. Southern economic journal,

57 (2): 468-480.

CARBONARO W, 2005. Tracking, students'effort, and academic achievement [J]. Sociology of education, 78 (1): 27-49.

CARLSON D, 2011. Trends and innovations in public policy analysis [J]. Policy studies journal, 39 (9): 13-26.

CARMAN K G, ZHANG L, 2012. Classroom peer effects and academic achievement: evidence from a Chinese middle school [J]. China economic review, 23 (2): 223-237.

CARNEIRO P, HECKMAN J, 2002. The evidence on credit constraints in post-secondary schooling [J]. Economic journal, 112 (482): 705-734.

CARNOY M, LOEB S, 2002. Does external accountability affect student outcomes? A cross-state analysis [J]. Educational evaluation and policy analysis, 24 (4): 305-331.

CARNOY M, NGWARE M, OKETCH M, 2015. The role of classroom resources and national educational context in student learning gains: comparing Botswana, Kenya, and South Africa [J]. Comparative education review, 59 (2): 199-233.

CAROLL J B, 1963. A model of school learning [J]. Teachers college record, 64 (8): 723-733.

CHALOS P, CHERIAN J, 1995. An application of data envelopment analysis to public sector performance measurement and accountability [J]. Journal of accounting and public policy, 14 (2): 143-160.

CHARNES A, COOPER W, RHODES E, 1978. Measuring the efficiency of decision making units [J]. European journal of operational research, 2 (6): 429-444.

CHEN, JUN-LIJ, 2008. Grade-level differences relations of parental, teacher and peer support to academic engagement and achievement among Hong Kong students [J]. School psychology international, 29 (2): 183-198.

CHILDS T S, SHAKESHAFT C, 1986. A meta-analysis of research on the relationship between educational expenditures and student achievement [J]. Journal of education finance, 12 (2): 249-263.

CLOTFELTER, LADD H F, VIGDOR J L, 2006. Teacher-student matching and the assessment of teacher effectiveness [J]. Journal of human resources, 41 (4): 778-820.

COELLI T J, RAO D S P, O'DONNELL C J, et al., 1998. An introduction to efficiency and productivity analysis [M]. Boston: Kluwer Academic Publishers: 197-234.

COHEN D F, HILL H C, 2000. Instructional Policy and Classroom Performance: the mathematics reform in California [J]. Teachers college record, 102 (2): 294.

COHEN D F, RHINE S L, SANTOS M C, 1989. Institutions of higher education as multi-product firms: economies of scale and scope [J]. The review of economics and statistics, 71 (2): 284-290.

COLBERT A, LEVARY R R, SHANER M C, 2000. Determining the relative efficiency of MBA programs using DEA [J]. European journal of operational research, 125 (3): 656-669.

COLEMAN J S, 1966. Equality of educational opportunity [M]. Washington, D. C.: U. S. Department of Health, Education, and Welfare - Office of Education: 213-237.

COLEMAN J S, CAMPBELL E Q, HOBSON C J, 1966. Equality of opportunity [M]. Washington, D. C.: U. S. Government Printing Office: 167-178.

COOPER S T, COHN E, 1997. Estimation of a frontier production function for the South Carolina educational process [J]. Economics of education review, 16 (3): 313-327.

COSTRELL, ROBERT M, 1994. A simple model of educational standards [J]. American economic review, 84 (4): 956-971.

COUCH J F, SHUGHART W F, WILLIAMS A, 1993. Private school enrollment and public school performance [J]. Public choice, 76 (4): 301-312.

COURGEAU D, GOLDSTEIN H, 1997. Multilevel statistical models [J]. Population (French edition), 52 (4): 1043.

CREEMERS B P M, 1994. The effective classroom [M]. London Cassell.

CREEMERS B P M, REEZIGT G J, 1996. School level conditions affecting the effectiveness of instruction [J]. School effectiveness and school improvement, 7 (3): 197-228.

CROSNOE R L, JOHNSON M K, Elder G H, 2004. Intergenerational bonding in school: the behavioral and contextual correlates of student-teacher relationships [J]. Sociology of education, 77 (1): 60-81.

CULLEN J B, JACOB B, LEVITT S D, 2005. The impact of school choice on student outcomes: an analysis of the Chicago public schools [J]. Journal of public economics, 89 (5-6): 729-760.

CULLEN J B, JACOB B, LEVITT S D, 2006. The effect of school choice on participants: evidence from randomized lotteries [J]. Econometrica, 74 (5): 1191-1230.

CURRIE J, NEIDELL M, 2007. Getting inside the "Black Box" of head start quality: What matters and what doesn't? [J]. Economics of education review, 26 (2): 83-99.

DAHL G, LOCHNER L, 2005. The impact of family income on child achievement [R]. Massachusetts: NBER Working Paper, No. 11279.

DATCHER-LOURY L, 1988. Effects of mother's home time on children's schooling [J]. The review of economics and statistics, 70 (3): 367-373.

DEARDEN L, FERRI J, MEGHIR C, 2002. The effect of school quality on educational attainment and wages [J]. The review of economics and statistics, 84 (1): 1-20.

DECKER P T, GLAZERMAN S, MAYER D P, 2004. The effects of teach for America on students: findings from a national evaluation [M]. Madison: Institute for Research on Poverty: 198-201.

DEE T S, 2004. Teachers, race and student achievement in a randomized experiment

［J］. The review of economics and statistics, 86（1）: 195-210.

DEE T S, KEYS B J, 2004. Does merit pay reward good teachers? Evidence from a randomized experiment［J］. Journal of policy analysis and management, 23（3）: 34.

DES, 1983. School standards and spending: statistical analysis［R］. London: Department of Education and Science: 178-197, 234-241.

DEWEY J, HUSTED T A, KENNY L W, 2000. The ineffectiveness of school inputs: a product of misspecification?［J］. Economics of education review, 19（1）: 27-45.

DILDY P, 1982. Improving student achievement by appropriate teacher in-service training: utilizing program for effective teaching（PET）［J］. Education, 103（2）: 132-138.

DING W L, LEHRER S F, 2007. Do peers affect student achievement in China's secondary school?［J］.The review of economics and statistics, 89（2）: 300-312.

DUNCAN G J, BOISJOLY J, HARRIS K M, 2001. Sibling, peer, neighbor, and schoolmate correlations as indicators of the importance of context for adolescent development［J］. Demography, 38（3）: 437-447.

DUNCAN G J, BROOKS-GUNN J, 1999. Consequences of growing up poor［J］. Journal of marriage and family, 61（1）: 258-259.

DUNCAN G J, BROOKS-GUNN J, KLEBANOV P K, 1994. Economic development and early childhood development［J］. Child development, 65（2）: 296-318.

DUNCAN G J, YEUNG W J, BROOKS-GUNN J, et al., 1998. How much does childhood poverty affect the life chances of children?［J］. American sociological review, 63（3）: 406-423.

DUPPER D R, MEYER-ADAMS N, 2002. Low-level violence: a neglected aspect of school culture［J］. Urban education, 37（3）: 350-364.

EBERTS R, HOLLENBECK K, STONE J, 2002. Teacher performance incentives and student outcomes［J］. The journal of human resources, 37（4）: 913-927.

EDMONDS R, 1979. Effective schools for the urban poor［J］. Educational leadership, 37 (1): 15-24.

EHRENBERG R G, BREWER D J, 1994. Do school and teacher characteristics matter? Evidence from high school and beyond [J]. Economics of education review, 13 (1): 1-17.

EIDE E, SHOWALTER M, 1999. Factors affecting the transmission of earnings across generations: a quintile regression approach [J]. Journal of human resources, 34 (2): 253-267.

EPPLE D N, ROMANO R E, 1998. Competition between private and public schools, vouchers, and peer-Group effects [J]. American economic review, 88 (1): 33-62.

EPPLE D N, ROMANO R E, 2003. Neighborhood schools, choice, and the distribution of educational benefits [M]. Cambridge: National Bureau of Economic Research.

ERMISCH J, FRANCESCONI M, PEVALIN D J, 2002. Childhood parental behaviour and young people's outcomes [M]. Colchester: Institute for Social and Economic Research, 324-342.

EVERS W M, WALBERG H J, 2002. School Accountability [M]. Stanford: Hoover Institution Press.

FARE R, GROSSKOPF S, LOGAN J, 1985. The relative performance of publicly-owned and privately-owned electric utilities [J]. Journal of public economics, 26 (1): 89-106.

FARE R, GROSSKOPF S, NORRIS M, et al., 1994. Productivity growth, technical progress, and efficiency change in industrialized countries [J]. American economic review, 84 (1): 66-83.

FERGUSON R, 1991. Paying for public education: new evidence on how and why money matters [J]. Harvard journal on legislation, 28: 465-498.

FIGLIO D N, 1997a. Did the "tax revolt" reduce school performance? [J]. Journal of public economics, 65 (3): 245-269.

FIGLIO D N, 1997b. Teacher salaries and teacher quality [J]. Economics letters,

55 (2): 267-271.

FIGLIO D N, 1999. Functional form and the estimated effects of school resources [J]. Economics of education review, 18 (2): 241-252.

FIGLIO D N, KENNY L W, 2007. Individual teacher incentives and student performance [J]. Journal of public economics, 91 (6): 901-914.

FIGLIO D N, LUCAS M E, 2004. Do high grading standards affect student performance? [J]. Journal of public economics, 88 (9-10): 1815-1834.

FORTIER M S, VALLERAND R J, GUAY F, 1995. Academic motivation and school performance: toward a structural model [J]. Contemporary educational psychology, 20 (3): 257-274.

FUCHS T, WOESSMANN L, 2004. The determinants of differences in primary – school learning across countries [R]. Munich: IFO Institute for Economic Research.

FUCHS T, WOESSMANN L, 2007. What accounts for international differences in student performance? A re-examination using PISA data [J]. Empirical economics, 32 (2-3): 433-464.

GANLEY J A, CUBBIN J S, 1993. Public sector efficiency measurement applications of data envelopment analysis [J]. European journal of operational research, 69 (1): 141.

GAVIRIA A, RAPHAEL S, 2001. School-based peer effects and juvenile behavior [J]. The review of economics and statistics, 83 (2): 257-268.

GELLER C R, 2003. The effect of private school competition on public school performance in Georgia [J]. Public finance review, 34 (1): 4-32.

GLASS G V, SMITH M L, 1979. Meta-analysis of research on class size and achievement [J]. Educational Evaluation and Policy Analysis, 1 (1): 2-16.

GLEWWE P, ILIAS N, KREMER M, 2003. Teacher incentives [J]. Economic policy (9): 21-37.

GOLDBERG M D, 1994. A developmental investigation of intrinsic motivation: correlates, causes, and consequences in high ability students [D]. Charlottesville:

University of Virginia.

GOLDHABER D D, BREWER D J, 1997. Why don't schools and teachers seem to matter? Assessing the impact of unobservables on education productivity [J]. Journal of human resources, 32 (3): 505-523.

GOLDHABER D D, BREWER D J, ANDERSON D J, 1999. Three-way error components analysis of educational productivity [J]. Education economics, 7 (3): 199-208.

GOLDHABER D D, BREWER D J, EIDE, ERIC R, 1999. Testing for sample section in the milwaukee school choice experiment [J]. Economics of education review, 18 (2): 259-267.

GOLDSMITH P A, 2004. Schools'racial mix, students' optimism, and the black - white and latino-white achievement gaps [J]. Sociology of education, 77 (2): 121-147.

GOLDSTEIN H, 2003. Multilevel statistical models [M]. London: Edward Arnold.

GOTTFRIED A E, 1990. Academic intrinsic motivation in young elementary school children [J]. Journal of educational psychology, 82 (3): 525-538.

GOTTFRIED M A, 2009. Excused versus unexcused: how student absences in elementary school affect academic achievement [J]. Educational evaluation and policy analysis, 31 (4): 392-415.

GREENE J P, FORSTER G, 2002. Rising to the challenge: the effect of school choice on public schools in Milwaukee and San Antonio. civic bulletin [R]. New York: Manhattan Institute for Policy Research.

GREENWALD R, HEDGES L V, LAINE R D, 1996. The effect of school resources on student achievement [J]. Review of educational research, 66 (3): 361-396.

GRIGG J, 2012. School enrollment changes and student achievement growth: a case study in educational disruption and continuity [J]. Sociology of education, 85 (4): 388-404.

GROGGER J, 1996. School expenditures and post - schooling earnings: evidence from high school and beyond [J]. The review of economics and statistics, 78 (4): 628-637.

GROSS B, BOOKER T K, GOLDHABER D, 2009. Boosting student achievement: the effect of comprehensive school reform on student achievement [J]. Educational evaluation and policy analysis, 31 (2): 111-126.

GUEST A, SCHNEIDER B, 2003. Adolescents' extracurricular participation in context: the mediating effects of schools, communities, and identity [J]. Sociology of education, 76 (2), 89-109.

GUNDLACH E, WOSSMANN G, GMELIN J, 2001. The decline of schooling productivity in OECD countries [J]. The economic journal, 111 (471): 135 -147.

HAGELAND T, RAAUM O, SALVANES K G, 2005. Pupil achievement, school resources and family background [R]. Bonn: IZA Discussion Paper, No. 1459.

HAKKINEN L, KIRJAVAINEN T, UUSITALO R, 2003. School resources and pupil achievement revisited: new evidence from panel data [J]. Economics of education review, 22 (3): 329-335.

HALAWAH I, 2006. The effect of motivation, family environment, and student characteristics of academic achievement [J]. Journal of instructional psychology, 33 (2): 42-52.

HANUSHEK E A, 1971. Teacher characteristics and gains in student achievement: estimation using micro data [J]. The American economic review, 61 (2): 280-288.

HANUSHEK E A, 1986. The economics of schooling: production and efficiency in public schools [J]. Journal of economic literature, 24 (3): 1141-1177.

HANUSHEK E A, 1989. The impact of differential expenditures on school performance [J]. Educational researcher, 18 (4): 45-51, 62.

HANUSHEK E A, 1992. The trade-off between child quantity and quality [J]. Journal of political economy, 100 (1): 84-117.

HANUSHEK E A, 1997. Assessing the effects of school resources on student perform-

ance: an update [J]. Educational evaluation and policy analysis, 19 (2):
141-164.

HANUSHEK E A, BENSON C S, 1994. Making schools work: improving
performance and controlling costs [M]. Washington, D. C.: Brookings
Institution Press.

HANUSHEK E A, KAIN J F, RIVKIN S G, 1999. Do higher salaries buy better
teachers? [R]. Massachusetts: NBER Working Paper, No. 7082.

HANUSHEK E A, KAIN J F, RIVKIN S G, 2005. Teachers, schools, and aca-
demic achievement [J]. Econometrica, 73 (2): 417-458.

HANUSHEK E A, RAYMOND M E, 2004. The effect of school accountability
systems on the level and distribution of student achievement [J]. Journal of the
European economic association, 2 (2-3): 406-415.

HANUSHEK E A, RAYMOND M E, 2005. Does school accountability lead to im-
proved student performance? [J]. Journal of policy analysis and management, 24
(2): 297-327.

HANUSHEK E A, RIVKIN S G, 2003. Does public school competition affect teacher
guality? [M] //HOXBY C M. The economics of school choice. Chicago:
University of Chicago Press.

HANUSHEK E A, RIVKIN S G, TAYLOR L L, 1996. The identification of school
resource effects [J]. Education economics, 4 (2): 105-125.

HARBISON R W, HANUSHEK E A, 1992. Educational performance of the poor:
lessons from rural northeast Brazil [M]. New York: Oxford University Press.

HATZITHEOLOGOU E, 1997. Reading achievement, birth order and family size
[J]. International journal of early childhood, 29 (2): 14-21.

HAVEMAN R, WOLFE B, 1995. The determinants of children's attainments: A re-
view of methods and findings [J]. Journal of economic literature, 33 (4):
1829-1878.

HECKMAN J, LAYNE-FARRAR A, TODD P, 1995. Does measured school quality
really matter? An examination of the earnings-quality relationship [R]. Massa-

chusetts: NBER Working Paper, No. 5274.

HEDGES L V, LAINE R D, GREENWALD R, 1994. Does money matter? A meta-analysis of studies of the effects of differential school inputs on student outcomes [J]. Educational researcher, 23 (3): 5-14.

HITCH C J, MCKEAN R N, 1960. The economics of defense in the nuclear age [M]. Cambridge: Harvard University Press.

HOLMES G M, DESIMONE J, RUPP N G, 2003. Does school choice increase school quality? [R]. Massachusetts: NBER Working Paper, No. 9683.

HORVAT E M, LEWIS K S, 2003. Reassessing the "burden of acting white": the importance of peer groups in managing academic success [J]. Sociology of education, 76 (4): 265-280.

HOXBY C M, 1998. The effects of class size and composition on student achievement: new evidence from natural population variation [J]. Massachusetts: NBER Working Paper, 35 (1-2): 1-10.

HOXBY C M, 2000a. Does competition among public schools benefit students and taxpayers? [J]. The American economic review, 90 (5): 1209-1238.

HOXBY C M, 2000b. Peer effects in the classroom: learning from gender and race variation [R]. Massachusetts: NBER Working Paper, NO. 7867.

HOXBY C M, 2003. The Economics of school choice [M]. Massachusetts: National bureau of economic research, Inc.

HUSTED T A, KENNY L W, 2000. Evidence on the impact of state government on primary and secondary education and the equity-efficiency trade-off [J]. Journal of law and economics, 43 (1): 285-308.

JACOB B A, 2005. Accountability, incentives and behavior: the impact of high-stakes testing in the Chicago public schools [J]. Journal of public economics, 89 (5/6): 761-796.

JACOB B A, LEFGREN L, 2004. The impact of teacher training on student achievement: quasi-experimental evidence from school reform efforts in Chicago [J]. The journal of human resources, 39 (1): 50-79.

JENSEN M C, MECKLING W H, 1976. Theory of the firm: managerial behavior, agency costs and ownership structure [J]. Journal of financial economics, 3 (4): 305-360.

JEPSEN C, 1999. The effects of private school competition on student achievement [J]. Journal of urban economics, 52 (3): 477-500 .

JEPSEN C, 2005. Teacher characteristics and student achievement: evidence from teacher surveys [J]. Journal of urban economics, 57 (2): 302-319.

JEPSEN C, RIVKIN S, 2002. What is the tradeoff between smaller classes and teacher quality? [J]. Massachusetts: NBER Working Paper, NO. 9205.

JEYNES, WILLIAM H, 2002. Divorce, family Structure, and the academic success of children [M]. New York: The haworth press.

JEYNES, WILLIAM H, 2003. A meta-analysis: the effects of parental involvement on minority children's academic achievement [J]. Education and urban society, 35 (2): 202-218.

JIMENEZ E, 1986. The structure of educational costs: multiproduct cost functions for primary and secondary schools in Latin America [J]. Economics of education review, 5 (1): 25-39.

JOHNES G, 1993. The economics of education [M]. London: The macmilan press: 68-69.

JOHNSON M K, CROSNOE R, ELDER G H, 2001. Students' attachment and academic engagement: the role of race and ethnicity [J]. Sociology of education, 74 (4): 318-340.

KALENDER I, BERBEROGLU G, 2009. An assessment of factors related to science achievement of Turkish students [J]. International journal of science education, 31 (10): 1379 -1394.

KANE T J, STAIGER D O, 2002. The promise and pitfalls of using imprecise school accountability measures [J]. Journal of economic perspectives, 16 (4): 91-114.

KEAN P, 2005. The influence of parent education and family income on child achievement: the indirect role of parental expectations and the home environment [J]. Journal of family psychology, 19 (2): 294-304.

KENNEDY M, 1998. Form and substance in inservice teacher education [R]. Wisconsin: National institute for science education.

KIRJAVAINEN T, LOIKKANEN H A, 1996. Efficiency differences of Finnish senior secondary schools: an application of DEA and Tobit analysis [J]. Economics of education review, 17 (4): 377-394.

KOBAL D, MUSEK J, 2001. Self-concept and academic achievement: Slovenia and France [J]. Personality and individual differences, 30 (5): 887-899.

KOCH H L, 1956. Sibling influence on children's speech [J]. The journal of speech and hearing disorders, 21 (3): 322-328.

KORENMAN S, MILLER J E, SJAASTAD J E, 1995. Long-term poverty and child development in the United States: results from the NLSY [J]. Child and youth service review, 17 (1-2): 127-155.

KORHONEN P, TAINIO R, WALLENIUS J, 2001. Value efficiency analysis of academic research [J]. European journal of operational research, 130 (1): 121-132.

KOSHAL R K, KOSHAL M, GUPTA A, 2001. Multi-product total cost function for higher education: a case of bible colleges [J]. Economics of education review, 20 (3): 297-303.

KRUEGER A B, 1999. Experimental estimates of education production functions [J]. Quarterly journal of economics, 114 (2): 497-532.

KRUEGER A B, WHITMORE D M, 2001. The effect of attending a small class in the early grades on college-test taking and middle school test results: evidence from project STAR [J]. The economic journal, 111 (468): 1-28.

LADD H F, 1999. The dallas school accountability and incentive program: an evaluation of its impacts on student outcomes [J]. Economics of education review, 18 (1): 1-16.

LADD H F, WALSH R P, 2002. Implementing value-added measures of school effectiveness: getting the incentives right [J]. Economics of education review, 21 (1): 1-17.

LAVY V, 2009. Performance pay and teachers' effort, productivity, and grading ethics [J]. American economic review, 99 (5): 1979-2011.

LAZEAR E P, 2001. Educational production [J]. Quarterly journal of economics, 116 (3): 777-803.

LE A T, MILLER P W, 2012. Educational attainment in Australia: a cohort analysis [EB/OL]. [2012 - 01 - 01]. https: //www. research. acer. edu. au/say_research/29.

LEE V E, BRYK A S, 1989. A multilevel model of the social distribution of educational achievement [J]. Sociology of education, 62 (3): 172-192.

LEFGREN L, 2004. Educational peer effects and the Chicago public schools [J]. Journal of urban economics, 56 (2): 169-191.

LEIBOWITZ A, 1974. Home investments in children [J]. The journal of political economy, 82 (2): 111-135.

LEIBOWITZ A, 1977. Parental inputs and children's achievements [J]. Journal of human resources, 12 (2): 242-251.

LEVIN H M, 1970. A cost-effectiveness analysis of teacher selection [J]. The journal of human resources, 5 (1): 24-33.

LEVIN H M, 1983. Cost-effectiveness: a primer [M]. CA: Sage publications.

LEVIN H M, 2001. Waiting for Godot: cost-effectiveness analysis in education [J]. New directions for evaluation, 2001 (90): 55-68.

LEVIN H M, GLASS G V, MEISTER G R, 1987. Cost-effectiveness of computer-assisted instruction [J]. Evaluation review, 11 (1): 50-72.

LEVIN H M, MCEWAN P, 2001. Cost-effectiveness analysis: methods and applications [M]. CA: Sage publications.

LEVITT S D, JACOB B A, 2003. Rotten apples: an investigation of the prevalence and predictors of teacher cheating [J]. Quarterly journal of economics, 118 (3): 843-877.

LEVY D, DUNCAN G J, 1999. Using sibling samples to assess the effect of childhood family income on completed schooling [R]. Washington, D. C. : U. S. Department of Education: 145-155.

LINK C R, MULLIGAN J G, 1991. Classmates'effects on black student achievement in public school classrooms [J]. Economics of education review, 10 (4): 297-310.

LITTLE J W, 1993. Teacher's professional development in a climate of educational reform [J]. Educational evaluation and policy analysis, 15 (2): 129-151.

LIU X, KAPLAN H B, RISSER W, 1992. Decomposing the reciprocal relationships between academic achievement and general self-esteem [J]. Youth and society, 24 (2): 123-148.

LOEB S, BOUND J, 1995. The effect of measured school inputs on academic achievement: evidence from the 1920s, 1930s and 1940s birth cohorts [J]. The review of economics and statistics, 78 (4): 653-664.

LORD R, 1984. Value for money in education [M]. London: Public Money.

LOUPS J S, 1990. Do additional expenditures increase achievement in the high school economics class? [J]. The journal of economic education, 21 (3): 277-286.

LOWE P A, GRUMBEIN M J, RAAD J M, 2011. Examination of the psychometric properties of the text anxiety scale for elementary students (TAS-E) scores [J]. Journal of psychoeducational assessment, 29 (6): 503-514.

LUDWIN W G, GUTHRIE T L, 1989. Assessing productivity with data envelopment analysis [J]. Public productivity review, 12 (4): 361-372.

MANCEBON M J, MOLINERO C M, 2000. Performance in primary schools [J]. Journal of the operational research society, 51 (7): 843-854.

MANSKI C F, 1993. Identification of endogenous social effects: the reflection problem [J]. Review of economic studies, 60 (3): 531-542.

MARANTO R, MILLIMAN S, STEVENS S, 2000. Does private school competition harm public schools? Revisiting Smith and Meier's the case against school choice [J]. Political research quarterly, 53 (1): 177-192.

MARE R D, CHEN M D, 1986. Further evidence on sibship size and educational stratification [J]. American sociological review, 51 (3): 403-412.

MARKMAN J M, HANUSHEK E A, KAIN J F, RIVKIN S G, 2003. Does peer ability affect student achievement? [J]. Journal of applied econometrics, 18 (5): 527-544.

MARKS G N, 2006. Family size, family type and student achievement: Cross-national differences and the role of socioeconomic and school factors [J]. Journal of comparative family studies, 37 (1): 1-24.

MARKS H M, 2000. Student engagement in instructional activity: patterns in the elementary, middle, and high school years [J]. American educational research journal, 37 (1): 153-184.

MARLOW M L, 1997. Public education supply and student performance [J]. Applied economics, 29 (5): 617-626.

MARLOW M L, 2000. Spending, school structure, and public education quality. Evidence from California [J]. Economics of education review, 19 (1): 89-106.

MARTELETO L, ANDRADE F, 2014. The educational achievement of Brazilian adolescents: cultural capital and the interaction between families and schools [J]. Sociology of education, 87 (1): 16-35.

MAYER S E, 1997. What money can't buy: family income and children's life chances [M]. Cambridge: Harvard University Press.

MAYO J K, MCANANY E G, KLEES S J, 1975. The mexican telesecundaria: a cost-effectiveness analysis [J]. Instructional science, 4 (3-4): 193-236.

MAYSTON D J, 1996. Educational attainment and resource use: mystery or econometric misspecification [J]. Education economics, 4 (2): 127-142.

MAYSTON D J, JESSON D, 1999. Linking educational resourcing with enhanced educational outcomes [R]. London: Department for Education and Employment.

MCEWAN P J, 2003. Peer effects on student achievement: evidence from Chile [J]. Economics of education review, 22 (2): 131-141.

MCMILLAN R, 2000. Competition, parental involvement and public school performance [J]. National tax association, 93: 150-155.

MITCHELL J V, 1992. Interrelationships and predictive efficacy for indices of intrinsic, extrinsic, and self-assessed motivation for learning [J]. Journal of research and development in education, 25 (3): 149-155.

MONK D H, 1987. Secondary school size and curriculum comprehensiveness [J]. Economics of education review, 6 (2): 137-150.

MONK D H, 1994. Subject area preparation of secondary mathematics and science teachers and student achievement [J]. Economics of education review, 13 (2): 125-145.

MORRIS P A, GENNETIAN L A, 2003. Identifying the effects of income on children's development using experimental data [J]. Journal of marriage and family, 65 (3): 716-729.

NEWMARK C M, 1995. Another look at whether private schools influence public school quality: comment [J]. Public choice, 82 (3-4): 365-373.

NICHOLS J D, WHITE J, 2001. Impact of peer networks on achievement of high school Algebra students [J]. Journal of educational research, 94 (5): 267-273.

NUNNERY J, KAPLAN L, OWINGS W A, et al., 2009. The effects of troops to teachers on student achievement: one state's study [J]. Nassp bulletin, 93 (4): 249-272.

NYE B, HEDGES L V, 2004. How large are teacher effects? [J]. Educational evaluation and policy analysis, 26 (3): 237-257.

OECD, 2007. PISA 2006: Science competencies for tomorrow's world [EB/OL]. [2007-12-04]. https://www.oecd-ilibrary.org/education/pisa-2006-9789264040014-en.

OECD, 2010. PISA 2009 results: what students know and can do [EB/OL]. [2010-12-07]. https://www.oecd-ilibrary.org/education/pisa-2009-results-what-students-know-and-can-do-9789264091450-en.

PANZAR J C, WILLIG R D, 1981. Economies of scope [J]. The American economic review, 71 (2): 268-272.

PARCEL T L, DUFUR M J, 2001. Capital at home and at school: effects on student achievement [J]. Social Forces, 79 (3): 881-911.

PARK A, HANNUM E A, 2001. Do Teachers affect learning in developing countries? Evidence from matched student-teacher data from China [C] //Paper prepared for the conference Rethinking Social Science Research on the Developing World in the 21st Century. Park City Utah: Social Science Research Council.

PASTOR J T, RUIZ J L, SIRVENT I, 1999. A statistical test for detecting influential observations in DEA [J]. European journal of operation research, 115 (3): 542-554.

PINDYCK R, RUBINFELD D, 1991. Econometric models and economic forecasts [M]. New York: McGraw Hill.

POST D, PONG S L, 1998. The waning effect of sib-ship composition on school attainment in Hong Kong [J]. Comparative education review, 42 (2): 99-117.

POWELL M A, PARCEL T L, 1999. Parental Work, family size and social capital effects on early adolescent educational outcomes: the United States and Britain compared [J]. Research in the sociology of work, 7: 1-30.

PRICHETT L, FILMER D, 1999. What education production functions really show: a positive theory of education expenditures [J]. Economics of education review, 18 (2): 223-239.

PURKEY S, SMITH M S, 1983. Effective schools: a review [J]. The elementary school journal, 83 (4): 427-452.

QUINN B, VAN M A, WORTHEN B R, 1984. Cost-effectiveness of two math programs as moderated by pupil SES [J]. Educational evaluation and policy analysis, 6 (1): 39-52.

RAUDENBUSH S W, BRYK A S, 1992. Hierarchical linear models: application and data analysis methods [M]. California: Sage publications.

REYNOLDS D, SAMMONS P, STOLL L, et al., 2006. School effectiveness and school improvement in the United Kingdom [J]. School effectiveness and school improvement, 7 (2): 133-158.

ROBERTSON D, SYMONS J, 2003. Do peer groups matter? Peer group versus schooling effects on academic attainment [J]. Economica, 70 (277): 31-53.

ROBINSON W P, TAYLER C A, PIOLAT M, 1990. School attainment, self-esteem, and identity: France and England [J]. European journal of social psychology, 20 (5): 387-403.

ROCKOFF J E, 2004. The impact of individual teachers on student achievement: evidence from panel data [J]. American economic review, 94 (2): 247-252.

RONFELDT M, LANKFORD H, LOEB S, et al., 2011. How teacher turnover harms student achievement [R]. Massachusetts: NBER working paper, No. w17176.

ROSENBERG M, SCHOOLER C, SCHOENBACH C, 1989. Self-esteem and adolescent problems: modeling reciprocal effects [J]. American sociological review, 54 (6): 1004-1018.

ROTHBART M K, 1971. Birth order and mother-child interaction in an achievement situation [J]. Journal of personality and social psychology, 17 (2): 113-120.

ROTHSCHIL D M, WHITE L J, 1995. The analytics of the pricing of higher education and other services in which the customers are the inputs [J]. Journal of political economy, 103 (3): 573-586.

RUGGIERO J, 1996. Efficiency of educational production: an analysis of New York school districts [J]. The review of economics and statistics, 78 (3): 499-509.

RUHM C J, 2004. Parental employment and child cognitive development [J]. The journal of human resources, 39 (1): 155-192.

RUMBERGER R W, PALARDY G J, 2005. Test scores, dropout rates, and transfer rates as alternative indicators of high school performance [J]. American educational research journal, 24 (1): 3-42.

SACERDOTE B, 2001. Peer effects with random assignment: results for dartmouth roommates [J]. Quarterly journal of economics, 116 (2): 681-704.

SANDER W, 1999. Private schools and public school achievement [J]. The journal of human resources, 34 (4): 697-709.

SANDERS W L, WRIGHT S P, HORN S P, 1997. Teacher and classroom context effects on student achievement: implications for teacher evaluation [J]. Journal of personnel evaluation in education, 11 (1): 57-67.

SCHEERENS J, 1997. Conceptual models and theory - embedded principles on effective schools [J]. School effectiveness and school improvement, 8 (3): 269-310.

SCHIEFELE U, KRAPP A, WINTELER A, 1992. Interest as a predictor of academic achievement: a meta-analysis of research [M]. New Jersey: Lawrence Erlbaum, 183-212.

SCHMIDT J A, PADILLA B, 2003. Self-esteem and family challenge: an investigation of their effects on achievement [J]. Journal of youth and adolescence, 32 (1): 37-46.

SCHWARTZ A E, STIEFEL L, RUBENSTEIN R, ZABEL J, 2011. The path not taken: how does school organization affect eighth-Grade achievement? [J]. Educational evaluation and policy analysis, 33 (3): 293-317.

SHAVIT Y, PIERCE S J L, 1991. Sibship size and educational attainment in nuclear and extended families: arabs and jews in Israel [J]. American sociological review, 56 (3): 321-330.

SMET M, NONNEMAN W, 1998. Economies of scale and scope in flemish secondary schools [J]. Applied economics, 30 (9): 1251-1258.

SOTERIOU A C, KARAHANNA E, PAPANASTASIOU C, et al., 1998. Using DEA to evaluate the efficiency of secondary schools: the case of Cyprus [J]. International journal of educational management, 12 (2): 65-73.

STEWART B, 2007. School structural characteristics, student effort, peer associations, and parental involvement: the influence of school and individual-Level factors on academic achievement [J]. Education and urban society, 40 (2): 179-204.

SUMMERS A A, WOLFE B L, 1977. Do schools make a difference? [J]. American economic review, 67 (4): 639-652.

THOMPSON F T, 2002. Student achievement, selected environmental characteristics, and neighborhood type [J]. The urban review, 34 (3): 277-292.

TYE W B, 1990. The theory of contestable markets: applications to regulatory and antitrust problems in the rail industry [M]. New York: Greenwood Press.

VELEZ E, SCHIEFELBEIN E, VALENZUELA J, 1993. Factors affecting achievement in primary education [R]. Washington, D. C.: HRO Working Paper, No. 2.

VERHOEVEN M, GUPTA S, TIONGSON E, 1999. Does higher government spending buy better results in education and health care? [R]. Washington, D. C.: IMF Working Paper.

VOIGHT A, SHINN M, NATION M, 2012. The Longitudinal effects of residential mobility on the academic achievement of urban elementary and middle school students [J]. Educational researcher, 41 (9): 385-392.

WALBERG H J, 1984. Improving the productivity of America's schools [J]. Educational leadership: journal of the department of supervision and curriculum development, 41: 19-27.

WENTZEL K R, CALDWELL K, 1997. Friendships, peer acceptance, and group membership: relations to academic achievement in middle school [J]. Child development, 68 (6): 1198-1209.

WEST A, PENNELL H, TRAVERS T, 2001. Financing school-based education in England: poverty, examination results, and expenditure [J]. Environment and planning C: politics and space, 19 (3): 461-471.

WEST M, PETERSON P E, 2006. The efficacy of choice threats within school accountability systems: results from legislatively induced experiments [J]. The economic journal, 116 (510): 46.

WILEY D E, YOON B, 1995. Teacher reports on opportunity to learn: analysis of the 1993 California Learning Assessment System (CLAS) [J]. Educational evalution and policy analysis, 17 (3): 355-370.

WILLMS J D, 1986. Social class segregation and its relationship to pupils' examination results in Scotland [J]. American sociological review, 51 (2): 224-241.

WILSON K, 2000. Using the pisd to study the effects of school spending [J]. Public finance review, 28 (5): 428-451.

WINKLER D R, 1975. Educational achievement and school peer group composition [J]. The journal of human resources, 10 (2): 189-204.

WOESSMANN L, 2001. Why students in Some countries do better: international evidence on the importance of education policy [J]. Education matters, 1 (2): 67-74.

WOESSMANN L, 2002. Schooling and the quality of human capital [M]. Berlin Heidelberg: Springer Verlag.

WOESSMANN L, 2003. Schooling resources, educational institutions and student performance: the international evidence [J]. Oxford bulletin of economics and statistics, 65 (2): 117-170.

WOESSMANN L, 2004. Institutional comparisons in educational production [J]. CESifo dice report, 2 (4): 3-6.

WOESSMANN L, 2005a. Educational production in East Asia: the impact of family background and schooling policies on student performance [J]. German economic review, 6 (3): 331-353.

WOESSMANN L, 2005b. Educational production in Europe [J]. Economic policy, 20 (43): 445-504.

WOESSMANN L, 2006. Growth, human capital and the quality of schools: lessons from international empirical research [EB/OL]. [2006-12-12]. https: //xueshu. baidu. com/usercenter/paper/show? paperid = 862d620 eac216d8afc37b9a69 bdbd735.

WOESSMANN L, 2011. Cross-country evidence on teacher performance pay [J].

Economics of education review, 30 (3): 404-418.

WOESSMANN L, 2016. The importance of school systems: evidence from international differences in student achievement [J]. The journal of economic perspectives, 30 (3): 3-32.

WOESSMANN L, WEST M, 2006. Class-size effects in school systems around the world: evidence from between-grade variation in TIMSS [J]. European economic review, 50 (3): 695-736.

YU S C, HANNUM E, 2007. Food for thought: poverty, family nutritional environment and children's educational performance in rural China [J]. Sociological perspectives, 50 (1): 53-70.

ZAJONC R B, MARKUS H, MARKUS G B, 1979. The birth order puzzle [J]. Journal of personality and social psychology, 37 (8): 1325-1341.

ZANZIG B R, 1997. Measuring the impact of competition in local government education markets on the cognitive achievement of students [J]. Economics of education review, 16 (4): 431-441.

ZHANG D L, HSIEN Y, HOI-MAN K, 2011. The impact of basic-level parent engagements on student achievement: patterns associated with race/ethnicity and socioeconomic status (SES) [J]. Journal of disability policy studies, 22 (1): 28-39.

ZIMMER R W, TOMA E F, 1999. Peer effects in private and public schools across countries [J]. Journal of policy analysis and management, 19 (1): 75-92.

ZIMMERMAN D J, 2003. Peer effects in academic outcomes: Evidence from a natural experiment [J]. The review of economics and statistics, 85 (1): 9-23.

后　记

若从美国"科尔曼报告"发布算起，西方发达国家从 20 世纪 60 年代就开启了基础教育生产效率研究，80 年代由于"公共效率危机"，以美国为中心的西方发达国家掀起了长达几十年的基础教育生产效率实证研究热潮。而我国在 21 世纪初以前对基础教育生产效率的实证研究非常少且质量较低，已有少数实证研究采用的数据基本为学校或更高层次单位投入和产出数据，基本没有采集学生个体和家庭投入数据，研究中采用的教育投入变量很少，使用的统计方法大多为相关分析、方差分析、普通最小二乘法回归等简单统计方法，不能有效处理内生性问题。有感于我国基础教育生产效率研究匮乏和紧迫性，本人在北京大学攻读博士学位期间就选择了基础教育生产效率研究作为博士论文研究方向，并于 2007 年完成了博士论文《中国西部教育生产函数研究——甘肃农村初中学生成绩影响因素多水平分析》，博士论文经过修改完善于 2011 年由北京大学出版社出版，书名为《学生成绩提高的原理与策略——义务教育生产函数分析》，这也是我的第一本专著。该书后来有幸获得了北京市第十三届哲学社会科学优秀成果奖二等奖和北京市第六届教育科学研究优秀成果奖二等奖。该书在研究数据、研究方法、研究内容等多方面促进了我国基础教育生产效率研究。但受时间、数据、研究水平等多方面因素限制，该书对我国基础教育生产效率问题探讨远不够系统和深入。

依托《学生成绩提高的原理与策略——义务教育生产函数分析》的研究成果，从 2008 年开始，我陆续申请到了国家自然科学基金项目"义务教育生产效率研究"、教育部人文社会科学研究项目"农村义务教育投入与教育质量关系的多水平模型分析"、全国教育科学规划项目"农村中小学教师素质与教育质量关系的多水平模型分析"、世界银行和北京大学中国教育财政科学研究所"年轻学者支持计划"等一批研究项目，依托这些项目我和项目组成员近 10 年来持续对我国基础教育生产效率问题开展了系统深入的研究，在《教育研究》等重要刊物上发表了近 20 篇相关学术论文，部分论文被《新华文摘》《中国社会科学文摘》《中国人民大学复印报刊资料》等转载，1 篇论文被 EI（工程索引）检索。上述论文中，《教育生产函数与义务教育公平》一文还获得了北京市第十二届哲学社会科学优秀成果奖二等奖。此外，本人指导研究生完成了与基础教育生产效率问题相关的 5 篇硕士学位论文。上述系列研究一方面采集了我国不同地区学生个体、家庭、同伴、教师、学校等丰富教育投入数据，改善了数据质量，全景展现了我国基础教育区域和学校生产效率研究的过程和结果；另一方面也使用了多层次分析、数据包络分析、结构方程模型、倾向值匹配方法等多种高级统计方法，改进了统计方法，提高了统计结果的精确性；此外还探讨了范围经济规律和教育管理制度对教育产出的影响，拓展了基础教育生产效率研究内容，弥补了已有基础教育生产效率研究的不足。

　　为了将上述研究成果结集成书，我又申请到了教育部后期资助项目"我国基础教育生产效率研究"，借助该项目，我对已有的基础教育生产效率研究成果进行了精选和完善，遂成本书。可以说，本书集中呈现了作者和项目组成员近 10 年来对我国基础教育生产效率问题的研究成果，也在一定程度上反映了我国基础教育生产效率研究的最新进展。在课题研究顺利完成和本书即将出版问世之际，对所有参与本书研究的课题组成员以及大力支持本书研究的单位和个人表示衷心感谢。

　　感谢国家自然科学基金委员会对"义务教育生产效率研究"立项支持。

　　感谢教育部社会科学司对"农村义务教育投入与教育质量关系的多水平模型分析"以及"我国基础教育生产效率研究"立项支持。

　　感谢世界银行和北京大学中国教育财政科学研究所对"年轻学者支持计划"立项支持。

　　感谢北京大学中国教育财政科学研究所、北京师范大学教育经济研究所为本研究提供的数据支持。

　　感谢北京大学中国教育财政科学研究所王蓉教授和北京大学教育学院丁延

庆副教授以及北京师范大学教育学部胡咏梅教授对本研究的支持，感谢他们同意将合作发表的相关研究成果纳入本书。

感谢我的研究生郭俞宏、叶子、霍青青、肖丽琴、滕卡丹参与本研究。感谢我的研究生丁亚东、宋海生参与本书的文字编辑工作。

教育科学出版社在本书出版中给予了有力支持，借此机会对本书责编杨建伟老师以及编辑谭文明老师表示衷心感谢！谢谢他们对本书修改和完善提出的宝贵意见！

由于本书是多项课题研究成果的结晶，各章写作体例风格不尽相同，也鉴于本人水平有限，书中不免会存在某些不当之处，恳请读者朋友批评指正！

谨以拙作，献给所有爱我的人和我爱的人！

出 版 人　李　东
责任编辑　杨建伟
版式设计　沈晓萌
责任校对　贾静芳
责任印制　叶小峰

图书在版编目（CIP）数据

教育投入与学生成绩：我国基础教育生产效率实证
研究/薛海平著．—北京：教育科学出版社，2021.5
　　ISBN 978-7-5191-2164-8

　　Ⅰ.①教… Ⅱ.①薛… Ⅲ.①基础教育—生产效率—
研究—中国 Ⅳ.①G639.2

中国版本图书馆 CIP 数据核字（2021）第 104656 号

教育投入与学生成绩——我国基础教育生产效率实证研究
JIAOYU TOURU YU XUESHENG CHENGJI——WOGUO JICHU JIAOYU SHENGCHAN XIAOLÜ
SHIZHENG YANJIU

出 版 发 行	教育科学出版社				
社　　　址	北京·朝阳区安慧北里安园甲 9 号		邮　　编	100101	
总编室电话	010-64981290		编辑部电话	010-64981151	
出版部电话	010-64989487		市场部电话	010-64989009	
传　　　真	010-64891796		网　　址	http://www.esph.com.cn	
经　　　销	各地新华书店				
制　　　作	北京金奥都图文制作中心				
印　　　刷	唐山玺诚印务有限公司				
开　　　本	720 毫米×1020 毫米　1/16		版　　次	2021 年 5 月第 1 版	
印　　　张	21.75		印　　次	2021 年 5 月第 1 次印刷	
字　　　数	319 千		定　　价	63.00 元	